中国边境贸易政策实施对沿边地区经济发展绩效的影响研究

谢东丹　李光辉　著

 中国商务出版社

·北京·

图书在版编目（CIP）数据

中国边境贸易政策实施对沿边地区经济发展绩效的影响研究／谢东丹，李光辉著．—北京：中国商务出版社，2023.12

ISBN 978-7-5103-4943-0

Ⅰ.①中… Ⅱ.①谢…②李… Ⅲ.①边境贸易—贸易政策—影响—边疆地区—区域经济发展—研究—中国 Ⅳ.①F127

中国国家版本馆 CIP 数据核字（2023）第 232803 号

中国边境贸易政策实施对沿边地区经济发展绩效的影响研究

谢东丹　李光辉　著

出版发行：中国商务出版社有限公司

地　　址：北京市东城区安定门外大街东后巷 28 号　邮　　编：100710

网　　址：http://www.cctpress.com

联系电话：010—64515150（发行部）　　010—64212247（总编室）
　　　　　　010—64515164（事业部）　　010—64248236（印制部）

责任编辑：张永生

排　　版：北京天逸合文化有限公司

印　　刷：宝蕾元仁浩（天津）印刷有限公司

开　　本：787 毫米×1092 毫米　1/16

印　　张：15.5　　　　　　　　　　　字　　数：241 千字

版　　次：2023 年 12 月第 1 版　　　　印　　次：2023 年 12 月第 1 次印刷

书　　号：ISBN 978-7-5103-4943-0

定　　价：79.00 元

中国边疆经济研究系列丛书
编 委 会

前　言

党的二十大报告指出"加强边疆地区建设，推进兴边富民、稳边固边"。边境贸易是推动我国沿边地区经济社会发展的重要力量和对外开放、兴边富民的重要抓手。在国家制度安排和政策引导下，我国边贸自 20 世纪 90 年代进入规范化、现代化、国际化转型发展以来，取得了令人瞩目的成就：1992—2020 年边境小额贸易总额增长了 18 倍。边民互市贸易在 2019 年实现进出口近 700 亿元。其贸易体量虽小，但因发动了边民参与，增加了边民收入，在脱贫攻坚战中发挥了积极作用，成为沿边地区扶贫典型案例。新时代，在沿边地区的实践经验及国家政策引导下，探索出"边境贸易+落地加工"的创新发展模式，成为边境贸易高质量发展的有效路径，是沿边经济发展的新动力，成为沿边地区服务和融入新发展格局的新作为。

中国边境贸易制度和政策安排具有历史继承性。政策安排对实践具有正反两个方面的作用。积极的政策措施和目标并非必然引致有益的结果，对政策有效性评价不能"想当然"。因此，中国边境贸易政策安排是否有效仍有待科学验证。边贸政策实施 30 多年来已经历多次调整、变化，这对边贸实践有何种影响？边贸政策与沿边地区经济增长是否存在因果关系，是通过什么机制产生效果，是否存在异质性？政策影响下的边境贸易是否促进了兴边富民？本书将围绕以上问题，深入剖析当代中国边境贸易政策实施对沿边地区经济发展实践的影响。

首先，本书比较中外边境贸易研究现状，发现：带有制度安排特征的中国边境贸易具有研究语境和实践的双重特殊性。因此，有必要在全球范围内对边境贸易进行比较研究，以凸显中国边贸制度和政策安排的特殊性、一般性与优越性。由此，创新性地构建边境贸易类型的理论，有助于揭示当代世界主要边境贸易互动模式的规律，为中国边境贸易制度安排和政策特征找到一般性的历史方位，同时，凸显中国边贸制度和政策安排的中国特色和中国智慧。

其次，通过分析中国边境贸易制度沿革和政策的演进历程，发现：①中国边境贸易制度安排具有历史继承性。②当代边境贸易发展具有高度的政策敏感特征。③边贸政策的演进方向始终与国家大政方针保持一致。新时代以来，边贸政策"富民、兴边、强国、睦邻"的目标具有鲜活的时代特征与生命力。由此可见，制度和政策安排是中国边境贸易发展的核心特征，体现了中国特色社会主义制度的优越性。对其进行经济效应的科学评价具有重要的理论意义和实践价值。

再次，本书从理论层面剖析中国边境贸易政策演进的影响效应及机制。以最为复杂的边民互市贸易政策演进为例，运用演化博弈方法及 Matlab 仿真分析评价不同阶段边贸政策的影响。研究发现并非每一个阶段的政策都是有效的。新时代以来，政策通过综合调整来均衡各方参与主体利益，博弈系统趋向帕累托最优，边境贸易政策的目标才得以实现。

最后，本书从实证层面分析中国边境贸易政策的地区经济增长效应、对沿边地区农村居民收入的增长效应。一是研究边贸政策与地区经济增长的因果关系及有效性。以 2013 年为新时代边贸政策综合调整阶段的冲击点，选取 2000—2020 年我国 73 个沿边地级市面板数据为研究样本，采用双重差分法（DID）、中介效应模型识别了边境贸易政策的实施与沿边经济发展绩效的因果效应及政策的有效性，研究发现，边贸政策显著促进了沿边地区经济增长，使处理组比对照组提高了约 6%。这一正向影响对周边地区存在溢出效应，且是通过边境贸易这一中介变量产生正向政策效果。异质性分析表明，边贸政策对民族地区、边贸发展条件较好地区的正向影响更为显著。二是研究边境贸易政策对沿边地区农村居民收入增长的贡献。将边境贸易发展作为边贸政策的代理变量，选取实施边境贸易政策的 15 个边境地级市 2003—2020 年面板数据，实证边境贸易政策对沿边地区农村居民收入的增长效应。结果表明，边境贸易政策对农村居民收入具有显著正向影响。同时，异质性研究发现边境贸易发展水平越高的地区，这一正向效应就越明显。

不同于已有文献，本书重视基础问题的研究，关注对沿边地区经济发展具有重要意义的边贸发展问题，对中国边贸政策的实施进行了量化研究和科学评估，为中国边境贸易制度和政策安排提供理论支撑。一是多方面拓展中国边境贸易研究的广度和深度，通过中外对比、历史和当今对比两个维度研究发现，中国边贸制度安排具有特殊性、历史继承性及时代生命力；从理论和实证两个层面论证中国边贸制度和政策安排与沿边地区经济、沿边地区农村居民收入增长的因果关系以及政策有效性。二是为边境贸易政策研究提供了新的视角以及思路。本书从中国边境贸易的核心特征出发，把握当代中国边贸的发展实践，并通过综合运用演化博弈方法、仿真分析、计量经济学方法以及沿边地级市、边境县层面数据，从理论和实证两个层面科学评估中国边贸政策实施对沿边地区的经济增长效应。三是构建边境贸易类型理论，凸显中国边贸制度和政策安排的典型性、一般性与优越性。边境贸易类型理论不仅创新地总结了边境贸易发展规律，拓展了全球边境贸易发展理论，也为中国边境贸易高质量发展拓展了理论空间。

作　者

2023 年 9 月

CONTENTS
目 录

第1章 绪 论

1.1 问题的提出及其研究意义

1.1.1 问题的提出

党的二十大报告指出"加强边疆地区建设，推进兴边富民、稳边固边"①。边境贸易是推动我国沿边地区经济社会发展的重要力量和对外开放、兴边富民的重要抓手②。1992 年，沿边第一轮开放为边境贸易的现代化转型提供了发展机遇。随着边境贸易政策的创新、调整、完善，我国边境贸易取得了令人瞩目的成就：边境贸易总量实现大幅度增长，其中边境小额贸易进出口总额从 1992 年的 186 519 万美元增长为 2020 年的 3 577 976 万美元③，增长了 18 倍多。2019 年，我国沿边 7 省区边民互市贸易总额达到 693.4 亿元④。贸易体量虽小，但仅广西沿边一省区就以"互市贸易+落地加工"的形式带动 113 家边民合作社（互助组）和 58 家落地加工企业签订贸工协议，进口互市商品 12.2 万吨，惠及边民 22.9 万人次。2021 年，国家主席习近平在第四届

① 习近平. 高举中国特色社会主义伟大旗帜为全面建设社会主义现代化国家而团结奋斗——在中国共产党第二十次全国代表大会上的报告 [J]. 求是，2022（21）：4-35.
② 《国务院关于促进边境贸易创新发展的指导意见》（国办发〔2019〕46 号，简称"国十条"）。
③ 数据来源：《中国贸易外经计年鉴》。
④ 我国沿边 9 个省（自治区）为广西、云南、西藏、新疆、甘肃、内蒙古、黑龙江、吉林和辽宁，但因甘肃未开展互市贸易、黑龙江数据未披露，仅统计了沿边 7 个省（自治区）边民互市贸易数据。数据源于各省区政府官网。

中国国际进口博览会上指出:"推进边民互市贸易进口商品落地加工,增加自周边国家进口。"①

边境贸易一般指陆地接壤国家间边境地区居民进行的小规模商品交换活动。其产生之初就天然带有免税的特征,即使后来国家以外部制度介入,在中外边贸史上也同样有延续传统边贸习惯、进行减免税的惯例②。1689年中俄签订《尼布楚条约》,为中国近代官方认定边境贸易之滥觞,开始了近代边境贸易减免税之传统。新中国成立至改革开放之初,我国与周边国家的边贸因国内外形势经历了断续、曲折的发展过程。改革开放后,特别是1992年的沿边第一次开放,为传统型边贸向现代型边贸转型带来契机,以内部制度调整的零散、小规模边境贸易开始,纳入国家监管范围,由国家外部制度进行调控、引导,成为规范化、现代化、国际化的边境贸易。进入新时代,边境贸易政策的目标也由"兴边富民"向"富民、兴边、强国、睦邻"拓展,逐渐增加"深化沿边开发开放水平"、推进共建"一带一路"建设、"助力脱贫攻坚"等新时代内容,不断服务和融入国家发展战略需要。

国内外既有研究文献认可促进性政策创造的良好环境对于边境贸易发展的积极作用③④⑤⑥。自1992年边境贸易向现代化转型发展以来,我国边境贸易在改革开放新时期要求、国家边贸制度安排、规范化管理和扶持型政策等多维机遇叠加下取得了令人瞩目的发展成就,更是对中国边贸制度和政策安排积极经济效用的有力注解。但是鲜有研究对边境贸易政策与边贸发展、与沿边地区经济增长的因果关系进行量化分析和科学论证,进一步地,中国边

① 李光辉,谢东丹. 边民互市贸易政策演进的影响效应研究——基于多阶段演化博弈视角 [J]. 北方民族大学学报(哲学社会科学版),2023 (2):145-153.

② [日] 高柳松一郎. 北方陆路贸易关税 [J] //中国关税史料 [M]. 江恒源编. 上海:人文编辑所,1931.

③ Womack, B. Sino-Vietnamese Border Trade: The Edge of Normalization [J]. Asian Survey, 1994, 34: 495-512.

④ Roper, C. Sino-Vietnamese Relations and the Economy of Vietnam's Border Region [J]. Asian Survey, 2000, 40: 1019-1041.

⑤ 梁鲜桃. 西部地区边境贸易政策的调整与完善 [J]. 国际经济合作,2005 (5):42-45.

⑥ 李天华. 改革开放以来中国边境贸易政策演变的历史考察 [J]. 当代中国史研究,2013,20 (4):28-35,125.

境贸易的政策安排是否有助于实现兴边富民战略目标仍有待科学验证。

放眼世界,通过中外边境贸易文献对比研究可以发现,制度和政策安排下的中国边境贸易具有研究语境和发展实践上的双重特殊性。作为典型对比的非洲大陆不受政府监管的"非正式跨境贸易",使我们对带有制度和政策安排特征的中国边境贸易尤感兴趣:中国边贸的制度和政策安排是否具有优越性?世界主要边境贸易类型是否具有一般性规律?中外不同边贸形态是否存在演化路径?厘清上述问题不仅可以在对比研究中更好把握我国边境贸易发展的特征,也能更准确把握中国边贸在世界边贸中的发展方位。

进一步地,已有研究多在 21 世纪初期、中国加入世界贸易组织(WTO)前后,认为中国边贸的一些区域限定、税收优惠政策违反了 WTO 规则[1][2],形成了一些积非成是的学术观点;再者,时隔多年,中国的边贸政策已经过多次调整,有必要全面梳理边贸制度的历史沿革、当代边贸政策演进与创新历程,同时在理论和实证层面论证中国边境贸易政策对经济发展实践的成效、对兴边富民战略实现的积极作用等,为中国边贸政策的实施提供理论支撑,凸显中国边贸制度和政策安排的中国特色和中国智慧。

1.1.2 选题的理论意义

首先,为中国边境贸易制度和政策安排提供理论支持。在国家制度安排和政策引导下,中国现代边境贸易的发展已有 30 多年的历史。总结 30 年边贸政策实施中存在的问题,对于边境贸易下一个 30 年的高质量发展具有深远意义。当下对中国边境贸易的研究多注重文字描述,且研究视野局限于本国。如果不跳出中国看中国、站在世界看中国,就难以发现自身发展的特殊性与一般性,以及成就与局限。因此本书在理论上尝试构建"边境贸易类型理论",在比较研究中为中国边贸政策安排找到历史方位,凸显中国边贸政策安

---

[1] 宾建成. 加入 WTO 后我国民族自治地方发展边境贸易问题探析 [J]. 世界经济研究, 2004 (5):62-67.

[2] 李福川. 对俄罗斯边境贸易政策的分析和建议 [J]. 俄罗斯中亚东欧市场, 2004 (7):37-41.

排的智慧与特色。同时，本书也将在理论层面评估中国边贸政策演进的影响效应，挖掘其作用机制，并在实证层面进一步论证中国边贸政策的地区经济增长效应、对沿边地区农村居民的收入增长效应。此外，中国边贸发展的有效性及制度安排也将给世界其他"无序"边贸的发展提供中国智慧和中国方案。

其次，深化对世界边境贸易发展规律的认识。当今世界边境贸易发展形态、特征和经济效应并不相同，基本表现为"有序"和"无序"两种状态。中国边境贸易是"有序"边境贸易的典型代表；非洲大陆边境贸易为"无序"边境贸易的典型代表。对"无序"边境贸易的研究常与边境走私、"影子"贸易①混杂。但对两种类型边境贸易的研究都存在局限。国外学者对类似非洲"无序"边贸的研究会纵向追溯历史，特别是殖民历史的贻害，但缺乏横向对比，未注意到中国边境贸易发展的特殊性，从对比研究中取长补短以寻求发展进步；中国边贸研究将这种有序状态视为"理所当然"，未进行横向对比，未对中国边境贸易的特殊性做出一般性的理论解释。所以，两种边贸的研究似乎存在着天然的边界，互不相通，自然只能通过纵向研究得知自身发展规律，而无法通过横向对比发现边境贸易发展的一般性规律。为此，本书通过对国内外相关文献的对比研究以及对世界主要边境贸易形态的观察、类比，尝试构建"边境贸易类型理论"，深入阐述边境贸易类型的决定性因素，剖析不同类型边境贸易的特征、经济效应和演化规律，为当下阶段的边境贸易发展找到位置，并依据边境贸易互动模型的演化规律指出发展的方向，进一步演进的路径。

1.1.3　选题的现实意义

就当前面临的严峻国内外发展形势而言，探索边境贸易政策的完善与发展是我国沿边地区进一步促进开放型经济发展、加快高质量发展的要求，是

---

① "影子"贸易解释见正文第22页。

主动服务和融入新发展格局的具体行动。当今世界正经历百年未有之大变局，贸易保护主义、单边主义、逆全球化浪潮及新冠疫情全球肆虐等消极因素加剧了我国外部发展环境的复杂性、不稳定性和不确定性，国际格局日趋复杂，世界经济在曲折中调整，国际秩序在长期中重塑；与之相对的是我国经济进入高质量发展的关键阶段，需要进一步打通国内经济生产、分配、流通、消费环节，进一步深化对外开放。为此，习近平总书记指出"逐步形成以国内大循环为主体、国内国际双循环相互促进的新发展格局"。新发展格局重要论述是面对风云诡谲的国际形势和国内经济高质量发展的要求作出的战略决策，是中国与开放型世界经济在多元平衡基础上的动态平衡[①]。沿边地区是一国疆域的边缘性区域。从国家治理现代化和区域经济协调发展的角度看，沿边虽地处边缘，但其经济发展、稳定和安全具有牵一发而动全身的全局性、战略性意义。立足于国际国内"两个大局"，沿边地区是新时代全面开放新格局的先手棋和排头兵，是立足新发展阶段、融入和服务双循环新发展格局的重要参与者。新时代沿边开放型经济发展的核心在于：立足实际、服务大局、对接国内、深化周边、放眼全球；边境贸易就是沿边地区在长期开放过程中探索出的因地制宜、具有比较优势的发展路径，是以贸促工、产业扶贫从而实现脱贫攻坚的典型案例，是进一步促进乡村振兴、实现"富民、兴边、强国、睦邻"的有效路径，更是沿边地区对接国内外产业链、深化与周边国家经贸合作、服务和融入新发展格局的重要抓手[②]。

就我国边境贸易政策自身发展而言，政策的实施尚缺乏量化分析和科学论证。再者，边贸政策 30 多年的改革演进也需要深入总结发展经验与发展问题，并针对问题进一步提出发展对策，从而促进边境贸易的创新发展、加快推进我国沿边地区开放型经济发展，进一步促进兴边富民战略目标的实现。此外，中国边贸的发展成就是中国制度和政策安排的成效体现。总结边贸发

---

① 李光辉，谢东丹，方舒. 双循环背景下高水平共建西部陆海新通道的对策研究 [J]. 北部湾大学学报，2022a，37（3）：44-50.

② 李光辉，谢东丹，方舒，等. 习近平关于边疆开放型经济发展的重要论述研究 [J]. 岭南学刊，2022b，300（5）：5-12.

展经验并推向世界，是新时代中国向世界分享制度创新成果、进行制度型开放的体现。在经济全球化日益发展的今天，发生在广大亚非拉国家和地区的"无序"边境贸易将在边境贸易发展规律中找到自己的位置以及努力的方向。中国可以依据 30 多年来边贸制度和政策安排的成就与经验，为"无序"边贸的国家和地区提供中国智慧和中国方案。

1.2　研究创新与局限

与已有文献相比，本书的创新之处主要表现在以下 3 个方面。

1.2.1　研究选题的创新与特色

目前，国内外文献较少关注中国边境贸易发展的典型性、边贸发展对沿边地区开放型经济发展的重要意义，更鲜有文献捕捉到中国边贸制度和政策安排的特色与智慧；当下国内已有研究仅停留在文字描述层面，缺乏量化分析和科学论证。本书从中外边贸发展实践的差异性着手，发现中国边贸的特殊性在于其制度和政策安排，由此提出"中国边境贸易制度和政策安排是否有效"的议题，并主要通过以下理论和实证工作回答上述问题：一是创新性地提出边境贸易类型理论，揭示边境贸易发展的一般规律，在国内外对比研究中凸显中国边贸制度和政策安排的典型性、一般性与优越性。二是进行特征事实、理论分析和实证检验。通过边贸政策演进历程、政策引导下中国边贸发展历程的特征事实、演化博弈研究方法和计量方法科学，论证中国边贸政策与沿边地区经济增长的因果关系及政策有效性，边境政策对促进沿边地区人民收入水平提高、推进兴边富民战略目标实现的重要意义，并采取层层递进、理论和实证紧密嵌套的方式回答本书的问题。

1.2.2　研究方法的创新与特色

一是通过多种方法的创新运用，提高研究的科学性。本书综合运用演化博弈方法、仿真模拟、计量经济学方法科学评估和检验边贸政策对沿边地区发展的经济影响,同时将数据精确到沿边地级市(州、地区、盟)、边境县(市、区、旗),也关注到沿边地区内部行政区划特色(民族自治地区)的政策效果异质性,以提高数据资料的翔实性、实证检验的科学性和研究结论的可信度。二是通过多角度地对比研究,拓展边境贸易政策研究的广度和深度。从国际和国内两个视角对比研究发现,中国边境贸易带有制度安排特征的理论与实践的双重特殊性。通过历史和当今两个维度研究发现,中国边贸制度安排具有历史继承性。当下边贸发展的特征事实表明,其政策导向与国家大政方针具有一致性。经过理论和实证两个层面的研究发现,中国边贸制度和政策安排与沿边地区经济增长、沿边地区农村居民收入增长有因果关系以及有效性。三是理论与实地调研相结合的研究方法。本书的选题源于科研项目的实地调研及国内外文献分析。在总结边贸政策实施的问题部分,本书根据近年来在中国沿边地区的边境县(市、区、旗)、边境口岸、边境特殊经济区等地与政府部门、边境企业进行座谈调研的情况,采集边境贸易发展问题及政策诉求,并据此提供对策建议,使得对策研究具有更高的科学性、实践性。

1.2.3 研究立意的创新与特色

本书基于国内外文献对比研究以及沿边地区的调研实践,发现中国边境贸易发展具有典型性,并通过科学方法评估了中国边贸制度和政策安排的有效性、优越性,在为中国边贸政策的实施提供理论支撑的同时,也为广大亚非拉地区边境贸易发展提供借鉴。边境贸易对新时代沿边地区的开放型经济发展、服务和融入新发展格局具有重要意义和作用。本研究科学评估了边贸政策实施的有效性,是对新时代沿边经济高质量发展的智力支持,体现了研究工作的人文关怀。同时,本书进行了大量详尽的中外文献和中外边境贸易互动类型的比较研究,不仅站在中国角度看中国边贸,而且站在世界角度看中国边贸。中国式现代化的发展道路需要中国特色的制度和政策安排发挥作用。中国边贸的制度和政策安排是中国特色的体现。中国"有序互动边贸"

的发展成效也将为广大亚非拉国家"无序互动边贸"提供可供参考的经验，有利于广大发展中国家的团结、发展和进步，体现出中国对于世界和平与发展事业的关怀。本书对中外边贸发展基础问题的关注也使本书在研究立意、研究格局上具有创新和特色。

当然，由于一些客观因素，本书研究存在以下几点局限性：

第一，受限于数据可得性和数据质量，本书在实证分析章节未能纳入微观数据进行分析，对边贸政策的影响机制也只做了理论分析，未能进行实证检验。主要原因是中国工业企业数据库的数据只更新到 2015 年，与本书主要研究的新时代（2013 年）以来的政策考察期不相匹配；中国上市企业数据更新较快，但沿边地区的上市企业数量较少且与边境贸易发展联系较少，数据不具有代表性；中国海关总署也只公布了 2017 年以来的边境小额贸易商品分类数据，与本书的政策考察期不匹配。边贸政策主要通过中央财政转移支付、边境企业税收减免、出口退税、边境地方政府税收增加等方式促进边境贸易、沿边地区的经济发展，但这部分数据尚未有效统计，受限于以上数据可得性，本书未能进行这部分研究。

第二，受限于数据可得性和数据质量，本书关于中国边境贸易政策的实证分析未能纳入边民互市贸易数据。但边民互市贸易的政策演进与发展最能体现中国特色，也最接近广大发展中国家边境地区的贸易形式。其主要原因是，边民互市贸易数据自 2015 年才纳入海关统计，但边境小额贸易数据自二十世纪八九十年代已列入海关统计，两组数据的叠加期较短，不利于考察边贸政策的长期变化趋势、特征与影响。同时，边民互市贸易数据具有较高的保密性，且在不同边境海关保密级别有差异，即使笔者耗费了大量时间和精力向所有边境海关、边境县政府申请和搜集数据，但集中后也只有 2015—2020 年 20 多个边境县边民互市贸易数据，数据跨度短、数量少，且受新冠疫情防控、多数主要边境口岸的不定时关闭影响，互市贸易数据在近几年的波动性很大，导致数据质量低，因此在书中只能以描述性统计分析形式呈现。

第三，有关边贸政策对沿边地区经济影响的理论机制有待进一步深化。

边境贸易发展是沿边地区对外开放的重要抓手,在沿边地区进出口贸易中占据较大比重,对沿边地区发展具有重要作用。但边境贸易、沿边经济的相关理论既有国际贸易理论和区域经济理论的一般性,又有其特殊性,从当下的国内外研究现状来看,属于国际经济学、地缘政治学、经济地理学、边疆经济学、社会学和人类学等多学科的交叉领域,具有广泛研究价值和前景。但目前尚缺乏较为权威的理论为研究范式和参考,给本书的理论机制研究带来不小的困难。本书从制度经济学、国际贸易学和区域经济学等学科的理论出发对边贸政策产生影响的理论基础及机制分析仅是万里长征第一步,未来还需要根据边境贸易、沿边地区经济的特点并结合中国边贸的实践进行理论创新和深入研究。

第四,由于新冠疫情防控等原因,我国多数边境口岸经常出现不定期关闭的情况,边境贸易也因此中断,近几年的边境贸易数据不完整、数据质量较差,因此本书的研究考察期更新至 2020 年,未列入近几年数据。

第 2 章　中外边境贸易研究文献综述

2.1　边境贸易产生动因的研究

2.1.1　经济动因：套利驱动

跨境贸易是所有国际边界的特征①。从经济学的角度来说，国际小额贸易是一种套利模式②，通常是大量资本有限的交易员因跨境价格差异进行的短距离交易活动。边境贸易的经济学不是零和博弈。它可以通过降低总成本或产生额外消费而产生额外收入③。货币流动和价格趋同在降低或消除国家间价格梯度的同时，将会降低这种套利的边境贸易活动④。布埃等人（Bouet et al., 2018）对非洲非正规跨境贸易（Informal cross-border trade, ICBT）的研究发现，人们参与非正规跨境贸易的主要决定因素有：①与正式贸易相关的成本。包括严格监管、关税、通关基础设施不足、过境时间过长、正规贸易腐败和不安全感的存在等。这些合规规则超出了非正规跨境贸易商的承担能力。

---

①　Williams A M, Baláž V. International petty trading: Changing practices in trans-Carpathian Ukraine [J]. International Journal of Urban and Regional Research, 2002, 26 (2): 323-342.

②　Altvater E. Theoretical deliberations on time and space in post-socialist transformation [J]. Regional Studies, 1998, 32 (7): 591-605.

③　Ratti R. How can existing barriers and border effects be overcome? A theoretical approach [J]. Regional Networks, Border Regions and European Integration, 1993: 60-69.

④　Sword K. Cross-border "suitcase trade" and the role of foreigners in Polish informal markets [J]. The challenge of East-West migration for Poland, 1999: 145-167.

②广泛的非正规部门的存在。非正规跨境贸易的低门槛使很多非洲边境居民加入其中①。吴德华（Ngo）和享（Hung）（2019）认为，人们参与跨境影子经济（Cross-border shadow exchanges）的动因有：①利用边境管制选择性渗透所提供的市场机会，活动灵活，壁垒少；②只需要较少的努力和技能；③替代收入来源②。套利驱动的跨境（正规/非正规）贸易广泛发生在中东欧、南亚、西亚、北美和非洲的边界地区。如，1989 年后，东中欧国家边界的"开放"为小商贩套利提供了机会。这主要源于 3 个具体条件的促进：①不同经济体生产和消费差异显著，特别是消费品供应有限；②自由化经济体边境管制松散、市场机构薄弱；③ 20 世纪 90 年代早期的深度衰退，使得贸易商和消费者都将价格放在低水平并试图从跨境价格差异中获利。由此，露天市场（open-air markets）、跨境购物（trans-border shopping）和穿梭/手提箱贸易（shuttle trading or suitcase trading）等不同形式的跨境套利贸易发展起来③。

2.1.2 政治基础：可渗透的边界管理

边境非正规贸易也源自有选择性、可渗透的边界管理。贝特（Berthet，2020）对位于海上丝绸之路的孟加拉湾北部的跨境贸易研究表明，非法贸易不仅是在国家边境政权监管之外发展起来的，而且是在新交通体制的边缘不受管制的流通中发展起来的④。埃文斯（Evans，2022）认为冈比亚与塞内加尔南部卡萨芒斯的非正式跨境贸易的蓬勃发展，主要是由于两地区的漫长边

---

① Bouet A, Pace K, Glauber J. Informal cross-border trade in Africa. How much? Why? And what impact? [J]. IFPRI-Discussion Papers, 2018：1783.

② Ngo T W, Hung E P W. The political economy of border checkpoints in shadow exchanges [J]. Journal of Contemporary Asia, 2019, 49 (2)：178-192.

③ Williams A M, Baláž V. International petty trading：Changing practices in trans-Carpathian Ukraine [J]. International Journal of Urban and Regional Research, 2002, 26 (2)：323-342.

④ Berthet S. Circulations in shadow corridors：Connectivity in the Northern Bay of Bengal [J] //In T. Ngo & E. Hung (Eds.), Shadow Exchanges along the New Silk Roads [M]. Amsterdam：Amsterdam University Press, 2020：97-124.

界历来漏洞百出①。科宁斯（Konings，2005）认为，是殖民遗产使得喀麦隆—尼日利亚边界并未对劳动力和货物的跨境流动形成障碍，并为当地居民提供了广泛的就业机会。位于喀麦隆的大型尼日利亚移民社区，居民拥有英语语言技能并长期从正式和非正式的跨境贸易中受益②。卡拉尔（Karrar）（2021）认为，高山吉尔吉特—巴尔蒂斯坦地区在过去 50 年的时间里，依靠陆上互联互通、跨境交易模式与平台、跨国投资 3 种发展方式，实现了巴基斯坦与中国跨境交流的本地化③。

2.1.3 人文因素：历史、地理和文化渊源

边境贸易的产生与发展有其深刻的历史、地理和文化渊源。在现代国家出现以前，世界上大范围的人口和货物流动由国家以外的群体进行。例如，当下共建"一带一路"的六大经济走廊之一——"孟中印缅经济走廊"可能在 4 万多年前即东亚和美洲人口迁徙的主要通道，无数次的移民浪潮形成了当下这些地区复杂的人口构成④⑤⑥⑦。同时，这里也是一条真正古老的贸易网络。数千年来，无数的商品和思想在这个网络中流动和传播⑧。其中，来自考古学的证据是几个世纪以来被当作货币使用的贝壳，就是从马尔代夫群岛海

① Evans M. Insecurity, informal trade and timber trafficking in the Gambia/Casamance borderlands [J]. Journal of Borderlands Studies, 2022, 37（2）：273-294.

② Konings P. The Anglophone Cameroon-Nigeria boundary: opportunities and conflicts [J]. African Affairs, 2005, 104（415）：275-301.

③ Karrar H H. Caravan trade to neoliberal spaces: Fifty years of Pakistan-China connectivity across the Karakoram Mountains [J]. Modern Asian Studies, 2021, 55（3）：867-901.

④ Boivin N, Fuller D Q, Dennell R, et al. Human dispersal across diverse environments of Asia during the Upper Pleistocene [J]. Quaternary International, 2013, 300：32-47.

⑤ Gazi N N, Tamang R, Singh V K, et al. Genetic structure of Tibeto-Burman populations of Bangladesh: evaluating the gene flow along the sides of Bay-of-Bengal [J]. PloS one, 2013, 8（10）：e75064.

⑥ Manning P. Settlement and Resettlement in Asia: Migration vs. Empire in History [J]. Asian Review of World Histories, 2015, 3（2）：171-200.

⑦ Hazarika M. Prehistory and archaeology of northeast India: multidisciplinary investigation in an archaeological terra incognita [J]. In Delhi and Oxford: Oxford University Press, 2017.

⑧ Ray H. Northeast India's place in India-China relations and its future role in India's economy [M]. Kolkata: Institute of Historical Studies, 1995.

域被运往孟加拉国，然后通过河流和山路运往中国内陆，到达云南，甚至最
北到达中国的黄河流域[1][2]。然而，随着现代国家的出现以及相互警惕的邻国
之间追求更加安全的边界，跨越这条走廊的贸易和人员流动逐渐被宣布为非
法。20 世纪下半叶见证了这一进程的高潮。印度、孟加拉国（1971 年之前的
东巴基斯坦）、中国和缅甸几乎完全禁止跨越边界的贸易[3]。到了 20 世纪末，
这些国家对边界的管控程度不一，使这一"走廊"变得更加"凹凸不平"。
因此，经济社会活动在某些地方密集，而在其他地方表现为分散。然而，跨
境贸易和人员流动并没有完全停止，只是这些活动转移到了地下，成为国家
监管之外的影子经济的一部分。换句话说，国家间寻求断开联系的诸多努力无
法真正阻止跨越边界的联系继续存在[4]。在现代国家出现以后，非正式跨境贸易
长期以来一直与地方、国家、跨国和国际层面的不安全议题联系在一起。这些
议题的当代动态显示出一些历史连续性[5]。这种历史连续性在非洲边界表现得尤
为明显。其根本原因是殖民主义的伤疤在非洲根植的深刻性及消极影响。同时，
非洲的边界也成为活跃的、富有创造性的界面。大量的非正规跨境贸易成为当
地人们生计的重要来源和经济活动的重要部分，成为自下而上推动全球化的
"低端"贸易网络[6]。这些贸易网络在很大程度上是当地居民几个世纪以来创
造、维持、支持和重塑符合文化方式的贸易生计。不同于官方所支持的贸易，
当地居民小心翼翼地躲避或操纵国家监察进行的非正规贸易，通过亲缘关系、
历史联系、当地本土知识和深入每个国家的跨国社团来塑造新的贸易格局，并

① Bin Y. The Bengal Connections in Yunnan [J]. China Report, 2012, 48 (1-2): 125-145.
② Cederlöf, Gunnel. Seeking China's Back Door: On English Handkerchiefs and Global Local Markets in the Early Nineteenth Century [J]. In Dan Smyer Yü and Jean Michaud (eds), Trans-Himalayan Borderlands: Livelihoods, Territorialities, Modernities, Amsterdam: Amsterdam University Press, 2017: 125-145.
③ Van Schendel W. Spatial Moments: Chittagong in Four Scenes [M]. Asia Inside Out. Combridge: Harvard University Press, 2015: 98-127.
④ Van Schendel, W. The Bengal Borderland: Beyond State and Nation in South Asia [M]. London: Anthem Press, 2004.
⑤ Evans M. Insecurity, informal trade and timber trafficking in the Gambia/Casamance borderlands [J]. Journal of Borderlands Studies, 2022, 37 (2): 273-294.
⑥ Foucher M. African Borders: Putting Paid to a Myth [J]. Journal of Borderlands Studies, 2020, 35 (2): 287-306.

塑造有吸引力前景、限制性约束共存的边境空间①。东南亚的贸易网络存续了几千年，在近几十年随着资源开采和商品化的急剧加速，其边境地区的市场急剧增强。这种转型自欧洲殖民统治以来一直在进行，被称为沿边地带融入资本主义全球化的过程②③④。

2.2 影响边境贸易发展的因素研究

2.2.1 国家间关系

边界两侧毗邻国家间关系、区域多边关系对边境贸易也有重大影响。罗珀（Roper，2000）认为中越政治关系对越南边境地区的经济发展有重大影响⑤。奥尔珀（Olper）和蕾蒙迪（Raimondi，2008）利用结构性引力模型估计美国、加拿大、日本和欧盟在食品贸易方面的双边边境效应。与以往的一些研究结果相反，他们发现，政策性贸易壁垒，特别是以非关税壁垒形式出现的壁垒，是国家边界效应的一部分；且在所有国家配对组合中，非关税壁垒显著主导了关税引起的贸易减让效应。葛等人（Ge et al.，2014）通过研究中国与周边国家边境贸易的模式和决定因素发现，多边和区域一体化、市场规模和制度质量在促进边境贸易中发挥着重要作用⑥。陈（Chen）、罗斯（Rus）和森（Sen，2016）通过对比 1992—2005 年行业面板数据，发现美加

---

① Turner S. Under the state's gaze: Upland trading-scapes on the Sino-Vietnamese border [J]. Singapore Journal of Tropical Geography, 2013, 34 (1): 9-24.

② Piper, P. J, Matsumura H, Bulbeck D. New perspectives in Southeast Asian and Pacific prehistory [J] //in Southeast Asian and Pacific Prehistory: Terra Australis 45 [M]. Australia: ANU Press, 2017.

③ Stuart-Fox M. A short history of China and Southeast Asia: tribute, trade and influence [M]. Crows Nest, NSW, Australia: Allen and Unwin, 2021.

④ Mahanty S. A tale of two networks: Market formation on the Cambodia-Vietnam frontier [J]. Transactions of the Institute of British Geographers, 2019, 44 (2): 315-330.

⑤ Roper, C. Sino-Vietnamese Relations and the Economy of Vietnam's Border Region [J]. Asian Survey, 2000 (40): 1019-1041.

⑥ Ge Y, He Y, Jiang Y, et al. Border trade and regional integration [J]. Review of Development Economics, 2014, 18 (2): 300-312.

边境效应在 20 世纪 90 年代初略有增加，北美自由贸易协定（NAFTA）签订后边境效应下降，但在 2001 年后显著增加。这表明"9·11"事件后，美国采取的安全措施对美加贸易产生了相当大的不利影响①。

2.2.2 政策制度环境

国家采取灵活的促进性政策所创造的良好制度环境，将有利于边境非正规贸易的发展。沃马克（Womack，1994）研究了中国与越南之间的边境贸易，发现政策变化在边境贸易中发挥了重要作用②。莱特（Light，2004）对非正规经济活动的研究表明，国家过多的规制可能带来适得其反的效果。考虑到非正规经济的积极作用，政府最大限度地减少限制性法律、增加促进性政策、识别和设计促进创新和企业发展的社会结构将有利于非正规经济良性发展③。拉姆福德（Rumford，2012）进一步提醒我们认知格局要超越那些通过边界进行贩运、走私和平行进口的贸易商。他们破坏边界管制，但是并不寻求拆除边界或重新建造边界。因为边境检查站是维持"软"边界的安全阀，"软"边界对国家和过境者都有利。一方面，国家在执行"硬"边界方面的效力有限。保持"软"边界使国家能够象征性保留主权权力。另一方面，过境者需要一个漏洞百出的边界检查站来谈判财富分配规则④。维持"硬"边界和取消边界管制都不符合彼此的利益。边境检查站具有国家守门人的功能，跨境非正规经济（包括衍生的边境集市经济）依赖于边境检查所创造的边境制度。这种制度赋予边境流动性⑤。

---

① Chen Z, Rus H A, Sen A. Border effects before and after 9/11: Panel data evidence across industries [J]. The World Economy, 2016, 39（10）: 1456–1481.

② Womack, B., Sino-Vietnamese Border Trade: The Edge of Normalization [J]. Asian Survey, 1994, 34: 495–512.

③ Light D W. From migrant enclaves to mainstream: reconceptualizing informal economic behavior [J]. Theory and society, 2004, 33: 705–737.

④ Rumford C. Towards a multiperspectival study of borders [J]. Geopolitics, 2012, 17（4）: 887–902.

⑤ Karrar H H. Between border and bazaar: Central Asia's informal economy [J]. Journal of Contemporary Asia, 2019, 49（2）: 272–293.

里博特（Ribot，1998）指出，"政策只讲述了故事的一部分；另一部分是在政策/法律和结果之间的空间里讲述的。在这个空间里，一系列非政策机制塑造了生产和交换的动态……与政策机制并行运作并与之互动"①。在影响非正规边境贸易的空间里，除政策法规机制外，存在一系列其他动态机制在塑造着边境贸易生态，如文化资本（包括教育、识字率、熟悉边境法规、语言技能和互联网技术的使用）、金融资本（包括获得跨境信贷）、社会资本（包括贸易网络的知识和联系）和有形资本（包括特定的运输手段），结合空间性和种族性，与合法的准入机制交织在一起，在动态作用中塑造着边境贸易生态②③④⑤⑥。

2.2.3　其他因素

边境基础设施建设状况、与贸易对象国的核心市场连接、贸易国的经济状况与制度质量、边境贸易自由化也对边境贸易的发展有着重要影响⑦⑧⑨。

中国将边境贸易作为国家监管的贸易方式之一，公开了部分边境贸易统计数据，因此，国内研究对中国与周边国家边境贸易的影响因素分析相对清

①　Ribot J C. Theorizing access: forest profits along Senegal's charcoal commodity chain [J]. Development and change, 1998, 29 (2): 307-341.

②　Schoenberger L, Turner S. Negotiating remote borderland access: Small-scale trade on the Vietnam-China Border [J]. Development and Change, 2008, 39 (4): 667-696.

③　Turner S. Under the state's gaze: Upland trading-scapes on the Sino-Vietnamese border [J]. Singapore Journal of Tropical Geography, 2013, 34 (1): 9-24.

④　Rippa A. Cross-border trade and "the Market" between Xinjiang (China) and Pakistan [J]. Journal of Contemporary Asia, 2019, 49 (2): 254-271.

⑤　Hsia, JTG, Saat, G. Factors of continuity of Goods Smuggling at the Border of Malaysia Sarawak (Lubok Antu) and Indonesia Kalimantan Barat (Badau) [J]. Akademika, 2020, 90 (1) : 49-62.

⑥　Lee K. The Role of the Border Region the Democrotic People's Republic Korea Networks: A Focus on Dandong, China [J]. Journal of Borderlands Studies, 2021: 1-16.

⑦　Wu H L, Chen C H. The prospects for regional economic integration between China and the five Central Asian countries [J]. Europe-Asia Studies, 2004, 56 (7): 1059-1080.

⑧　Ngoc Q C T, Wang X. Sino-Vietnamese trade relations: With a focus on cross-border trade [J]. Unpublished Thesis on Graduate School, Master of Science in International Business and Trade, University of Gothenburg, 2011.

⑨　Linares M D. Nuevos paisajes urbanos en la frontera: las "paseras" paraguayas entre Posadas (Argentina) y Encarnación (Paraguay) y el plan de obras de Yacyretá (2009—2010) [J]. Si Somos Americanos, 2017, 17 (1): 65-94.

晰。李豫新、郭颖慧（2013）运用引力模型测算影响新疆与边境贸易伙伴国贸易流量的因素。其中，正向因素为边贸伙伴国的人均国内生产总值、人口数量、边境贸易便利化水平及边贸伙伴加入上海合作组织等；负向因素为新疆与边境贸易伙伴国的空间距离及伙伴国的国内生产总值（GDP）[①]。杨小娟（2013）的研究表明，政策优惠、文化语言相近对边境贸易出口作用积极，对边贸进口作用不明显；基础设施对边贸出口起阻碍作用，对进口影响不大；与周边国家的边界争论也会阻碍边贸发展[②]。李豫新、帅林遥（2014）通过实证研究发现，电子商务、边贸企业、金融高水平服务、物流运输行业的发展和政策因素等对边贸便利化起积极作用[③]。林善浪、胡小丽（2019）注意到边境贸易中除产生抑制作用的边境效应外，还应考虑边境贸易中独特的邻近效应，并运用引力模型考察了两者对边境贸易的影响，结果发现邻近效应对边境效应具有缓解作用，且出口边境效应明显大于进口边境效应；邻近效应可显著促进双边贸易；区域异质性对边境效应和邻近效应的作用具有显著影响[④]。邓玉函、王岚（2020）认为，智慧边境口岸建设完善了边民贸易网络的构建和边贸便利化，有力地增强了口岸经济的拓展力和张力[⑤]。陈光春等（2016）运用面板数据模型实证检验 2010—2015 年广西对越南贸易数据后发现，贸易方式对经济推动作用存在异质性，一般贸易和边民互市贸易比边境小额贸易对经济的推动作用更强，贸易商品结构中的初级产品对经济的推动作用更强[⑥]。李慧娟（2016）认为民族地区边境贸易的进一步发展应在构建

① 李豫新，郭颖慧. 边境贸易便利化水平对中国新疆维吾尔自治区边境贸易流量的影响——基于贸易引力模型的实证分析［J］. 国际贸易问题，2013（10）：120-128.

② 杨小娟. 我国边境贸易的影响因素和区域格局［J］. 改革，2013（6）：110-117.

③ 李豫新，帅林遥. 中国新疆边境贸易便利化影响因素实证研究［J］. 国际商务（对外经济贸易大学学报），2014（6）：38-48.

④ 林善浪，胡小丽. 边境效应、邻近效应与沿边地区双边贸易：基于贸易相对集中视角［J］. 世界经济研究，2019（4）：107-118，136.

⑤ 邓玉函，王岚. 中越边境智慧口岸建设与边民贸易畅通研究——以东兴为例［J］. 广西大学学报（哲学社会科学版），2020，42（3）：82-89.

⑥ 陈光春，马国群，于世海. 民族地区贸易规模、商品结构对经济增长的影响——基于桂越贸易的面板数据分析［J］. 湖北民族学院学报（哲学社会科学版），2016，34（6）：36-41.

开放型经济中运用利好政策，立足当地实际①。

2.3　中国边境贸易政策对经济发展的影响研究

2.3.1　边贸治理政策

中国的边境贸易被置于政府的监管中规范发展，因此，在边境贸易治理政策与经济效应研究方面，国内边贸与国外的非正规边境贸易存在本质的不同。任烈（1998）提出，中国的边境贸易发展应当结合国家战略从粗放向集约增长方式转变，将边境贸易纳入国家整体战略格局、双边区域发展和国家贸易规范中认识、布局和谋划②。宾建成（2004）认为，长期以来我国边境贸易存在流量小、档次低、与周边国家边贸不平衡和政策不对等特点，加入WTO（世界贸易组织）后民族自治地方的边境贸易政策应进行相应的调整完善，进一步提高边贸档次、规范贸易行为③。朱金鹤、崔登峰（2011）通过实证分析1999—2008年中国新疆与中亚五国的边境贸易发现，建设中亚自由贸易区、承接国内发达区域的产业转移、培育市场主体和加强边贸管理部门协作是改进双方边境贸易的有效路径④。李天华（2013）认为，改革开放以来，我国边境贸易政策在根据国际、国内形势进行调整和完善，主要通过税收优惠、简化手续、加强规范管理和设立边境特殊经济区等方式不断促进边境贸易健康发展⑤。胡美术（2015）认为，边民互助组有效地组织了边民参

①　李慧娟. 民族地区开放型经济构建中的边境贸易研究 ［J］. 贵州民族研究，2016，37（7）：144-147.

②　任烈. 中国边境贸易政策与边贸发展战略 ［J］. 经济问题探索，1998（9）：42-43.

③　宾建成. 加入WTO后我国民族自治地方发展边境贸易问题探析 ［J］. 世界经济研究，2004（5）：62-67.

④　朱金鹤，崔登峰. 促进新疆与中亚五国扩大边境贸易之浅见 ［J］. 现代财经（天津财经大学学报），2011，31（5）：92-97.

⑤　李天华. 改革开放以来中国边境贸易政策演变的历史考察 ［J］. 当代中国史研究，2013，20（4）：28-35+125.

与边境贸易，且有利于边境社会治理。政府应当积极扶持边民互助组发展，以培育边民的"发展自觉"①。也有学者针对我国与周边国家的边境贸易现状，提出政府引导建立"边境共市贸易区"的构想②③。

2.3.2 边贸政策的经济影响

中国沿边地区发展的边境贸易，包括边境小额贸易和边民互市贸易两种，是政府监管下的正规贸易。中国边境贸易的发展显著改善了边境地区居民的就业、收入状况，对地区减贫也发挥了重要作用④⑤⑥。此外，大量文献通过定性研究、文字表述等方式阐明了边境贸易的兴边富民功能、对边民增收的积极作用，对促进边境开放型经济发展、沿边民族经济发展、促进两国边民情感贯通和区域经济一体化等方面的重要作用⑦⑧⑨⑩⑪⑫⑬⑭。鲜有研究对边贸

① 胡美术. 中越边民的互助与互市：基于东兴河洲村的讨论 [J]. 广西民族大学学报（哲学社会科学版），2015，37（6）：112-117.

② 李红. 中越边境共市贸易区发展策略研究 [J]. 开放导报，2010（4）：37-40.

③ 刘朝霞，方冬莉. 中越边境区"两国共市贸易区"合作模式探析——以中国东兴市为例 [J]. 东南亚纵横，2011（1）：88-93.

④ 李甫春. 广西少数民族地区的十种扶贫开发模式 [J]. 民族研究，2000（4）：26-36+108.

⑤ 黄菊英，蒙西燕. 西藏自治区边境贸易对从业影响的实证研究——基于 1978—2009 相关数据的检验 [J]. 西藏大学学报（社会科学版），2011，26（2）：63-68.

⑥ 黄世芳. 广西中越边境贸易对减贫的影响及其作用机理 [D]. 武汉：武汉大学博士学位论文，2017.

⑦ 罗淳，梁双陆. 边贸经济与口岸城镇：西南边疆民族地区小城镇建设的一个依托 [J]. 经济问题探索，2008（10）：59-63.

⑧ 穆沙江·努热吉. 我国沿边口岸经济地域辐射效应的空间分异研究 [J]. 学术论坛，2021，44（3）：124-132.

⑨ 黄菊英，蒙西燕. 西藏自治区边境贸易对从业影响的实证研究——基于 1978—2009 相关数据的检验 [J]. 西藏大学学报（社会科学版），2011，26（2）：63-68.

⑩ 贺彩银. 西部民族地区边境出口贸易的二元边际与经济增长研究 [J]. 国际经济合作，2012（9）：52-56.

⑪ 扎西，普布次仁. 西藏边境贸易的历史演进与现实情况分析 [J]. 西藏大学学报（社会科学版），2014，29（3）：1-7.

⑫ 扎洛. 西藏的边境小额贸易与边民增收——基于洛扎县的田野调查 [J]. 中国藏学，2015（3）：128-137.

⑬ 曹贵雄，黎莹. 口岸型城镇化进程中边境互市与边民互惠研究——以云南河口为例 [J]. 广西民族大学学报（哲学社会科学版），2018，40（1）：149-156.

⑭ 美郎宗贞，叶竹，于泳. 西藏边境贸易对边民增收的影响及其效应分析——基于 pvar 模型和中介模型的实证检验 [J]. 西藏大学学报（社会科学版），2022，37（2）：186-195.

政策变化及其影响效应做出量化研究和科学分析。

2.4 缺乏制度和政策安排的其他地区边境贸易的发展研究

2.4.1 发展现状

影子经济（shadow economy）也称地下经济（underground economy）、非正规经济（informal economy）等，早期对影子经济的一般解释是"所有对官方计算（或观察到）的国内生产总值有贡献但未注册的经济活动"①。当代全球政治经济的特点之一是跨国流动，在正规经济之外运作的影子经济是全球商品、资本和人员流动的重要途径，正如诺德斯特龙（Nordstrom，2000）所言，如果影子交易所在一夜之间崩溃，世界经济将陷入混乱。随着经济全球化的发展以及影子经济的渗透，人们对影子经济的认识也在不断地客观修正②。贾尔斯（Giles，1999）对影子经济进行阐述式定义，并将其分为货币性合法活动、非货币性合法活动、货币性非法活动和非货币性非法活动4类③；施耐德等人（Schneider et al.，2010）摒弃了以往对影子经济宽泛的解释，选择将这个概念限制在合法活动中。他们指出，影子经济是包括所有以市场为基础的商品和服务的合法生产。这些商品和服务故意向公共当局隐瞒，以避免支付个人所得税、增值税或其他税收；避免支付社会保障费用；躲避某些法定劳动力市场标准，如最低工资、最高工作时间、安全标准等；躲避遵守某些行政程序，如填写统计问卷或行政表格④。所以，影子经济也被视为

---

① Feige E L. A re-examination of the "underground economy" in the United States：a comment on Tanzi [J]. Staff Papers（International Monetary Fund），1986, 33（4）：768-781.

② Nordstrom C. Shadows and sovereigns [J]. Theory, Culture and Society, 2000, 17（4）：35-54.

③ Giles D E A. Measuring the hidden economy：Implications for econometric modelling [J]. The Economic Journal, 1999, 109（456）：370-380.

④ Schneider F, Buehn A, Montenegro C E. New estimates for the shadow economies all over the world [J]. International economic journal, 2010, 24（4）：443-461.

城市失业、官僚繁文缛节和国家法规的产物①②③。使用影子经济而非地下经济、灰色经济、非正规经济等词汇来描述这种贸易活动，是因为后者包含了暗示犯罪的、二元的偏见概念。当下的影子交易正在适应特定的治理机制。影子经营者有选择地适应正规部门和国家监管的要求，接受一些促进其贸易效率的规则，但不接受其他规则，就使得在影子交易与国家当局之间形成了一个半正式的灰色地带④（Taneja，2005）。

这种带有半正式色彩的交易机制在边境贸易中表现得尤为明显。哈雷（Khare）（2020）通过对非正规贸易的分析表明，非正规贸易的概念主要涉及边境地区和邻国之间未申报的陆上贸易。这种贸易常常发生在商品被禁止、短缺或有价格差异的两个国家边界⑤。即使两个国家有寻求切断联系的历史，跨境贸易和人员流动也从未被切断，只是在活动形式上转变成了地下的影子经济⑥。国外学者通过研究和比较包括南亚、东南亚、中亚、东欧和东南欧以及非洲国家的边境贸易（cross-border trade），发现亚洲和欧亚边界地区边境影子交易（Shadow cross-border trade）或非正规边境贸易的历史普遍性。在对这些地区边境贸易的研究中常用的词汇是手提箱交易（suitcase trading）、边境集市（border bazaar）、穿梭贸易（shuttle trade）、边境小额贸易（small scale cross-border trade）、非正规边境贸易、跨境小额贸易（cross-border petty trading）等，无论这些概念名称中是否带有"影子（shadow）或非正规（in-

---

① Priest G L. The ambiguous moral foundations of the underground economy [J]. Yale LJ, 1993, 103: 2259.

② Centeno M A, Portes A. The informal economy in the shadow of the state [J]. In Patricia Fernández-Kelly and Jon Shefner (eds), Out of the shadows: Political action and the informal economy in Latin America, University Park, PA, 2006: 23-48.

③ Perry G, Maloney W, Arias O. Pablo Fajnzylber adn Andrew Mason, and Jaime Saavedra [J]. Informality. exit and exlusion. World Bank Book, 2007.

④ Taneja N. Informal Trade in South Asia: How to Channelize to a Formal Route? [J]. Briefing Paper, 2005 (5).

⑤ Khare, V. Past and present: Shadows of the China-Ladakh-Pakistan routes [J]. In T. Ngo & E. Hung (Eds.), Shadow Exchanges along the New Silk Roads. Amsterdam University Press, 2020: 125-144.

⑥ Van Schendel, W. The Bengal Borderland: Beyond State and Nation in South Asia [M]. London: Anthem Press, 2004.

formal)", 它们都是指亚洲、拉美和欧亚大陆边界常见的、具有相当历史的、国家正规监管之外的边境贸易形式。边境 "影子" 贸易是正式国家监管之外的网络化经济交换①。这种网络的节点是由贸易商、地方政治精英和边防检查人员等主体有意识地创建和维护的②，即能否顺利跨越边界在于贸易商与国家行为者公开/秘密的权力交换/谈判。更广泛地说，贸易商与边境检查站的谈判，成为亚洲、非洲和欧亚边界边境 "影子" 贸易的 "边境制度"。

与开放经济中生产和交换关系的多元性类似，"影子" 贸易的非正规性在不同的边境地区和市场中表现出巨大的差异。在发达经济体边界，由于区域经济一体化程度较高，商品、资本等要素流动性较强，跨境 "影子" 贸易的收益较低，边境 "影子" 贸易常表现为跨国走私犯罪，最臭名昭著的包括跨越美墨边境的大规模走私贸易③。在广大亚非拉边界，边境 "影子" 贸易往往被认为是边境地区居民在短距离内进行的小规模交换活动。它为边境地区居民提供生计来源、就业机会；为贫困企业家提供培训场所；是新企业的来源；是本土企业降低成本的战略方式之一④。施陶德 (Staudt, 1998) 从边境研究文献中汲取教训，认为国家应当对控制边境采取谨慎态度，提醒人们边境贸易对当地居民生计具有重大影响。她指出，"相对开放的边界为人们提供了工作、增加收入和减少贫困的机会，为霸权利益服务的小规则可能使这种活动 '非法'，但这些规则的制定和执行往往没有考虑对受影响者的政治责任，也缺乏理性的判断"⑤。卡利尔 (Kalir) 和苏尔 (Sur, 2012) 提醒人们，非法跨界流动的扩散不应被视为国家的失败。相反，他们认为这是正在进行

---

① Mahanty S. A tale of two networks: Market formation on the Cambodia-Vietnam frontier [J]. Transactions of the Institute of British Geographers, 2019, 44 (2): 315-330.

② Phadungkiati L, Connell J. Social networks as livelihood strategies for small-scale traders on the Thai-Lao border [J]. Australian Geographer, 2014, 45 (3): 375-391.

③ Andreas P. US: Mexico: Open markets, closed border [J]. Foreign Policy, 1996 (103): 51-69.

④ Anderson, J B., Gerber J. Fifty Years of Cha nge on the U. S. -Mexico Border: Growth Development and Quality of Life [M]. Austin, TX: University of Texas Press, 2007: 128.

⑤ Staudt K A. Free trade?: Informal economies at the US-Mexico border [M]. Philadelphia: Temple University Press, 1998.

的建立社会秩序的实际谈判的一部分①。最恰当的例子是在当代的社会话语和修辞体系中广受赞誉的丝绸之路。在历史上它是由国家范围之外的群体互动来创造和维持的。类似地，广大发展中国家的边境"影子"贸易也是一种正在秩序调整中，促进资源跨国流动的全球化贸易形式，与市场驱动的新自由主义和国家主导的地区主义构成了全球化的第三条道路，是一种低端全球化，正在塑造着边境贸易、制度与文化景观②③。

2.4.2　治理政策

边界是国家发挥作用的舞台。国家采取双重行动，一方面向人们保证对所有合法流动开放；另一方面保证所有不受欢迎的流动足够封闭④。边境贸易的有效监管政策关乎国家主权和安全。超出国家视线的商品和服务流动被认为是一种机会成本，表现为进出口关税和其他国家收入的损失。因此，跨境小额贸易的存在扭曲了地方经济，可能对正规经济的发展产生阻碍。各国政府监测货物和服务的跨界流动，不仅是为了收取税费，也是为了通报有关贸易协定和部门支持的政策。然而，有效的管理和推行地方行动方案可能会导致当地人民的收入和就业达不到最佳水平。应当在地方一级执行已起草的规则和条例，否则更强大的行为者将通过不正当的手段获得森林管理的好处⑤。

对边境非正规贸易的监管应当将其特殊性考虑在内，监管政策也应当具备灵活性。边境非正规贸易小心避开了政府的直接监管，但所流动的商品、

---

①　Kalir, B., M. Sur. Transnational flows and permissive polities: ethnographies of human mobilities in Asia [M]. Amsterdam University Press, 2012.

②　Mathews G. Ghetto at the center of the world: Chungking Mansions, Hong Kong [M]. Chicago: University of Chicago Press, 2011.

③　Hung, E, Ngo T W. Shadow exchanges along the new Silk Roads [M]. Amsterdam: Amsterdam University Press, 2020.

④　Andreas P. Border games: Policing the US-Mexico divide [M]. New York: Cornell University Press, 2012.

⑤　Chapagain, A. Formal versus informal practices: Trade of medicinal and aromatic plants via Trans-Himalayan Silk Road [J]. In T. Ngo & E. Hung (Eds.), Shadow Exchanges along the New Silk Roads. Amsterdam University Press, 2020: 145-162.

服务和信息等要素不一定是非法的。它的存在通常是基于一定的历史地理、文化习惯或特定国家的特殊情况。安全、主权和决策方面考虑，国家对边境实行一定的管理政策是将其置于更加透明和更易于理解的领域。官方的管理政策必须考虑历史背景。这对于那些有着长期地理和文化边界传统的国家和地区来说是重要的。这些国家和地区有着由本地土著和国家边界监管者以外的行为者发起的边境互动经验，并且具有跨国界共享的种族、文化和宗教特征。从沿边地区独特的历史、政治和文化角度评估拟议的政策将必须解决有争议的问题，否则可能会影响边境地区居民对官方政策的看法，从而不利于政策的执行①。莱特（2004）将非正规经济活动的社会学重新概念化，认为非正规经济不会随着国家控制的加强而减少，官方规则和执行越多，就越有机会打破、操纵或规避。随之而来的是，高度压抑的状态会产生最大量的非正式活动②。鉴于非正规经济的社会人际网络和互惠特征以及在促进低收入社区经济增长方面具有的积极作用，灵活的国家决策者可以通过最大限度地减少限制性法律，并通过启用国家计划和灵活的法规，识别和设计促进创新和企业发展的社会结构等促进性政策和发展环境来纠正它们，而不是迫使它们"越轨"。一个支持性的环境将需要政治领导人、执法人员和政府监管机构的共同努力。他们容忍违反规则，同时重点关注贸易活动违反规则和犯罪之间的界限。夏（Hsia）和萨特（Saat，2020）通过案例研究马来西亚—印度尼西亚边境在严格的社会执法下仍存续的走私现象，发现贸易历史、家庭关系、归属感、文化和地理等因素是边境货物走私活动存在的主要因素，上述"走私"不同于边境口岸和边境相关协议里的"走私"概念，并且因其发展的积极作用而影响边境管理当局对此种类型"走私"的看法。走私必需品是边境

---

① Adams, O. State approaches to non-state interactions: Cross-border flows in Xinjiang and Kazakhstan [J]. In T. Ngo & E. Hung (Eds.), Shadow Exchanges along the New Silk Roads (pp. 183-212). Amsterdam University Press, 2020: 183-212.

② Light D W. From migrant enclaves to mainstream: reconceptualizing informal economic behavior [J]. Theory and society, 2004 (33): 705-737.

地区的社会文化，应当继续下去①。古（Gu）和沃马克（Womack，2000）指出，越南的边境政策往往有效地促进了大规模贸易，而牺牲了边境当地居民进行的小规模活动。因为政府当局和企业家认为，小规模边境贸易没有产生可观的利润或收入。然而，这对于贫穷的边境地区来说是一个重要的问题。对政府当局无关紧要的贸易活动却是边境当地居民至关重要的生计方式，需要得到鼓励②。埃尔率（Elsing，2019）考察了泰国和越南边界省份的小规模非正规贸易。这种贸易的合法性监管有赖于贸易商和官员之间的反复谈判。但谈判的成效依赖于谈判者的社会关系，涉及贿赂等问题。这表明边境检查站对于非正规经济来说是进行国家行为者和非国家行为者之间的互动③。哈雷（2020）考察了拉达克的非正规跨境贸易，发现非正规贸易比正规贸易更有效率。然而，与洗钱、违禁品、不受控制/不受欢迎的移民等相关的危险是显而易见的。执法机构的增加反而会加剧腐败，提高认识和教育水平、加强地方官员的权力以及建立国家间强有力的关系，将大大有助于遏制这条阴影之路④。

因此，对边境非正规贸易（学术讨论范围的走私合法品）的监管程度和引导方式尚在探索之中。边境地区居民的智慧和经验会设计出高度务实的谈判边界线和边境政策的方式。国家为跨境互动建立政治和经济秩序的努力往往无法完全控制"凑合"的日常做法。这些国家政策往往由中央政府制定，而没有与当地边境社区协商，因此，将会使边境居民的战略和应对机制变得更为复杂⑤。李（Lee，2015）对泰缅边境地区的非正规跨境贸易活动的研究

① Hsia, JTG, Saat, G. Factors of continuity of Goods Smuggling at the Border of Malaysia Sarawak (Lubok Antu) and Indonesia Kalimantan Barat (Badau) [J]. AKADEMIKA, 2020, 90 (1)：49-62.

② Xiaosong Gu, Womack B. Border Cooperation between China and Vietnam in the 1990s [J]. Asian Survey, 2000, 40 (6): 1042-1058.

③ Elsing S. Navigating small - scale trade across Thai - Lao border checkpoints: Legitimacy, social relations and money [J]. Journal of Contemporary Asia, 2019, 49 (2)：216-232.

④ Khare, V. Past and present: Shadows of the China-Ladakh-Pakistan routes [J]. In T. Ngo & E. Hung (Eds.), Shadow Exchanges along the New Silk Roads. Amsterdam University Press, 2020: 125-144.

⑤ Morehouse B J, Pavlakovich-Kochi V, Wastl-Walter D. Introduction: Perspectives on borderlands [J]. in Challenged Borderlands: Transcending Political and Cultural Boundaries [M]. Pavlakovich-Kochi V, Morehouse B J, Wastl-Walter D, 2004：3-11.

表明，边界的秩序并不完全由国家机构管理，也由其他社会群体特别是族裔群体进行管理①。吴阿西克等人（Ng'Asike et al.，2020）对肯尼亚边境牲畜贸易的研究表明，如果将边境贸易的管理权限下放到边境县一级地方政府，将会改善获得认证、许可证/执照和兽医援助等诸多公共服务的机会，而且边境地区贸易的信息不对称问题也会有所缓解。但同时也带来了诸多问题：权力下放加重了税收；牲畜贸易障碍增多；县级高管寡头垄断风险增加；县政府对跨境牲畜贸易在人力、财力上的支持有限；在中央和县级政府政策交叉地带，如道路等基础设施建设、疾病防控和灾害应对等方面容易出现扯皮和治理的"真空"②。

上述是对非正规边境贸易中走私合法品的治理探索，但由于边境地区是走私品的高发地，对走私非法品的打击是必要的。萨贝特（Sabet，2015）通过对美国非法进口二手车的非正规市场以及墨西哥北部边境社区的盗版和假冒商品业务的探索，发现国家执法和宽容的矛盾战略的中间人可能利用其结构性地位获得私人利益；犯罪分子和有组织犯罪可能会从非法氛围中获益③。

另外，在发达国家或者区域一体化程度较高的国家边境地区，如何高效监管边境贸易、降低边境效应也是学者的关注重点。2001 年，美国和加拿大过境时间和不确定性造成约 40.1 亿美元的损失，占当年商品贸易总额的 1.05%，占卡车贸易水平的 1.58%。这些费用中拖延和不确定性主要与边境机构及其工作人员有关，而不是与基础设施有关。因此，在解决对新基础设施的长期投资之前，需要先解决许多体制问题④。美国的 33 个边境口岸等待

---

① Lee S K. Behind the scenes: Smuggling in the Thailand－Myanmar borderland [J]. Pacific Affairs, 2015, 88（4）: 767-790.

② Ng'Asike P O, Stepputat F, Njoka J T. Livestock trade and devolution in the Somali－Kenya trans-boundary corridor [J]. Pastoralism, 2020（10）: 1-14.

③ Sabet D M. Informality, illegality, and criminality in Mexico's border communities [J]. Journal of Borderlands Studies, 2015, 30（4）: 505-517.

④ Taylor J C, Robideaux D R, Jackson G C. Costs of the US－Canada Border [M]. North American Economic and Financial Integration. Emerald Group Publishing Limited, 2004: 283-297.

时间的机会成本为每年 2 120 万美元, 在口岸每增加 1 名海关工作人员, 等待时间将降低 8% 到 100%, 预计使美国 GDP 增加 6 480 万美元, 就业岗位增加 1 084 个。其中 80% 的 GDP 增长和 94% 的就业增长将由口岸地区获得①。需要说明的是, 上述贸易是通过边境的国家双边贸易, 不同于亚非拉国家和地区的"边境贸易""边境非正规贸易"。这是由于在区域一体化程度较高的国家边境地区, 市场融合程度高, 跨境套利机会很小, 因此边境贸易处于消亡状态。关于这一点我们在第 4 章 4.1 节"边境贸易类型理论: 比较研究框架"中对其特征及演化进行详细讨论。

2.4.3 经济影响

非正规跨境小额贸易的存在可能阻碍正规经济的发展。虽然非正规经济通常被认为是"一种经济稳定器"②, 但对地方经济来说, 它到底是制约因素还是一种资源仍然是有争议的问题③。单个贸易商的跨境贸易收益是微小的, 但整个跨境贸易总量是巨大的, 可能造成地区和国家的财政收入的显著减少。边境贸易的经济效应也有积极的一面。如 20 世纪 90 年代中期, 有 2 000 万到 3 000 万人在中亚从事手提箱贸易④。这种手提箱贸易提供了俄罗斯市场所有消费品的 75%⑤。这种非正规贸易因在一个服务部门有限的区域为数百万人提供了就业机会而对经济和政治稳定至关重要⑥。同时, 中东欧地区的边境贸易发展不仅仅是转型时期家庭的生存策略, 更是根植于国家社会主义时期、国

---

① Roberts B, Rose A, Heatwole N, et al. The impact on the US economy of changes in wait times at ports of entry [J]. Transport Policy, 2014, 35: 162-175.

② Ivanova N Y, Buslayeva O V. The dark side of the moon: Shadow economy in Ukraine [J]. Ekonomicky casopis, 1999, 47 (4): 630-648.

③ Williams A M, Baláž V. International petty trading: Changing practices in trans-Carpathian Ukraine [J]. International Journal of Urban and Regional Research, 2002, 26 (2): 323-342.

④ Humphrey C. The unmaking of Soviet life: everyday economies after socialism [M]. New York: Cornell University Press, 2019.

⑤ Mukhina I. New losses, new opportunities: (Soviet) women in the shuttle trade, 1987—1998 [J]. Journal of Social History, 2009: 341-359.

⑥ Elsing S. Navigating small-scale trade across Thai-Lao border checkpoints: Legitimacy, social relations and money [J]. Journal of Contemporary Asia, 2019, 49 (2): 216-232.

家转型时期"经济活动的替代场所"①。又如汉森（Hanson，2001）根据1975—1997 年 10 个主要边境城市的数据估计了墨西哥和美国边境城市之间的需求联系。结果表明，墨西哥出口制造业的增长可以解释大部分的美国边境城市的就业增长②。此外，安德森（Anderson，2007）和格柏（Gerber，2007）指出非正规经济部门具有多重功能：它是穷人的生存战略；提供了就业机会；为贫困企业家提供了培训场所；是新企业的来源；是本土企业的降低成本战略③。

边境贸易显著改善了边境地区小型贸易商的就业、收入状况，对地区减贫也发挥了重要作用，特别是在非洲大陆和东南亚的边境地区，女性在非正式跨境贸易中占比很高，为妇女提供了新的发展机会，促进了妇女事业的发展④⑤。

边境贸易不仅仅是边境地区居民重要的生计来源、贸易商的生活方式，还深深融入边境城镇的经济，对边境地区经济发展产生了深刻影响⑥。中国和巴基斯坦跨境贸易有助于实现家庭经济多样化，提高区域连通性，边界两侧的居民也从中获益。边境居民利用免税权限可以携带多达 300 千克的个人物品。大型贸易商利用这一贸易优惠，从陆港进口货物征税率将比在卡拉奇海港低 200%～400%⑦。

---

① Smith A. Employment restructuring and household survival in "postcommunist transition": rethinking economic practices in Eastern Europe [J]. Environment and Planning A, 2000, 32 (10): 1759-1780.

② Hanson G H. US-Mexico integration and regional economies: evidence from border-city pairs [J]. Journal of Urban Economics, 2001, 50 (2): 259-287.

③ Anderson J B, Gerber J. Fifty years of change on the US-Mexico border: Growth, development, and quality of life [M]. Austion, TX: University of Texas Press, 2007.

④ Mukhina I. New losses, new opportunities: (Soviet) women in the shuttle trade, 1987—1998 [J]. Journal of Social History, 2009: 341-359.

⑤ Phadungkiati L, Connell J. Social networks as livelihood strategies for small-scale traders on the Thai-Lao border [J]. Australian Geographer, 2014, 45 (3): 375-391.

⑥ Lee S K. Behind the scenes: Smuggling in the Thailand-Myanmar borderland [J]. Pacific Affairs, 2015, 88 (4): 767-790.

⑦ Karrar, H. In and out of the shadows: Pakistan-China trade across the Karakoram Mountains [J]. In T. Ngo & E. Hung (Eds.), Shadow Exchanges along the New Silk Roads. Amsterdam University Press, 2020: 75-96.

边境贸易的发展显著促进了区域资源的跨境流动，增进了两国的文化交流和睦邻友好关系，促进了区域一体化[①]。例如，边境城市比什凯克的多尔多伊集市（Dordoi Bazaar）已经成为中国和吉尔吉斯斯坦之间的交易中心，总交易额达数十亿美元，为 4 万多人提供了就业机会。数以千计的贸易商携带大量货物越过中哈边境，运往霍尔果斯河，然后通过阿拉木图在整个中亚乃至更远地区进行再分配[②]。里帕（Rippa，2019）考察了中国新疆与巴基斯坦的"非正式"跨境贸易（cross-border trade），发现该贸易网络的覆盖范围从塔吉克斯坦和巴基斯坦索斯特延伸到吉尔吉特、拉瓦尔品第、卡拉奇、白沙瓦和喀布尔，以及中国的喀什、广州和义乌[③]。金（Kim，1994）认为，自苏联解体以来，中国成为俄罗斯远东地区最大的贸易伙伴的主要原因是边境贸易[④]。拉巴兰（Raballand，2007）和安德烈西（Andrésy，2007）强调了在中国—中亚贸易扩张中边境贸易的重要地位，并建议中亚国家通过边境贸易进一步发展与中国的贸易关系[⑤]。

2.5 文献述评

通过以上中外文献对比研究，我们可以得出如下结论：①目前国内外关于边境贸易的产生发展与治理、影响因素及经济效应做了大量研究，为本书研究中国边境贸易的演进历程、影响因素及经济效应提供了有效借鉴、参考和对照。②国内和国外关于边境贸易研究都已具备一定的基础，但是国内外

① Womack, B. Sino-Vietnamese Border Trade: The Edge of Normalization [J]. Asian Survey, 1994, 34: 495-512.

② Alff H. Flowing goods, hardening borders? China's commercial expansion into Kyrgyzstan re-examined [J]. Eurasian Geography and Economics, 2016, 57 (3): 433-456.

③ Rippa A. Cross-border trade and "the Market" between Xinjiang (China) and Pakistan [J]. Journal of Contemporary Asia, 2019, 49 (2): 254-271.

④ Kim W B. Sino-Russian relations and Chinese workers in the Russian Far East: a porous border [J]. Asian Survey, 1994, 34 (12): 1064-1076.

⑤ Raballand G, Andrésy A. Why should trade between Central Asia and China continue to expand? [J]. Asia Europe Journal, 2007, 5 (2): 235-252.

研究存在脱节现象，即国外研究的焦点在非正规边境贸易，国内聚焦于正规边境贸易。这种研究的"两张皮"现象一方面是由于不同国家边界的不同类型的边境贸易实践；另一方面是由于国内外学者缺乏将不同类型的边境贸易进行对比研究，在该领域研究中存在"中国不了解世界、世界也不了解中国"的现象。③国外研究结论认为，边境贸易是一把双刃剑，有利于边境人民和地区经济的发展，却造成了国家财政的损失、威胁国家的安全；国内研究结论认为，边境贸易具有兴边富民的作用。两者的差别从本质上是未对边境贸易进行类型区分、比较研究、定量研究，且鲜有将中国政府的边境贸易政策实践、治理经验和成效推向世界。④对比中外有关边境贸易研究的巨大差异可以发现，是否拥有边境贸易的国家监管与积极引导，即是否具备积极引导和培育边境贸易发展的制度和政策安排是中外边贸的本质区别。⑤国内的边境贸易研究是在中国既定的边贸制度安排背景下，自然衍生出一种"天然合理"的研究思维，并且自成研究语境，认为制度安排对边贸发展的积极作用是"不证自明"的"真理"，缺乏量化研究、科学论证和中外对比，缺乏为中国边贸制度安排找到一般性规律及在世界边贸发展中的方位。

与以往研究相比，本书主要在以下 4 个方面进行拓展：①首先从理论层面创新性提出边境贸易类型理论，从根本上区分了中国边境贸易的特殊性。同时以国际上广泛认同的"边界类型"理论为基础，比较分析世界主要边境贸易类型的阶段性特征，从理论上支撑中国边境贸易政策特征的一般性，凸显中国边贸政策安排的优越性。②在理论层面分析中国边贸政策演进的影响效应。以中国边民互市贸易政策演进为例，创新性引入演化博弈理论分析互市贸易政策演进机制，构建多阶段参与主体间的演化博弈模型，并通过 Matlab 进行仿真分析，重点关注政策调控变化对博弈主体策略及收益影响，厘清政策影响机理，对政策的有效性进行客观评价，为中国边境贸易政策的实施提供理论支撑。③首次从区域视角对边贸政策的效果及传导机制进行检验，通过双重差分法识别出政策效应；同时，还采用逐步推进的方式，实证检验了少数民族自治州、边境贸易发展基础差异带来的政策实施效果的异质

性及政策实施的外溢性，为中国边境贸易制度安排的有效性、中国边境贸易
政策的实施提供实证依据和理论指导。④在国内外研究的基础上，运用中国
沿边地级市数据实证边境贸易政策对边境地区农村居民收入增长的贡献，以
实证结果支撑制度安排下中国边贸发展的有效性、对中国政府兴边富民战略
的实际意义。

　　中国边境贸易的发展是在政府的监管、引导下由传统民间边贸走向国际
化、现代化的演进历程，因此，边境贸易制度安排是中国边贸与世界其他地
区边境贸易的最大区别。考察中外边境贸易研究现状发现，国内外研究存在
"缺乏制度安排的非正规边境贸易"和"制度安排下的中国边境贸易"两种
研究语境。以上两个方面造就了中国边境贸易发展与边贸研究具有理论和实
践意义上的双重特殊性。因此，从理论上为中国边境贸易找到一般性发展规
律，并科学评估中国边贸制度和政策安排的有效性，为中国边贸政策实施提
供理论支撑，对中国边贸发展具有重要的理论与现实意义。同时，现存的世
界上其他地区的边境贸易处于无序、混乱和低效发展的状态。从另一个角度
说，双边开放程度或政府管理效能不及中国政府的广大亚非拉边境地区，
将从中国边境贸易波澜壮阔的历程中汲取发展经验。这是中国推进制度型
开放的表现，也是当代中国在边境贸易发展上为世界提供的中国智慧和中
国方案。

第 3 章　概念界定、理论基础与机制分析

西方制度经济学理论、国际贸易理论和演化博弈论为我们研究边贸政策变化对沿边地区的经济影响提供了理论指导与借鉴。制度和政策安排驱动边境贸易发展、对沿边地区经济增长的影响以及对沿边地区人民收入增长产生影响的作用机理是本章的探索重点。为此，本章首先进行核心概念界定与辨析，接着探究中国边境贸易政策对实践产生影响的理论依据与作用机理，重点分析制度和政策安排对边境贸易发展产生作用的机理，探究边贸制度和政策安排如何降低交易成本进而促进边贸发展，如何演进以及如何对经济发展产生影响。

3.1　核心概念界定与辨析

3.1.1　边境贸易

3.1.1.1　国际社会对边境贸易的定义

截至目前，尚未检索到法学词典对边境贸易的定义及解释。笔者查阅了一些国际协定、条约发现，边境贸易至少有两种英文名称：一是直译为"Border trade"；二是"Frontier traffic"。下面就两种名称的释义进行梳理。

"Border trade"出现在国家间边界条约和过境制度之中，官方默认边境贸易是边境地区居民的传统贸易活动，对这种民间贸易活动一般会采取较为宽

松的过境制度①。特别是自 20 世纪 90 年代以来，中国同印度、缅甸、越南和尼泊尔等国家关于边境贸易的协定及备忘录等文件详细框定了边境贸易的定义、贸易活动区域、双方的管理制度等，边境贸易形式以及主体的范围由 1991—1998 年的"陆路贸易"和"接壤地区的居民进行的边民互市"，扩展为 1998 年的"可从事边境贸易的企业和边民"在双方协定的口岸和互市点进行的贸易活动②。

"Frontier traffic"代表边境贸易始于《1947 年关税与贸易总协定》(The General Agreement on Tariffs and Trade，GATT 1947)。但需要说明的是，GATT 1947 是一项早于 WTO 协定的已废止的国际条约，但国内仍不乏学者援引此种条款，如宾建成（2000）等，形成积非成是的乱象。对于 WTO 包含的 GATT 1994③第二十四条第 3 款（a）项"本协议的各项规定，不得阻止任何缔约方为便利边境贸易（frontier traffic）而给予毗连国家的优惠"④中出现的 "frontier traffic"一词，《GATT 分析索引（1995 年之前）》[GATT Analytical Index (pre-1995)] 的解释可以概括为⑤：①该语境下的"边境贸易"范围是距离边境线 15 千米内，这源自美国最初的提案。1946 年 11 月美国在筹备委员会伦敦会议上解释如下："第 2 款（a）项［XXIV：3（a）］提到的边境贸易，如边境居民穿过城市等……受此规定影响的区域范围通常限制在距边境

① 代表协定有《澳大利亚政府（代表其自身和代表巴布亚新几内亚政府行事）与印度尼西亚政府关于巴布亚新几内亚和印度尼西亚之间边界的行政边界安排协定》(1974 年 11 月)、《1972 年 8 月 3 日印度政府和孟加拉人民共和国政府关于护照和签证制度的协定》和《南苏丹共和国和苏丹共和国 (AFRC) 友好合作关系协定》(2012 年 7 月)。

② 详见《中华人民共和国政府和印度共和国政府关于恢复边境贸易的备忘录》(1991 年 12 月)、《中华人民共和国政府和越南社会主义共和国政府边境贸易协定》(1998 年 10 月 19 日)。

③ GATT 1994 包含在 WTO 协定的附件 1A 中。参考了 GATT 1947 的规定。最初的 GATT 第 XXIV 条补充了" Ad Art XXIV"，并于 1994 年更新了一项谅解。

④ 原文见 General Agreement on Tariffs and Trade 第 58 页，https://www.wto.org/english/res_ e/booksp_ e/agrmntseries2_ gatt_ e.pdf，这里参考了杜发春（2000）的翻译。

⑤ 资料来源于 WTO 官方网站《ANALYTICAL INDEX OF THE GATT》，第 795-796 页，https://www.wto.org/english/res_ e/publications_ e/ai17_ e/gatt1994_ art24_ gatt47.pdf。

15 千米范围内"①。其后的 1947 年 8 月，在筹备委员会日内瓦会议期间的讨论中，"一致认为'边境贸易'的定义不应过于狭隘，因为它在每种情况下都有所不同，本组织将在必要时决定"②。②该条款并未划定边境地区范围，认为便利通关设计的交通通常包含在"frontier traffic"一词内。《GATT 分析索引（1995 年之前）》为解释"frontier traffic"还援引了的里雅斯特（Trieste）、圣马力诺和梵蒂冈边境、德国边境的审查案例。Paul Mcmahon（2018）认为，这些旨在说明 GATT 不应被解释为组织成员国和邻国为便利边境贸易而提供的优惠，最惠国义务将不再适用，因此领土之间的互惠贸易将不受海关管制和其他贸易的限制③。由此，边境贸易没有定义，目前尚不清楚它是否会被解释为适用于与整个爱尔兰一样大的区域。诸如墨西哥雄心勃勃的边境经济计划，已将边境加工减免税区域由美墨边境 20 千米内扩展至 100 千米内④。由于 GATT 的第二十四条本身就是"弱规定"⑤，对边境贸易的弹性规定也为世界上不同类型的边界、不同发展水平的国家间边境贸易拓展了活动空间。

虽然 WTO 并未定义边境贸易，但我们可以通过其他的国际条约窥见边境贸易的相关内涵，如《太平洋岛国贸易协定》（PICTA）对"frontier traffic"

---

① 原文见 *United Nations-Economic and Social Council-Preparatory Committee of the International Conference on Trade and Employment -Committee Ⅱ -Seventh Meeting Held on Friday*, 1 November 1946 at 3 p. m. （E/PC/T/C. Ⅱ/38），P7，https://docs.wto.org/gattdocs/q/1946_ 50.htm.

② 原文见 *United Nations -Economic and Social Council -［Preparatory Committee of the United Nations Conference on Trade and Employment］-Second Session of the Preparatory Committee of the United Nations Conference on Trade and Employment -［Commission A］-Summary Record of the 42nd Meeting of Commission A Held on Monday*, 18 August 1947 at 10. 30 a. m., in the Palais des Nations, Geneva（E/PC/T/A/SR/42），P2，https://docs.wto.org/gattdocs/q/UN/EPCT/ASR-42.PDF.

③ Paul Mcmahon，FRONTIER EXCEPTIONS ［EB/OL］.（2018）.［2023-04-30］. http://brexitlegalguide.co.uk/frontier-exceptions/.

④ 陈永健. 北美跨境发展的启示：蒂华纳—圣迭戈超级区 ［EB/OL］.（2019-01-18）［2023-05-01］. https://research.hktdc.com/sc/article/MzQ0MDI0MTYz.

⑤ Benjamin L. Renewable Energy and Trade：Meeting the Paris Agreement's Goals through a Two-Step Jurisprudential Advance ［J］. Minn. JL Sci. & Tech., 2020, 22：1.

的解释是"边境地区居民携带的非商业性进出口货物"①；东南非共同市场协定（COMESA）规定"边境贸易"是"边境地区居民在相邻边境地区之间的货物进出口"②。PICTA 和 COMESA 对边境贸易的定义类似于中国的"边民互市贸易"。但需要说明的是，根据可查的中央政府文件，中国对"边境贸易"的英译是"Border trade"，对"边民互市贸易"的英译是"the transactions between inhabitants on either side of the border"，对"边境小额贸易"的英译是"small-scale border trade"③。中国边境贸易细分形式的独特性使它们的名称与国际社会有很大不同，也给中外边境贸易的比较研究带来一定的困难。

当前国际社会对边境贸易没有统一的定义，这就不难理解为何世界上不同边境地区的边境贸易形式、发展状态、经济效应等差别如此之大。

3.1.1.2 当代世界主要边境贸易形式

当今世界，主要活跃的边境贸易有正规边境贸易和非正规边境贸易两种形式。正规边境贸易是指纳入一国海关监管的边境贸易，如中国的边民互市贸易和边境小额贸易两种形式。非正规边境贸易是指未纳入国家监管的边境贸易。比如，发生在广大非洲、拉丁美洲和部分亚洲大陆国家和地区的边境贸易，国际社会将其纳入"Informal cross-border trade"（简称 ICBT）的概念范畴，即非正规（正式）跨境贸易。也就是说，一国发生的所有未置于国家正式监管下的跨境贸易，而且非正规边境贸易只是其中一种发生在边境地区的、由边境居民和小型贸易商从事的非正规国际贸易形态。针对非正规边境贸易

---

① 《太平洋岛国贸易协定》(Pacific Islands Countries Trade Agreement, PICTA)，是 14 个岛国论坛成员国之间签署的贸易协定。目前，除帕劳和马绍尔群岛外，其他 12 个太平洋岛国均已签署协定。协定规定，除例外清单列出货物之外，其他原产自成员国的货物进入另一成员国市场时，在 2010 年前削减至零关税，例外清单上的货物在 2016 年前减至零关税。这里援引的原文见 *An Act to provide for the ratification of the Pacific Island Countries Trade Agreement* (PICTA)，https://findrulesoforigin. org/documents/pdf/itc00647_ full.pdf.

② *Official Gazette of The Common Market for Eastern and Southern Africa* (COMESA)，2009. 6. 9，https://www.comesa.int/wp-content/uploads/2020/05/2009-Gazette-Vol.-15-No2.pdf.

③ 资料源于中国法律资源库，根据《边境贸易外汇管理办法》英文版 Notice of The State Administration of Foreign Exchange on Printing And Distributing The Measures for The Administration of Foreign Exchange in Border Trade 的内容。

这种贸易形式，OECD（经济合作与发展组织）将其定义为"合法生产的商品和服务的贸易，不受政府设定的监管框架的约束，因此避免了某些税收和监管负担"。阿弗里卡（Afrika）和阿琼博（Ajumbo，2012）将非正规边境贸易定义为"加工或未加工商品的贸易，可能在边界的一侧是合法的进口或出口，而在另一侧是非法的，因为没有经过法定的边境手续，例如清关，反之亦然"。由此可见，这种跨境贸易"非正规"主要表现为规避通关费用、关税和其他交易成本[1]。

非正规跨境贸易是非洲国家和地区的常见现象，为非洲贡献了43%的GDP[2]。布埃等人（2018）认为对于某些产品和国家，非正规贸易的价值可能达到甚至超过正规贸易的价值[3]。例如，阿玛等人（Ama et al，2014）估计在赞比亚和马拉维之间的单一过境点每月交易的非正规贸易额达290万美元，但同一过境点的正规贸易额仅为160万美元[4]。根据OECD的研究报告，非洲的非正规跨境贸易成为许多农村贫困家庭的重要收入来源，并且为广大农村地区的女性创造了就业机会[5]。对于这种非正规贸易的重要意义，包括对发生在亚洲地区、拉丁美洲地区和美墨边境地区的非正规贸易，在前文的文献综述中已对其进行详细介绍。但是，必须要说明的是，上述涵盖了所有跨境贸易中的非正式贸易，比中国的边境贸易囊括了更多的交易主体和内容，有时在国际研究中，与影子贸易等同，甚至等同于走私[6]。为了便于分类研究，也

① Afrika J G, Ajumbo G. Informal cross border trade in Africa: Implications and policy recommendations [J]. Africa Economic Brief, 2012, 3 (10): 1-13.

② Lesser C, Moisé-Leeman E. Informal cross-border trade and trade facilitation reform in Sub-Saharan Africa [R]. OECD Trade Policy Working Paper No. 86, 2009.

③ Bouet A, Pace K, Glauber J. Informal cross-border trade in Africa. How much? Why? And what impact? [J]. IFPRI-Discussion Papers, 2018: 1783.

④ Ama N O, Mangadi K T, Ama H A. Characterization of informal crossborder traders across selected Botswana borders [J]. International Journal of Management and Marketing Research, 2014, 7 (1): 85-102.

⑤ Ndiaye T. Women informal traders transcending African borders: Myths, facts and ways forward [J]. Export Roundtable on the Gender Dimension of Aid for Trade, 2010: 25.

⑥ Martin L, Panagariya A. Smuggling, trade, and price disparity: A crime-theoretic approach [J]. Journal of International Economics, 1984, 17 (3-4): 201-217.

将非正规边境贸易分为走私合法物品和走私非法物品两种类型①②。

在中国发生的正规边境贸易是受国家监管的一种对外贸易形式。我国对边境贸易的管理条例在遵循国际规则的基础上，根据我国边境地区的实际情况③和沿边地区居民的贸易传统制定了制度和政策。我国对边境贸易概念的界定主要出现在国家发布的边境贸易政策文件中。1996 年《国务院关于边境贸易有关问题的通知》（国发〔1996〕2 号）④ 中，明确了边境贸易按边民互市贸易和边境小额贸易两种形式管理。其中，边境小额贸易指在国家批准的陆地边境县、边境城市辖区内有边境小额贸易经营权的企业，通过指定口岸，与毗邻国家边境地区的企业或其他贸易机构之间进行的贸易活动。边民互市贸易指边境地区居民在边境线 20 千米以内，经政府批准的开放点或指定的集市上，在不超过规定的金额或数量范围内进行的商品交换活动⑤。此后，中央政府的相关部门如海关总署、财政部、商务部等对边境贸易出台配套的贸易监管政策、财政税务政策等都基本沿用上述概念界定。上述政策文件中的边境贸易是中国对本国边界线一侧的边境贸易制度安排，对本国内边境贸易范围、参与主体等进行了限制，是一种广义上的区域经济发展政策，而非狭义的贸易壁垒。近年来，随着市场经济的开放发展，政策也日趋完善，在实践中与其他国家并未因边境贸易制度安排而产生过贸易摩擦。

因此，统观国内外对边境贸易的研究，国外的非正规边境贸易的参与主

---

① Buehn A, Eichler S. Smuggling Illegal versus Legal Goods across the US-Mexico Border: A Structural Equations Model Approach [J]. Southern Economic Journal, 2009, 76 (2): 328-350.

② Golub S S. Entrepot trade and smuggling in west africa: Benin, togo and nigeria [J]. The World Economy, 2012, 35 (9): 1139-1161.

③ 我国的边境线内侧多有山脉、河流等自然边界，在距离边境线 15 千米范围内大部分为无人居住区，因此在 GATT 规定的 15 千米范围的基础上，我国将边民互市贸易的范围扩展至距离边境线 20 千米范围。

④ 《国务院关于边境贸易有关问题的通知》是目前仍在沿用的边境贸易早期相关文件。在该文件以前《边境小额贸易暂行管理办法》（生效时间 1984 年 12 月 20 日—1994 年 5 月 16 日）中，规定边境小额贸易包括边境地方部门和企业与对方边境城镇的小额贸易及边民互市贸易；《国务院办公厅转发经贸部等部门关于积极发展边境贸易和经济合作促进边疆繁荣稳定意见的通知》（国办发〔1991〕25号）中规定边境贸易包含边境小额货贸易、边民互市贸易和中缅边境民间贸易 3 种形式及管理办法。

⑤ 中华人民共和国商务部，www.mofcom.gov.cn。

体包括边境地区居民、小型跨境商、非正式注册或正式注册中小型企业（为了逃避税费、监管等）等①；中国的边境贸易主体是企业和边境地区居民。除主体不同外，两种语境下边境贸易的合规性、贸易内容也有很大差别；相似的部分在于参与主体都包括边境地区居民、小型贸易商和微型企业。这部分的贸易效率以及产生的经济效应虽有高低差别，但总体上国内外研究都认可边境贸易的减贫作用②③④。

为了便于对比分析，本书对非正规边境贸易的国外相关研究综述将选取与中国相类似的、由边境地区居民或小型企业参与的"走私合法物品"相关研究，"走私非法物品"不在本书的讨论范围。"走私非法物品"是政府竭力打击的违法犯罪行为；而"走私合法物品"是在政府的合法监管之外的行为，政府应当出台相应的制度安排，在保留其贸易传统的情况下，运用政策调控使其自愿合法化、正规化，其中的关键是制度安排的智慧。

3.1.1.3　本书对边境贸易的界定

中外边境贸易文献对比研究发现，两者在基本概念上就存在巨大差异。这种差异的本质在于，中国国内边境贸易拥有良好的边贸制度安排，因此处于有序、规范化状态；世界上正在发生边境贸易的其他地区缺乏良好的制度安排，因此，国际文献研究中的边境贸易常与"影子"贸易"非正式跨境贸易"等概念等同，常处于无序、混乱的状态。因此，本书将结合国内外已有研究，界定边境贸易为在距边界线 20 千米内两国边境居民进行的贸易活动，

① Bouet A, Pace K, Glauber J. Informal cross-border trade in Africa. How much? Why? And what impact? [J]. IFPRI-Discussion Papers, 2018: 1783.

② Faleye, O. A. Impact of Informal Cross Border Trade on Poverty Alleviation in Nigeria: Kotangowa Market [Lagos] in Perspective [J]. Crossing the Border: International Journal of Interdisciplinary Studies, 2014, 2 (1), 13-22.

③ 黄世芳. 广西中越边境贸易对减贫的影响及其作用机理 [D]. 武汉：武汉大学博士学位论文, 2017.

④ United Nations Conference on Trade And Development: Informal cross-border trade for empowerment of women, economic development and regional integration in Eastern and Southern Africa [EB/OL]. Development Account Project 1617J. (2020-02) [2023-04-31]. https://unctad.org/system/files/official-document/osginf2020d2_ en.pdf.

或在边境城市辖区内，政府指定企业与毗邻国家边境地区进行的贸易活动。同时，本书认为，对边境贸易类型的界定是边贸研究的起始点，只有分类研究不同的边境贸易互动模式，分析其决定因素、特征、演化规律等，才能识别出边境贸易的本质与问题，并提出具有建设性的对策建议。

此外，本书研究的重点是中国边境贸易的发展，因此有必要根据中国政府对边境贸易的监管实践细化中国边境贸易的概念及特征。

中国的边境贸易包括边民互市贸易和边境小额贸易两种形式，基本概念界定沿用 1996 年《国务院关于边境贸易有关问题的通知》（国发〔1996〕2号）中两种贸易形式的相关定义。其中，边境小额贸易指在国家批准的陆地边境县、边境城市辖区内有边境小额贸易经营权的企业，通过指定口岸，与毗邻国家边境地区的企业或其他贸易机构之间进行的贸易活动。边民互市贸易指边境地区边民在边境线 20 千米以内、经政府批准的开放点或指定的集市上，在不超过规定的金额或数量范围内进行的商品交换活动①。改革开放以来，我国不断出台关于边境贸易的发展政策，其中的一些细则也随时代发展和沿边地区发展不断完善，但基本以国发〔1996〕2号文件中对边民互市贸易和边境小额贸易的定义为管理基准。相对较大的变化有以下两点：①边境贸易主体的规定。沿边 9 个省（自治区）在推行边境政策的实践中，有对从事边境贸易的主体认定的权力。因我国并未明确边境地区范围，在对边境小额贸易经营的企业主体认定时，沿边省（自治区）政府有较大的裁量权。在对从事边民互市贸易的主体——边民的认定方面，尚未从边境贸易的相关文件中找到认证标准。但对比不同的政策文件可以发现，在不同的政策目标下，边民主体的认定范围具有弹性空间。例如，在国家民政部发布的《中国边民与毗邻国边民婚姻登记办法》中，边民是指中国与邻国边界线两侧县级行政区域内有当地常住户口的中国公民和外国人。又如，《国务院关于支持沿边重点地区开发开放若干政策措施的意见》（国发〔2015〕72号）规定，距边

---

① 中华人民共和国商务部，www.mofcom.gov.cn。

境0~3千米的边民可享受守边政策补助。地方政府在推行国家财政"守边"补贴政策实践中，将距离边境0~3千米内抵边村的全体村民认定为边民。因为边民的身份不仅有从事边民互市贸易的特殊权利，而且可以享受国家对边民的财政补贴及其他优惠政策。沿边地方政府对边民认可范围的扩大有自然地理、历史等方面的考虑，更多是鼓励边民稳边、守边、安边、兴边的政治社会需要。②边民互市贸易商品来源国的界定。改革开放初期，我国边境贸易政策规定边民互市贸易商品来源国为毗邻国家，地方海关对边民互市贸易的管理政策较为松散，管理办法在全国也缺乏统一性，地方海关的自由裁量权较大，因此，在边民互市贸易的实际操作中会出现夹杂第三国商品而顺利通关的情况。2019年国务院办公厅出台《关于促进边境贸易创新发展的指导意见》，明确边民互市贸易商品可来自周边国家。在广西边民互市贸易进口商品的具体实践中，又将"周边国家"的范围拓展至东盟十国。

本书所利用的边境小额贸易数据大多来自海关统计，边民互市贸易数据多来自隶属海关总署的沿边省（自治区）地方海关、边境县（市）统计年鉴、各地方政府统计公报和地方商务部门。这些统计数据多是由形成一定规模、已依托口岸建立边民互市贸易区（点）的边境海关和地方政府统计的。由于边民互市贸易尚属于海关的监管方式而非贸易方式，数据统计自2015年才开始纳入海关总署层面统计，边境地方政府层面的统计时间不统一，本书所用陆地边境县边民互市贸易数据仅限于2015年至2020年。且140个边境县中边民互市贸易形成一定规模、纳入官方统计的也仅有30多个。本书从各边境地方商务主管部门申请到的数据大多数只有互市贸易总额，未公布具体的进出口数据、商品交易种类、数量和货值等信息，给本书对互市贸易的深入研究带来一定困难。

3.1.2　边境贸易政策

中国边境贸易政策是由中央政府主导、地方政府配套实施的一系列旨在促进边境贸易发展、活跃边境地区经济和以此提升边民生活水平的所有相关政策统称。它是一种外部制度，主要用于规范人们开展边境贸易的行为。我国边贸政策的决策主体包括中央政府和地方政府两个层级。中央政策的决策部门包括中共中央、国务院、相关国家部委等；地方配套政策的决策主体是沿边省（直辖市、自治区）、地级市和县的政府部门。除了专门的边境贸易政策文件，我国边境贸易发展的思路、要求也会穿插于一些贸易发展政策、区域发展战略、民族政策中，如西部大开发战略、兴边富民行动等。

3.1.3 沿边地区

从军事学的角度来看，沿边地区（border area）是国家领土的边缘地区，按特定自然地理或行政区划构成的区域空间，在国家政治地理范畴上包括陆疆、海疆和空疆。其中，陆疆是国家陆地边境线内侧的特定区域。其基本特征包括：毗连国界，与邻国陆地相连；在自然、经济等方面有自身特点；在行政区划上具有一定完整性。历史上，陆疆由于远离国家的政治、经济、文化和科技中心，经济社会发展较为滞后。随着社会经济的进步，国家对陆疆的治理逐步强化，陆疆成为国家安全和保持国家全面协调发展的重要区域。从政治学的角度来看，边疆（frontier）是一国根据治理需要而构建起来的国家疆域边缘性区域。在全球化高度发展的今天，政治学语境下的边疆不仅包括传统的陆地边疆，还包括一些新形态边疆，如太空边疆、信息边疆、文化边疆和经济边疆等。值得注意的是，边疆是一国依据治理需要而特别划分的区域。其构建性特征使其具有与中心区域明显的异质性特征。换句话说，疆域边缘地带和国家治理的客观存在并不构成边疆地区形成的充分条件，异质性特征才是其存在的关键。一般情况下，疆域规模较大的国家，其疆域边缘区与核心区具有明显差异时才会出于差异性治理的需要而划分边疆地带；且由于边疆异质性也在随着国家治理深化而发生变化，边疆范围也在随同质化程度和治理需要发生变化。

本书研究语境下的沿边地区特指我国的陆地边疆地区。我国陆地边境线长达 2.28 万千米，是世界上陆地边境线最长的国家。我国的沿边地区按省级行政区划，从南至北依次是广西、云南、西藏、新疆、甘肃、内蒙古、黑龙江、吉林和辽宁 9 个省（自治区）；按地级市行政区划，从南向北依次为防城港市、崇左市、百色市、文山壮族苗族自治州、红河哈尼族彝族自治州、普洱市、临沧市、保山市、林芝市、山南市等，一共 44 个地级市（州、地区、盟）；按县级行政区划，从南向北依次为东兴市、防城港市防城区、宁明县、凭祥市、龙州县、大新县、靖西市、那坡县、澜沧拉祜族自治县、西盟佤族自治县、江城哈尼族彝族自治县等，一共 140 个边境县（区）和 58 个团场。我国陆地沿边与越南、老挝、缅甸、不丹、尼泊尔、印度、巴基斯坦、阿富汗等 14 个国家陆地相连。这 14 个陆上邻国构成了我国极为复杂的周边关系。沿边地区是我国与周边国家经济、政治和文化往来的密集地区，是我国与周边国家外交关系的缩影。从另一个角度说，沿边地区因区位特殊性，不仅是其隶属民族国家治理的重点区域，受到本国发展战略、规划等制度安排的影响，而且受到本国与邻国外交关系、毗邻国家边境管控制度的影响。换言之，因特殊的地理区位，沿边地区的发展方向是双向的，可以同时利用两个市场、两种资源。同时，影响其发展的因素来自本国、邻国和国际次区域等多层次、多方向。再者，我国沿边地区又是少数民族聚居的区域，具有鲜明的民族性，因地理、历史等因素经济发展水平较我国其他区域落后，是典型的集"边、少、穷"为一体的地区，但同时也是我国能源、矿产和旅游等资源较为丰富的地区。由此，沿边地区具有民族性、滞后性、不平衡性、复杂性和资源富集性等特征[①]。特别是近年来随着共建"一带一路"倡议在我国周边及世界范围的推进，沿边地区作为共建"一带一路""六大经济走廊"的必经区域从国家开放的末梢走向前沿，作为向周边国家开放、合作的先手棋，沿边地区的全局性、战略性意义更为凸显。

---

① 李光辉. 边疆经济学概论［M］. 北京：中国商务出版社，2021.

因此，疆域辽阔的中国沿边地区拥有鲜明的异质性，理应成为我国区域发展战略中的重要板块，以凸显其在国家发展战略全局、国家安全和生态文明建设等方面的独特性。但目前，我国的沿边地区并未在国家区域发展战略中凸显，国务院办公厅发布的"兴边富民"行动规划也只到"十三五"时期，相关的沿边开发开放规划的政策连续性不明显。沿边地区范围并未经国家层面官方划定，使得相关区域研究范围缺乏统一性。按照一般对中国陆地沿边的理解，我国的沿边地区既可以是省级层面的沿边 9 个省（自治区），又可以是地级市层面的 44 个边境地级市（自治州、地区、盟），也可以是 140 个边境县和 58 个团场。在目前国家层面已出台的"兴边富民"行动规划和沿边发展规划中，陆地边境地区范围是我国沿边 9 个省（自治区）的 140 个边境县和 58 个团场。这个划分范围有国家下沉发展政策的考虑，但本书的研究对象为沿边地区的边境贸易。依据国家改革开放以来沿用至今的相关边贸政策，其实施范围是沿边地级市。结合李光辉（2021）的研究①，本书的沿边地区为沿陆地边境线的 44 个地级市行政单位（详见附录 A）。本书在实证研究章节的样本颗粒度也是精确到沿边地级市层面。

3.2 中国边境贸易政策产生影响的理论依据与内在机理

3.2.1 制度和政策安排对边境贸易产生影响的作用机制

制度经济学阐释的一般理论包括制度的含义、形成、功能、监督和效率等方面②，用于描述、理解和预测规则的出现及效应，并研究改变特定规则会如何促进或阻碍某些或某类后果。由此，制度理论属于实证范畴，可以为经济政策制定作出贡献，也就是说，我们可以根据制度理论的作用情况获得以

---

① 李光辉. 边疆经济学概论［M］. 北京：中国商务出版社，2021.
② 袁庆明. 新制度经济学［M］. 上海：复旦大学出版社，2019.

政策为导向的知识①。

当下文献中对"制度"一词并未给出普适的定义，但对"制度"的定义有两种基本方法：①制度是博弈结果；②制度是博弈规则。第一种方法的代表性定义来自肖特（Schotter，1981）。他认为"制度是社会行为的某种规律性。该行为是被该社会所有成员所接受的、经常发生的特定的行为，既可以自身实施，也可以由外部权威实施"。第二种方法的代表性定义来自诺思（Douglass C. North）。他认为"制度是一种博弈规则，是人类设计的互动的限制"。本书采纳的定义是上述的综合，认为制度是由人制定的、带有惩罚措施的、能对人们的行为产生规范影响的规则。因此制度和规则可以互换使用。制度对人们在多大程度上实现其目标有巨大的影响。人们总是偏好选择能增加其福祉的制度，然而并非所有的制度都有助于这样的目标②。

按照规则的起源，制度又分为内部制度和外部制度。内部制度是从人类的长期经验中演化而来的。它体现着过去最有益于人类的解决办法，不能满足人类欲望的安排将会被废弃。因此，在人们的日常生活中占重要地位的规则多是在社会的渐进式反馈和调整的演化过程中发展起来的，如伦理规范、习惯习俗等。内部制度的惩罚是在共同体中的非正式惩罚或执行正式惩罚程序。外部制度是由人们选择的政治代理人设计出来、自上而下强加和执行的规则。外在制度的有效性在很大程度上取决于它与内在制度的互补性。外部制度的施行存在一个固有缺陷，即本应按公民利益行事的政治代理人往往会超越权限，谋求自身利益而使用、执行规则。因此，制度经济学框架下的内部制度多通过自我监督、自我约束和其他行为主体的自发或有计划监督实现；外部政策则需要有组织的国家监督③。

---

① ［德］柯武刚，史漫飞. 制度经济学：社会秩序与公共政策［M］. 韩朝华，译. 北京：商务印书馆，2000.

② ［德］柯武刚，史漫飞. 制度经济学：社会秩序与公共政策［M］. 韩朝华，译. 北京：商务印书馆，2000.

③ ［德］斯蒂芬·沃依格特. 制度经济学［M］. 史世伟，等，译. 北京：中国社会科学出版社，2016.

制度或者说规则内含了政策，同时制度理论也可以为公共政策服务。公共政策是指通过政治的和集体的手段系统地追求某些目标。公共政策的实施主体不仅包括政府主体，还可以是组织集体代表、某些个人（通常是行业、领域领袖人物），即可以左右集体行动的组织或者个人。集体行动涉及两个以上伙伴之间的协议，但往往涉及隐含于一个共同体内千百万人的协议。公共政策总是在一定制度约束内展开，但它自身也可以通过努力来改变制度的实施方式。制度变革可以通过直接的方式自我实现，也可以是公共政策的一种负效应，因此，制度和公共政策的互动关系成为制度经济学家的关注点①。

制度的功能、类型、监督和关系等一般理论为本书的研究提供了理论基础。中国边境贸易政策是由中央政府主导实施的一系列旨在促进边境贸易发展、活跃边境地区经济和以此提升边民生活水平的政策统称。它是一种外部制度，主要用于规范人们开展边境贸易的行为。中央政府和地方政府是政策制定和实施的主体。作为公民的政治代理人，中国政府的施政立场不受任何外部势力影响；但有必要对地方政府的执行进行有组织的国家监督。通过在沿边地区的实地调研，我们认为沿边地方政府在边境贸易尤其是边民互市贸易中的利益分配比例是否过多需要科学论证。本书的第 4 章 4.5.2 也进行了详细讨论。另外，边境贸易政策作为一种外部制度，它的有效性很大程度上体现在它与边境地区居民形成的贸易传统的适应性、互补性上。我国边境地区自古就有与毗邻国家互通有无的贸易传统。这种贸易往来的主体是双方国家边境地区居民。他们通过在不同政区之间的奔波建立起各种各样的制度安排和关系网。多种历史资料显示，这种民间国际贸易活动中实质上的"非政府控制领域"远非一种"制度真空"，而是在人类的长期经验中积累的解决办法，是内生于市场发育过程中的自发秩序的形构，并形成了缜密的内部制度。处于这种国际贸易关系网中受到的监督与约束并不弱于政府干预的外部制度

---

① 同①。

安排①。中国对边境贸易管理分成以企业为主体的边境小额贸易和以边民为主体的边民互市贸易两种形式。其中，后者就明显体现了我国政府对民间国际贸易传统的保留、尊重和发扬，是对自发秩序的培育、保护和促进。中央政府出台一系列的边贸政策安排有对于贸易规范化和现代化、国家安全和高水平对外开放的考虑。同时，通过适应、补充这种民间国际贸易的内部制度，可以因地制宜、因势利导地以沿边地区贸易传统促进沿边地区特色经济的发展。这也是中国政府治理智慧的体现。具体地，这种制度安排的有效性本书将在第 5 章至第 7 章从理论和实证两个层面加以论证。

3.2.2 制度和政策安排降低边境贸易交易成本的内在机制②

科斯提出的交易成本理论意在解释无处不在的交易成本是企业在市场存在的本质。一般的交易成本包括搜集市场信息的成本、缔约成本、监督成本和强制履约的成本等。而且国际贸易作为商品（产权）交换的一种表现，投入交易成本是必需的。国际贸易中的买方和卖方由于处于不同的区位，通常会发生空间跨越成本，一部分是由运输成本组成，另一部分是由要素移动成本组成。要素移动特别是知识要素的转移还可能带来巨大的变更成本。由于国家的强制执行止于边界，国际贸易缔约双方不是在共有制度框架下交往，不同的制度秩序会造成国际贸易跨境移动特有成本——国际性制度接轨成本。制度差异会带来比国内或者共同制度背景下的贸易更多的交易成本，甚至会出现国际执行失灵问题。国际贸易中最棘手的是贸易契约的强制执行问题，可能会出现违约风险而难以强制执行。此外，国际贸易中还存在语言沟通成本。这种成本不仅源于语言词汇本身的差异，还在于文化背景的差异。语言不通的缔约双方可能会造成翻译和误解成本；在不同制度背景下的缔约双方还可能面临货币汇兑的成本，延期汇兑带来的外汇风险等。

---

① 初钊鹏，卞晨，刘昌新，等. 雾霾污染、规制治理与公众参与的演化仿真研究［J］. 中国人口·资源与环境，2019，29（07）：101-111.

② 这里参考了《制度经济学：社会秩序与公共政策》（柯武刚、史漫飞，2000）。

当国际贸易的缔约双方将他们的一些产权结合进一个组织运行时，就会产生组织成本，包括筹建组织成本、交流成本、谈判成本和组织内监督尽责成本；民间的个人和组织需要服从政府的法律规制时，会产生服从成本，如按照税制和政府规章进行纳税申报；政府参与其中时，还会产生政府的代理成本，主要是政府运行资源的代价（这部分成本通常通过税费、发行公债来补偿）。

国际贸易中的成本分析可以为我国边境贸易政策的演进，特别是边民互市贸易运行机制的演进与创新提供理论依据。恰当的制度安排有助于降低复杂系统中的协调成本、限制冲突和保护个人自由。边境贸易是国际贸易中的一种。在边境贸易往来中，不可避免地产生上述来自不同环节、不同运行情况下的成本。我国边境贸易政策通过财政补贴、进出口退税等激励政策降低边境小额贸易企业的进出口成本；通过财政专项转移支付支持边境建设和边境企业能力培育，也会降低企业的交易成本；除了直接的贸易政策，中央和地方政府配套的边境口岸、特殊经济区等基础设施和配套设施的建设，旨在降低边境贸易主体的"空间跨越成本"；政府加强与毗邻国家的合作，加强缔结区域合作协定、货币互换协定等国际共识和政策沟通，有利于降低边境贸易的"国际性制度接轨成本"。从边境贸易中具有特殊制度安排的边民互市贸易的制度演进来看，边民由单个参与互市贸易演进为加入边民互助组（合作社）有组织地参与互市贸易，虽然会增加组织成本，但是以组织的形式参与提高了议价权，进而增加了单个边民参与互市贸易的收益。此外，合作社内部制度规定的互帮互助原则也增强了边民抗风险能力、增强了单个边民的参与能力；合作社的年末分红等也拓宽了边民的收入渠道。政府对合作社在融资、企业家能力培养等方面的支持政策也从整体上提高了合作社的效率以及边民参与互市贸易的本领。中国政府对边境贸易管理增加了边民的服从成本，如：边境贸易通关所要进行的搜集文书、填写表格、申报出入境等通关费用和时间成本；边境地方政府建立互市贸易区收取一定的地方税费等。但相较于缺乏制度安排的其他国家和地区的边境贸易，中国政府的管理使边贸得以在现代化、规范化和有序状态下发展。保护边境合法贸易的另一种解读是可以避免不必要的走私行为。其制度创新产生的效率收益已远远大于服从成本，且政府也在不断地通过贸易便利化、简化行政管理，清除不合法、不合理的收费项目等措施，降低边境贸易的服从成本。缺乏制度安排的其他国家和地区的边境贸易是在内部制度的框架下运行，依赖于经验和社会关系网，缺乏政府有效参与监管会使得边境贸易在"非正式"状态下面临更高的空间跨越成本、国际性制度接轨成本和国际贸易风险。有效制度的本质在于其普适性，即制度确定了一般情境下的公正待遇、确定性信号和开放性；非正式的边境贸易则无法获得制度安排下确定的、可预期的收益，原本的收益也无法得到确定性的保障，因此导致这些地区边境贸易的低效发展。需要补充说明的是，一般情况下，这些地区政府外部制度的缺位是由管理和执行成本超过了收益，或是执行难度巨大造成的。

3.2.3　边贸制度和政策演进产生影响的内在机理①

制度变迁理论最早由名满世界的制度经济学和经济史学大师诺思于1993年发表的《制度变迁的理论》一文中提出。他通过对西方市场经济演变史的分析升华出制度变迁理论。其中，产权理论、国家理论和意识形态理论是三大理论基石。他指出制度变迁是指制度的创立、变更以及随时间变化而被打破的方式；制度变迁的主角是组织内部的决策者，即经济或政治的企业家；制度变迁源于这些企业家洞察到的机会；制度变迁的动力来自"制度和组织的连续交互作用"，作为组织决策者的企业家将制度变迁的成本与收益相对比，从而做出是否变迁的决策；决定制度变迁路径的两种力量是收益递增和交易费用甚高的不完备市场；制度创新来自统治者而不是选民。在20世纪80年代，诺思基于新古典主义经济学的制度变迁理论，科斯基于节约市场交易费用的法律制度观点，都认为制度并非自发秩序生成，而是来自统治者、政

---

① 这里参考了《社会制序的经济分析导论》（韦森，2020）和《制度演化及其复杂性》（范如国，2011）。

治和经济的企业家们的理性构建。

韦森（2020）认为社会制序①的出现与形构机制是复杂的，制序的生成、演变型构以及方向都是难以预测的。它并非人们理性的产物。对这类社会制序的研究，"20 世纪 80 年代后半期以来在西方经济学界出现的演进博弈论（Evolutionary Game Theory）的分析工具会很有用"②。韦森教授所认可的演进博弈论也译作演化博弈论，其理论源自纳什（John Nash，1951）在博弈论中对均衡概念的解释。纳什认为，博弈主体不需要具备全部的知识和高超的推理能力，也可以在博弈过程中通过学习、积累经验来调整策略达到均衡状态。纳什均衡的提出是现代博弈论发展的标志性事件。20 世纪 80 年代以来，博弈论研究学者重点关注经典博弈论的"完全理性"假设以及着力在动态系统中寻求纳什均衡解。由于经典博弈论中存在的固有缺陷，国内外学者转向对演化博弈理论的研究。20 世纪 80 年代以来，经济学家广泛运用博弈论来刻画处理一切制度现象，也涌现了一批将演化博弈理论分析工具应用于经济演化过程并取得突破性进展的博弈论经济学家③。

演化博弈论改进了经典博弈论的假设缺陷——对博弈主体的"完全理性"假设④，即博弈主体有足够的理性和判断能力来推断其他参与者的策略选择，也能够保证自身时刻都能做出最理想选择以达到系统最终均衡解。演化博弈论强调博弈主体的"有限理性"，即可以像生物学界发现的动物具有学习、模仿机制一样，在博弈过程中具有学习、搜集信息的能力，并不断改进自己的策略，选择保持"过程理性"来达到最终目标。由此可见，演化博弈不再强调每一轮博弈的精确计算，而是在演化中促成均衡状态的实现。这与经典博弈理论下均衡的实现机制有很大区别。此外，为了在多个纳什均衡解中判断最终均衡结果，演化博弈理论还拥有一套严谨的判断标准，在动态中描述均

① "制序"一词是韦森对"institution"原本翻译为"制度"进行语义和语源考究后新造的词，详见《社会制序的经济分析导论》（韦森，2020）。
② 韦森. 社会制序的经济分析导论 [M]. 上海：上海三联书店，2020.
③ 范如国. 制度演化及其复杂性 [M]. 北京：科学出版社，2011.
④ Weibull J W. Evolutionary game theory [M]. Cambridge：MIT press，1997.

衡状态的实现过程。

当下，现代应用数学的深化发展又为演化博弈论提供了严密的数学分析框架，以应用于分析多方博弈的过程及最优均衡解①。在"有限理性"的假设前提下，演化博弈论将外部条件作为重要的决策影响因素，更贴近现实地描述了博弈主体经过多种因素影响、多次效仿、学习和调整等抉择过程，着重探究博弈参与者在动态过程中实现纳什均衡的机理。因此，演化博弈理论更贴近实践的描述和理论框架，可以广泛运用于"有限理性"社会主体的描述和阐释其行为模式。博弈论视角下的制度，无论是正式制度还是非正式制度，都是多个参与者在长期互动中形成的社会契约。换句话说，制度是一种博弈均衡解，是多个可能均衡解的一种，是博弈的结果，是在长期的、随机的、无限次的博弈中成为现实的那一个均衡结果②。

本书运用演化博弈理论分析边境贸易中"制度"演进最为精彩、最具代表性的边民互市贸易"制度变迁"，作为边境贸易制度变迁的例证。可以将边民互市贸易政策的演进过程看作一项"制度"或者"制度安排"的变迁过程。从诺思的制度变迁理论来看，边民互市贸易制度的变更、创新是长期渐进式的发展。它的参与主体包括中央政府、地方政府、边民、边民互助组（合作社）和加工企业等。他们以个人或组织的形式在有限理性的情况下以自身利益为出发点进行博弈。互市制度变迁的动力来自边民、政府和企业在生产、生活中发现的机会。他们以各种方式影响决策者进行政策的调整。边民互市贸易的开展机制原本是一种沿边地区特色的内部制度。政府通过运用外部制度的调整以及引导加速了内部制度的演化，最直接的反馈是边民互市贸易的逐步规范化、现代化和国际化，互市贸易的交易成本逐步降低。制度变迁的结果来自决策者，更离不开主要参与主体的博弈互动，是一种长期博弈互动的结果。这种博弈互动过程既有诺思认为的"自生自发"制度的演进，

① Allen B, Nowak M A. Games among relatives revisited [J]. Journal of theoretical biology, 2015, 378：103-116.

② 范如国. 制度演化及其复杂性 [M]. 北京：科学出版社，2011.

又体现了外在制度对内在制度的互补，即在本章 3.2.1 节提及的 "外在制度的有效性在很大程度上取决于它与内在制度的互补性"。正如诺思所言，"制度分析从根本上说并不是研究博弈规则，而是研究个人对规则的反应"①。本书对互市贸易制度演进的研究将政策演进划分为 3 个阶段，并通过演化博弈分析和 Matlab 仿真分析不同阶段的博弈互动过程，重点观察当期政策调控变化对博弈主体的策略选择及收益的影响，即外部制度是如何调整以影响博弈主体的选择，从而均衡各方主体的利益，通过是否达到博弈系统的最优均衡来评价当时边民互市贸易政策的有效性。本书采用博弈演化分析方法对边民互市贸易政策制度的多阶段演化分析，是在理论层面进行政策效用评价的研究方法创新，也是演化博弈理论的创新应用。

3.2.4　边贸制度和政策安排对经济产生影响的作用机制

现代增长理论在 20 世纪中期才出现，但至今已经历了 3 个阶段：第一阶段是若一国产出处于生产可能性边界内，产出水平将由该国可获得的最好技术决定；第二阶段是若一国产出处于生产可能性边界上时，只有新技术才能使该国达到更高的产出水平；第三阶段是内生经济增长理论解释了正式经济模型中的长期均衡增长，且这一模型不依赖于外生的技术进步。前两个阶段简单假设了技术进步随时间发展，但未说明技术进步产生的原因；第三阶段内生增长理论的假设虽内含了国家间绩效的差异在于要素比例的差异，但仍无法解释外生技术变迁，也无法对哪种社会环境适合生产和应用知识给出详尽思路。现代增长理论告诉我们，贫穷国家落后是因为它们无法累计投入各种形式的资本，且无法利用世界上现有的知识来提高它们的生产能力。上述增长理论与成功的经济增长的均衡财产有关，但是无法衡量制度在经济增长

---

① North D C. Institutions, transaction costs and economic growth [J]. Economic inquiry, 1987, 25 (3).

中的作用①。

　　对此，发展经济学家通过考察发展中国家的经济增长问题，注意到了制度在发展中国家的重要作用。发展经济学家刘易斯在其 1955 年所著的《经济增长理论》中分析影响经济增长的因素，认为制度就是影响一国经济增长的重要因素。他认为，经济增长一方面取决于自然禀赋；另一方面取决于人的行为，而且只有自然资源影响人的行为时才论及自然资源。决定经济增长的人的行为有三方面：一是厉行节约；二是从事经济活动的努力、知识增进；三是人均资本额和其他资源量的增加。这 3 种行为在不同社会和历史时期作用不同，原因在于不同的制度、信念和经济发展环境。经济增长背景中的制度促进抑或阻碍经济增长在于，它是否保护人的努力、为专业化提供的机会和允许活动的自由。改革者的努力很大部分是针对变化的制度以保护人们，但制度变化的方向可能是有利于经济增长抑或是不利于经济增长②。制度经济学家诺思也指出，新古典经济学家对市场交易的分析是假设所有的变化都可以通过市场运行实现，制度并不存在，各种交易费用、不确定性都不存在③。他通过研究没有技术进步，但可通过制度变迁或创新实现经济增长的经济史实例证其观点。他指出制度安排的发展才是改善生产效率和要素市场的历史原因；更为有效的经济组织的发展同技术一样重要，并指出好的制度通过刺激或激励的路径来促使人们做有利于经济增长的行为④。外部制度通过降低不确定性来激励人们愿意做出长期的专业化和投资⑤。经济学家通过设计多种指标企图使制度具有可测量性和可比性。但也有经济学家指出制度与经济增长的因果关系并不一定表现为制度引发经济增长，还可以是高水平经济增长引

---

① ［冰岛］思拉恩·埃格特森. 并非完美的制度：改革的可能性与局限性 ［M］. 陈宇峰，译. 北京：中国人民大学出版社，2017.

② ［英］阿瑟·刘易斯. 经济增长理论 ［M］. 5 版. 周师铭，等，译. 北京：商务印书馆，1983.

③ ［美］道格拉斯·C. 诺思. 经济史中的结构与变迁 ［M］. 9 版. 厉以平，译. 北京：商务印书馆，1992.

④ 袁庆明. 新制度经济学 ［M］. 上海：复旦大学出版社，2019.

⑤ ［德］斯蒂芬·沃依格特. 制度经济学 ［M］. 史世伟，等，译. 北京：中国社会科学出版社，2016.

发高品质制度①。

经济学家对制度与经济增长关系的讨论为本书验证边境贸易政策的有效性提供了理论基础。本书认为"好"的制度或制度创新对经济发展具有促进作用。在存在正交易成本的现实世界，"好"的制度机制设计无疑会通过降低交易成本、保护个人努力和促进行动自由来激励人们做出有助于经济增长的行为（即使是出于利己的目的，从长期和宏观视角来看将有利于经济增长）。

中国边贸政策是通过制度机制的设计降低成本、保护激励措施、提高参与主体积极性来促进边境贸易的发展，从而对沿边地区的经济发展产生积极影响。边境贸易是沿边地区利用外部市场发展、参与国际市场的重要形式。本书根据中国边境贸易 30 多年的发展历程与成就推断边境贸易对经济发展具有正向促进作用，因此，国际贸易理论的发展是支撑边境贸易发展的理论基础，我们可以借鉴国际贸易的经典理论来阐释边境贸易对地区经济增长的作用。经济增长发动机理论（Engine-for-Growth Theory）认为，国际贸易是经济增长的发动机，中心国家的经济增长效应可以通过对外贸易外溢到外围国家。进口有助于提高工业生产效益，出口增长将会对资本发出流向信号，资源将会集中于最有优势且高效的部门和工业领域，专业化生产和效率的提高将促进经济增长②。这一理论不仅支持了边境贸易发展对于本国的作用，而且暗含了贸易活动对毗邻国家的正向溢出效应。此外，新贸易理论的代表人物保罗·克鲁格曼在论述产业内贸易理论的基础上，深入阐述了规模经济、不完全竞争与国际贸易的内在联系，构建了规模报酬递增情况下，贸易出口通过扩大产量的路径来促进经济增长的理论。由此，我们可以推断边境贸易的发展可以通过进口提高工业生产效益，从而促进地区经济增长；可以通过出口增长促进国内外资本在该行业领域的投资，并且产量的扩张将直接带动区

---

① Chong A, Calderon C. Causality and feedback between institutional measures and economic growth [J]. Economics & Politics, 2000, 12（1）: 69-81.

② Nurkse R. Some international aspects of the problem of economic development [J]. The American economic review, 1952, 42（2）: 571-583.

域经济增长①。

中国的边境贸易政策实施的目的是"兴边富民",通过促进边境贸易的发展推进沿边地区的经济增长,提高沿边人民的生活水平。但它并非如基本宪法一样长期不变,而是根据现实发展需要不断调整,根据沿边地区的边境贸易实践不断改进政策的具体措施,摒弃"坏"政策,改善"好"政策。其演进变化意味着它并非必然有效。这种外部制度的多次创新依靠多层级、多方参与主体的推进和互动,从长期发展方向来看是有效的。但这种政策效果仅仅依靠理论层面的分析稍显信服力不足,因此本书将截取中国边境贸易政策进入新时代综合调整阶段的 2013 年为政策冲击时点,将其视为一次自然实验,采用双重差分法识别边贸政策对沿边地区经济发展的因果效应,运用量化分析来科学评估中国边境贸易政策对地区经济绩效的积极作用。

3.2.5 边境贸易发展对收入增长产生影响的作用机制

对外贸易乘数理论(Theory of Trade Multiplier)认为贸易都有利于国内资源的充分利用,同时外贸出口也刺激了国内需求。凯恩斯主义学者从国民收入恒等式出发,认为储蓄和进口的倾向比较低,通常两者的边际倾向之和小于 1,出口会增加收入,人们总会用收入的一部分来购买国内产品,从而出口通过收入传导促进经济增长。此外,经典斯托尔珀-萨缪尔森定理(S-S理论)分析认为,对外贸易可以通过关税保护的政策倾向提高劳动要素收入或者导致资本要素收入的增加。库兹涅茨曲线理论表明经济发展与收入不平等之间存在倒"U"型关系。该结论在亚洲经济背景下同样适用②③。另外,一些学者通过对部分国

① Krugman P. Scale economies, product differentiation, and the pattern of trade [J]. The American Economic Review, 1980, 70 (5): 950-959.

② Kuznets S. Economic growth and income inequality [J]. The American economic review, 1955, 45 (1): 1-28.

③ Huynh C M. Economic freedom, economic development and income inequality in Asia: an analysis from the Kuznets curve perspective [J]. Journal of the Asia Pacific Economy, 2022: 1-20.

家的对外贸易与收入差距的关系实证，发现两者存在倒"U"型关系①②。发展中国家由于全球化发展不深入，开放程度有限，导致经济全球化/开放程度与收入不平等之间存在倒"U"型关系③④⑤，即在对外贸易的发展程度较低时，收入不平等加剧；当对外贸易发展程度较高时，收入不平等有所缓解。

在边境贸易的实践中，边境贸易对居民收入的作用机制比经典理论描述得更为复杂。一方面，边境贸易具有提高农村居民收入的作用。边境贸易可以扩大边境地区比较优势产业的规模，从而创造就业机会，进而提高边境当地居民的收入水平。另一方面，边境贸易也可能有拉大居民收入差距的作用。第一，边境贸易将通过价格结构的调整影响边境地区收入分配状况。边境贸易的发展将使一国具有比较优势的产品价格上升；反之，使比较劣势产品价格下跌。产品价格的调整可直接影响居民收入，也可以通过影响产业结构变动影响居民收入分配状况。当比较劣势产业规模缩小时，该产业工人收入受到负面影响；当比较优势产业规模增大时，该产业工人的收入可能受到积极影响，但具有不确定性。第二，边境贸易通过影响两国竞争力结构从而影响收入分配。不同发展水平国家之间的可替代或同类产品的国际贸易将加剧市场竞争，企业面临急剧的市场内竞争可能会将这种竞争压力转嫁到工人身上，即使工人面临工资水平降低的压力，不同熟练水平的工人面临的压力不同，从而加剧两类工人的收入不平等。第三，边境贸易可以通过政府影响收入水平（见图 3-1）。边境贸易会减弱一部分政府市场干预、产业保护等措施的实施力度，但同时也可能促进政府增加补贴，如在边民互市贸易中的政府激励

① 曾国平，王韧. 二元结构、经济开放与中国收入差距的变动趋势 [J]. 数量经济技术经济研究，2006（10）：15-25.

② 胡超. 对外贸易与收入不平等——基于我国的经验研究 [J]. 国际贸易问题，2008, 303（3）：22-27.

③ 何璋，覃东海. 开放程度与收入分配不平等问题——以中国为例 [J]. 世界经济研究，2003（2）：38-43, 19.

④ 周虹，方天堃. 我国经济开放对城乡居民收入差距影响分析 [J]. 农业经济，2006（1）：27-28.

⑤ Kim S E, Seok J H. Trade openness and horizontal agricultural income inequality in Korea: focusing on sectoral income differences [J]. Journal of the Asia Pacific Economy, 2021: 1-21.

补贴，中央政府对边境贸易的转移支付等，都会影响收入分配。由此可见，边境贸易的发展对城乡收入差距存在正反两个方面的影响，其净效应是不确定的。

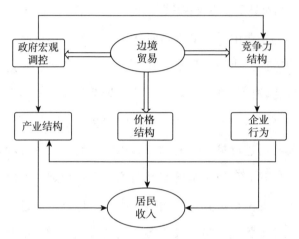

图 3-1　边境贸易对居民收入的作用机制

注：参考苏楠、曹旺（2010）相关研究制作①。

目前，各种非正式和正式的边境贸易大都发生在发展中国家或欠发达、最不发达国家和地区边界。从第 2 章国内外边贸文献综述我们知道，非正规边境贸易由于缺乏政府监管，其流量统计成为难题，但也有部分研究表明这些非正规边境贸易对解决边境地区居民生计问题、促进就业和企业家精神培养的重要意义，而对于具有正式制度安排的中国边境贸易，其有效性似乎成为"不证自明"的真理。本书将依据沿边地级市的面板数据，从实证层面验证边境贸易政策对沿边地区经济增长和农村居民人均收入水平的影响，以科学的评估、论证为中国边境贸易制度和政策安排提供理论支撑。

---

① 苏楠，曹旺. 我国中、西部地区对外贸易与城乡居民收入差距的关系研究——基于省际面板数据的实证分析［J］. 学习与实践，2010，321（11）：32-39.

3.3 本章小结

本章为全书的核心理论部分，以制度经济学、国际贸易学和演化博弈论等相关基础理论分析中国边境贸易制度安排的理论基础及制度安排对实践产生影响的机理。中国边贸在进行外部制度（政策）调整之前，与当前亚非拉广大边境地区的边境贸易发展无异——依靠内部制度运行。这种运行方式并非无效，而是因产生较多的国际交易成本变得低效。政府的外部制度安排是对内部制度的补充。中国政府在尊重边境居民贸易传统的同时，采取一定的监管、引导举措试图降低国际交易中的空间跨境成本、国际性制度接轨成本等。中国进行外部制度的调整初衷是积极的，但有可能带来一定的服从成本和组织成本。那么，政策的最终结果如何？中国边境贸易制度安排是否有效，对沿边地区经济发展、沿边地区居民收入水平产生了何种影响？依据制度经济学理论、经典国际贸易理论、演化博弈论等相关理论基础，我们可以进行政策是否有效、是否促进地区经济增长以及是否提高当地居民生活水平的研究，在本书的第 5 章、第 6 章和第 7 章将以理论分析与实证结果回答上述问题。

第4章 中国边境贸易政策的演进与发展

通过本书第2章国内外边境贸易发展的文献综述以及考察世界主要边境贸易发展情况可知，制度安排下的中国边境贸易和缺乏制度安排的亚非拉国家和地区"非正规边境贸易"是当今世界较为活跃的两种边境贸易形式。两者的根本区别在于政府是否进行边境贸易制度安排。那么，这两者有什么联系？是否存在转化路径？两者的发展状态是特殊的、偶然的，还是符合一定的发展规律？中国是进行边贸外部制度安排的典型国家，因此，在对中国边境贸易政策的有效性进行深入探讨之前，有必要厘清具有理论和实践双重特殊性的中国边贸的发展方位，剖析其本质与一般规律。

进一步地，中国政府进行的边贸制度安排和政策引导在边境贸易实践中的影响如何？制度和政策安排演进变迁的特征是什么？有什么样的政策导向？边境小额贸易与边民互市贸易作为中国边境贸易制度安排下的两种边贸方式，它们的发展历程与特征如何？边贸政策实施中还存在哪些悬而未决的问题？

带着上述基础且重要的议题，本章将在理论和实践两个层面深入剖析、揭示、印证中国边境贸易的核心特征。在理论层面，本章采用比较研究的方法尝试构建边境贸易类型理论，并在该理论框架下剖析边境贸易发展的一般规律，对比研究不同类型边境贸易的特征、经济效应和演化规律等，凸显中国边贸的特殊性与优越性，通过理论创新支撑本书主题并回应绪论之问题。在实践分析层面，本章将全面论述近代以来边境贸易制度沿革、边贸政策的演进历程及特征、政策影响下中国边境贸易的发展历程及特征，并采用层层递进的方式，深入探究中国边境贸易的政策特征带来怎样的实践变化与特征。

此外，近年来笔者也曾多次带着研究项目在沿边地区调研实践，通过与沿边地区的海关、市场监管、园区管委会等部门的一线工作者以及边境企业进行座谈获得了大量一手资料，并发现在政策实施中还存在一些问题，在本章最后我们也将一并呈现；在后文也将针对这些问题提出建议，以期为中国边境贸易的高质量发展建言献策。

4.1　边境贸易类型理论：比较研究框架

边境贸易是一种经济活动，是毗邻国家经济在特定区域（两国交界的边境地区）互动的表现；换句话说，它的产生与发展本质上依赖于毗邻两国的政治经济关系。受历史、地理、政治、经济等因素的影响，毗邻国家间的关系亲疏程度不同。例如：毗邻的中东国家多次发生大规模战争，至今战乱频仍；毗邻的西欧国家从战争走向和平，组成了当今世界最紧密的政治经济一体化组织；毗邻的东北亚国家正在努力消除分歧，走向合作共赢的发展道路。上述 3 种国家关系状态直接体现在边界的开放程度上。依据边界的开放程度可以将全球边界及边境地区归类为异化边界、共存边界、相互依存边界和融合边界 4 种类型①（Martinez，2002）。这种边界类型在世界上国家间、地区间的差异也直接决定了不同的边境贸易互动类型。

依据边界理论及对现实世界的观察，本节将进行边境贸易类型的理论分析，通过剖析塑造边境贸易类型的政治（边界类型）、经济（分割市场套利机会）和制度（边贸制度安排）三大关键因素，构建 3 种边境贸易互动类型：异化边界边贸、互动边贸和融合边贸。这 3 种边贸类型构成边贸发展全部阶段的基本规律，由初级异化边界边贸（几乎不发生边贸）到中级互动边贸（边贸互动频繁）再到高级融合边贸（边贸消亡、融入一般贸易）的阶段变化揭示了边贸演进的一般规律及机制。接着，比较研究这 3 种边贸类型的特

---

① Martinez O J. The Dynamics of Border Interaction: New approaches to border analysis [M]. Global boundaries. Routledge, 2002: 1-15.

征、经济效应和演化机制，通过识别不同类型边境贸易特征以及相互演化规律，凸显中国边境贸易制度安排的中国特色与中国智慧。

边境贸易类型理论为我们在国内外同一语境下讨论边境贸易的特征及经济效应提供了可能。首先，厘清不同的边贸模式差异，才能使国际边贸相关研究注意到中国边境贸易发展的特殊性与一般性，同时也使中国边贸研究更具国际视野。其次，深入阐述上述 3 种边境贸易模式的决定性因素，比较研究 3 种边贸互动模型的特征、经济效应以及演化机制，才能从根本上针对不同边贸类型研析发展对策。最后，本节发展了"边界类型学"概念，开辟了"边境贸易类型学"研究，是一种理论创新的尝试。

4.1.1 塑造边境贸易类型的关键因素

边界（国界）是民族国家领土主权在国土边缘的体现，因此，民族国家对毗邻国家开放国界的程度、监管与服务范围是两国政治经济关系的显像标志。边界是塑造政治经济的核心力量，从根本上影响着边境贸易的产生与发展。边界规定了边境贸易发生的地点或区域范围，是边境贸易的依附。边界天然形成的、无形的物理屏障和经济文化屏障可以成为壁垒、保护抑或机会：一方面，物理边界阻碍了一些经济互动，社会文化障碍限制了无形资产的开发、中间产品的获得以及地理封闭的劳动力市场机会，造成了陆地边界地区之间市场的碎片化。这些阻碍了边境地区生产总值的增长[1][2]；另一方面，在一些学者眼里，边界的经济属性使得边境成为一种特殊资源[3]——市场分割后形成的价格差将带来套利机会。由此，从边界角度考虑塑造边境贸易的决定性因素是：①边界类型是边境贸易产生与发展的政治基础；②分割市场价格差是边境贸易产生与发展的经济动力；③边境贸易制度安排是边境贸易产生与发展的制度

① Camagni R, Capello R, Caragliu A, et al. Quantification of the effects of legal and administrative border obstacles in land border regions [J]. Politecnico di Milano, Milano. doi, 2017, 10: 25579.

② Capello R, Caragliu A, Fratesi U. Breaking down the border: Physical, institutional and cultural obstacles [J]. Economic Geography, 2018, 94 (5): 485-513.

③ 李红. 边境经济——中国与东盟区域合作的切入点 [M]. 澳门: 澳门学者同盟, 2008.

基础。

4.1.1.1 政治基础：边界类型

尽管对"无国界世界"的宣扬或预测变得普遍，但国家边界仍然是国际体系基本和明显的特征之一。诚然，环境变化、移民或国际贸易等一系列问题凸显了世界各地之间日益增长的互动和相互依存关系，但边界在塑造、分裂和团结世界社会、经济和生态系统方面继续发挥着核心作用。因此，边界类型决定了边境贸易类型，对边境类型的分类是我们比较研究世界不同类型边境贸易，进而归纳中国边境贸易特殊性与一般性的关键。

1. 边界研究的源起及脉络

第一次世界大战、第二次世界大战以及随后的非殖民化浪潮导致了首次系统研究边界的尝试。一些地理学家致力于开发一个用于描述、定位和分类边界的通用术语①②③。一些学者专注于对案例研究，特别是欧洲世界大战或非洲和亚洲前殖民地独立后领土重组前的案例④⑤⑥⑦⑧。这两种不同类型的研究都确定了一个普遍结论，即在现代国家体系中，边界是划定领土主权空间的被动线⑨。

----

① Boggs, S. International boundaries：a study of boundary functions and problems［M］. New York, NY：Columbia University Press, 1940.

② Hartshorne, R. Geographical and political boundaries in Upper Silesia［J］. Annals of the Association of American Geographers 1933, 23（4）：195-228.

③ Jones R, Johnson C. Border militarisation and the re-articulation of sovereignty［J］. Transactions of the Institute of British geographers, 2016, 41（2）：187-200.

④ Hartshorne, R. Geographical and political boundaries in Upper Silesia［J］. Annals of the Association of American Geographers, 1933, 23（4）：195-228.

⑤ Spate O H K. The partition of India and the prospects of Pakistan［J］. Geographical Review, 1948, 38（1）：5-29.

⑥ Weigend, G. Effects of boundary changes in the South Tyrol［J］. Geographical Review, 1950, 40（3）：364-375.

⑦ Alexander, L. Recent changes in the Benelux-German boundary［J］. Geographical Review, 1953, 43（1）：69-76.

⑧ Prescott, J. R. V. Nigeria's boundary problems. Geographical Review, 1959, 49（4）：485- 505.

⑨ Taylor J C, Robideaux D R, Jackson G C. Costs of the US-Canada Border［M］. North American Economic and Financial Integration. Emerald Group Publishing Limited, 2004：283-297.

20 世纪 90 年代是世界地缘政治的急剧变化时期。"冷战"结束、苏联解体，作为国家边界的实物及充满象征意味的柏林墙被拆除，这种戏剧性的逆转似乎预示着新的、更灵活的国际体系的出现。西方霸权主义替代"冷战"的两极地缘政治结构，并且携带着先进的新自由资本主义，通过人员、资料、信息和技术的跨境流动来构建一个超越传统国家边界和主权的全新全球社会空间组织范式①。在这种国际形势下，"无国界世界"言论兴起，国家和国界的重要性似乎大大降低。面对全球贸易、金融和信息流动，以及难民、疾病和种族暴力浪潮，国家以及国际边界变得越来越"多孔"、可渗透和无关紧要②③。经济学家作为这一言论的强烈支持者甚至认为"世界是平的"④。但正是"无国界世界"言论催化了边界研究摒弃以往描述性研究方法并开创跨学科"边界理论"（Border Theory）研究领域，边界从只需要描述分类的"被动线"变成"领土复合体最活跃的地点"⑤，成为影响广泛、备受国内外关切的积极力量。

"无国界世界"研究如此引人注目，但显而易见的是，关于国家边界消亡、民族国家在国际舞台无意义的言论被夸大了，特别是在 2001 年 9 月 11 日发生的恐怖袭击之后，世界各国开启了更加严格的边界控制时代。例如，加强签证和移民要求；欧盟、美国、印度、沙特、博茨瓦纳、巴西、中国、伊朗、哈萨克斯坦、科威特、摩洛哥、西班牙、泰国和乌兹别克斯坦等国家和地区则启动了新的边境围栏项目或加强现有边境屏障，陆地世界被分割成一个个的"围栏王国"。边界呈现出全球边界硬化、军事化的趋势，代表了国家

---

① Diener A C, Hagen J. Theorizing borders in a "borderless world": Globalization, territory and identity [J]. Geography Compass, 2009, 3 (3): 1196-1216.

② Ohmae K. The borderless world: Power and strategy in the interlinked economy [R]. New York: Harper Perennial, 1990.

③ Roberts B, Rose A, Heatwole N, et al. The impact on the US economy of changes in wait times at ports of entry [J]. Transport Policy, 2014, 35: 162-175.

④ Friedman, T. The world is flat: a brief history of the twenty-first century [M]. New York: Farrar, Straus & Giroux, 2005.

⑤ Delaney, D. Territory: a short introduction [M]. London: Blackwell, 2005.

主权在新空间领域的表达和扩展①。显然，许多国家通过加强边界来应对恐怖主义或移民等全球问题，以重申领土主权。但一些学者建议，各国应当采取更加国际主义和非领土化的战略。例如，将更大的权力交给政府间组织，以有效应对这些挑战②③。除此之外，跨学科的边界研究还关注边界包容和排斥过程对归属感、隶属关系和成员资格强烈影响④⑤⑥⑦。

2. 边界的经济属性

拉蒂（Ratti，1993）认为，边界不仅天然具有政治属性，还具有法律、控制和财政功能。它可以天然分割两个经济系统，延长两个系统的经济行为互动时间，并限制了活动空间⑧。因此，受边界经济属性的影响，沿边地区的经济发展分为内向型和外向型⑨。当一国封闭边界，边界成为经济阻碍时，使得两个经济系统分割，就会造成国家中心愈发繁荣、沿边地区愈发落后的现象；在两国边界开放状态下，沿边地区因更靠近另一经济体而获得区位优势，从而增加对外资的吸引力，沿边地区经济状态即外向型。边界的经济属性为两个经济体链接、沟通的桥梁。区位决定了沿边的经济地位由边缘转为联系

① Jones R，Johnson C. Border militarisation and the re-articulation of sovereignty ［J］. Transactions of the Institute of British geographers，2016，41（2）：187-200.

② Hartmut B. Deterritorialisation and the Transformation of Statehood：The Paradox of Globalization ［J］. Geopolitics，2008，13（2）：359-382.

③ Eudaily S P，Smith S. Sovereign Geopolitics? -Uncovering the "Sovereignty Paradox" ［J］. Geopolitics，2008，13（2）：309-334.

④ Ackleson J M. Discourses of identity and territoriality on the US-Mexico border ［J］. Geopolitics，1999，4（2）：155-179.

⑤ Hagen J. Redrawing the imagined map of Europe：the rise and fall of the "center" ［J］. Political Geography，2003，22（5）：489-517.

⑥ Rajaram，P. K.，and Grundy-Warr，C. Borderscapes：hidden geographies and politics at territory's edge ［M］. Minneapolis，MN：University of Minnesota Press，2007.

⑦ Meinhof U H，Armbruster H，Rollo C. Identity discourses on East-West borders in Europe：an introduction ［M］. Living（with）borders. Routledge，2018：1-14.

⑧ Ratti R. How can existing barriers and border effects be overcome? A theoretical approach ［J］. Regional Networks，Border Regions and European Integration，1993：60-69.

⑨ Anderson J，O'dowd L. Borders，border regions and territoriality：contradictory meanings，changing significance ［J］. Regional studies，1999，33（7）：593-604.

两国经济最近的区域，成为双方国家的开放前沿①。

边界研究是一个公开跨学科领域，经济学学者的边界研究最引人注目的是"边界效应"学说。边界效应体现了与全球化有关的贸易成本，如运输和通信成本。麦卡勒姆（McCallum，1995）首先发现了这一问题。他发现加拿大和美国的贸易表现出明显的本土偏见②。后来的学者常用引力模型来解决边界效应难题，推断各种制度安排的贸易流动效应。但有研究表明，这种估计的引力方程没有理论基础。安德森和范·温库普（Anderson and Van Wincoop，2003）利用改进后的引力模型估计方法，发现国界使工业化国家之间的贸易减少了20%~50%③。因此，降低边界效应是促进国际贸易发展的路径之一。边界效应的减少被理解为跨境运输商品或服务的内在成本的降低，并最终成为全球化背后的驱动因素④。佛朗哥-贝多亚和弗罗姆（Franco-Bedoya and Frohm，2022）的研究发现在过去几十年里，边境效应的减少是国际贸易增长的主要原因。最终产品贸易数据显示，如果国家间边界成本每年下降4.3%，则中间投入贸易的成本每年下降2.8%。同时，他们的研究还表明，像欧盟这样更全面的自由贸易协定比一般自由贸易协定具有更大的贸易效应⑤。需要补充说明的是，边界效应的研究范围并不仅限于毗邻国家及其边境贸易。它有时应用于并非毗邻国家的国际贸易研究，以形象化不同经济体间的高额国际贸易成本。

3. 边界互动模型⑥

当今全球化发展的世界，人们对国家边界屏障功能的关注逐渐转向国家

---

① 胡超. 我国沿边开放的模式、格局与绩效［M］. 北京：人民出版社，2018.

② McCallum J. National borders matter：Canada-u. s. regional trade patterns［J］. The American Economic Review，1995，85（3）：615- 623.

③ Anderson J E，Van Wincoop E. Gravity with gravitas：A solution to the border puzzle［J］. American economic review，2003，93（1）：170-192.

④ Bergstrand，J. H.，Larch，M.，Yotov，Y. V. Economic integration agreements，border effects，and distance elasticities in the gravity equation［J］. European Economic Review，2015，78（Supplement C）：307-327.

⑤ Franco-Bedoya S，Frohm E. Reduced 'border effects'，free trade agreements and international trade［J］. The World Economy，2022，45（4）：1112-1139.

⑥ 这里主要参考了 Martinez（2002）的研究。

间的跨境互动与合作。边境贸易是发生在边境地区的常见的跨境活动。从全球范围的边境贸易互动情况来看，不同的边界类型决定了跨境互动的程度。边界类型是由相邻主权国家的政治关系决定的。它界定了边界的开放程度、监管程度、主权让渡程度等基本问题，自然也界定了跨境互动的范围与程度，界定了边境贸易的形式、内容与体量，也潜在限定了边境贸易的流动及其产生的影响。马丁内斯（Martinez，2002）对于不同边界互动模型的划分与分析是我们从认知边界类型进而深化认知边境贸易的基础①。虽然全球范围内边界两侧的民族国家的规模、发展制度与水平、文化和语言有很大差异，但马丁内斯还是根据它们的共同特征归纳出了 4 种边疆类型：①异化边界；②共存边界；③相互依存边界；④融合边界（一体化边界）（见图 4-1）。

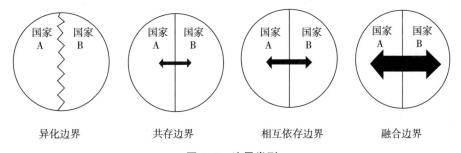

图 4-1 边界类型

资料来源：根据马丁内斯（Martinez，2002）的研究整理。

异化边界状态下，常规的跨境互动几乎不存在，即使存在边境贸易活动，也是处于极其困难的情境下。造成这一状态的主要原因可能是战争、强烈的民族主义、宗教仇恨、意识形态仇恨和文化差异等。边界两侧的疏远分裂导致军事化管理和跨境交通管制。历史上出现过这一状态的沿边地区为十五六世纪的苏格兰—英国边境，以及 19 世纪大部分时间的美墨边境。在今天的中东、非洲和东欧也存在异化边界地带，如以色列—巴勒斯坦边境、俄罗斯—乌克兰边境。

---

① Martinez O J. The Dynamics of Border Interaction：New approaches to border analysis［M］. Global boundaries. Routledge，2002：1-15.

共存边界状态下，边界的有限开放使边境地区可以开展有限的跨境贸易互动。共存边界是从异化边界演变进阶而来的。演进的条件是公开的争端被解决——两国随时间推移逐步解决了疏远期间的冲突、怀疑和不信任问题。当边界两侧国家达成普遍共识和协议后，国家允许边界两侧居民进行有监管的互动。当今共存边界的例子是非洲大陆边境地区、拉丁美洲大陆边境地区、亚洲大陆的部分边境地区、东欧大陆的部分边境地区，如厄瓜多尔—秘鲁边境、中国—俄罗斯边境、中国—越南边境等。

相互依存边界状态下，边界两侧保持两国协定范围内的开放，边境贸易的流动形成可观规模。但边境贸易是在原有形式下进一步发展，还是融合在双边一般贸易之中，取决于两国或一国单方面的制度安排。当边界两侧国家的边境地区形成共生联系时，即双边国际关系的稳定状态使得边境居民能够充分利用邻国资本、市场和劳动力等实现相关增长与发展时，就是相互依存边界状态。这种边境状态意味着双方愿意以大致相等的数量贡献或获取，但在现实世界普遍存在的相互依存状态边界是不对称的关系，通常一国经济实力较强，而另一国经济实力较弱，如美墨边境和西欧部分地区（相对力量更均衡的经济体）。边境地区的相互依存程度取决于两国与国家利益有关的政策，移民、走私等问题使得中央政府对边界谨慎监管，在协定范围内有限开放。

融合边界也叫作一体化边界。处于这种状态下的相邻国家已消除所有政治分歧与壁垒，商品、人员和资本等各种要素在国家间自由流动，民族主义让位于更先进的国际关系理念，边界开放带来的贸易和技术传播成为两国人民共享进步的促进力量。上述 3 种边界类型下的边境贸易方式在此时消亡。当两邻国的力量近似强大、相对均衡时，两国的融合最为有利，开放边界也不会带来移民、走私等威胁。当前欧盟内部的大多数相邻两国最接近这一状态。

4.1.1.2 经济动力：分割市场套利驱动

在主权国家的国际体系中，边界意味着一个主权国家权力的开始和另一主权国家权力的终结，因此，边界不可能脱离主权国家而存在。主权国家通过对边界的控制来体现边缘地带的合法性，尤其体现在对边境过境点的控制上，常见的如对入境商品征收的进口税。有资料显示，进口关税和环节税是殖民地国家和后殖民地国家的主要收入来源①。上述这些过程造就了边界两侧市场的差异，也就是说边界依附于主权国家的本质属性，使它变成主权国家"展示"合法性的"工具"，通过边界管控和税收措施，边界两侧国家的生活条件形成差异。

通常情况下，一国边界内（所有领土范围内）的法律、行政制度和生活条件等趋于同质化。如果邻国的政府采取类似的行动，两国则将趋于相似的发展路线，不会产生任何跨界差异，边界也不会创造经济交易；边界双方提供的商品种类和价格趋于一致，边境地区将不会成为两国经贸往来的活跃地带②。然而，没有任何两个毗邻国家可以表现出长久强劲的趋同发展。通过界定价格、税收或进口关税的数值，边界将地区之间的持续差异转化为国家之间的离散差异。即使在市场和政策更加一体化的欧洲联盟国家，价格差异也会造成跨境交通。保持概念上的分歧和在专属贸易网络中跨越这种分歧都加强了边界的重要性③。

上述过程指向的事实是主权国家通过边界形成了市场分割。这种市场差异具体表现为商品的互补和价格差异。套利成为边境地区贸易活跃的经济动力。此时，边界成为一种资源，生活在边境地区的人们并不是边界划分的被动受害者④⑤。为了从边界资源中获益，主权国家必须在原则上保持差异，同时在实践中架起合作的桥梁。

---

① Chalfin B. Neoliberal frontiers: An ethnography of sovereignty in West Africa [M]. Chicago: University of Chicago Press, 2010.

② Miles W F S. Hausaland divided: Colonialism and independence in Nigeria and Niger [M]. New York: Cornell University Press, 2015.

③ Dobler G. The green, the grey and the blue: a typology of cross-border trade in Africa [J]. The Journal of Modern African Studies, 2016, 54 (1): 145-169.

④ Baud M, Van Schendel W. Toward a comparative history of borderlands [J]. Journal of World History, 1997: 211-242.

⑤ Doevenspeck M. Constructing the border from below: Narratives from the Congolese-Rwandan state boundary [J]. Political Geography, 2011, 30 (3): 129-142.

4.1.1.3 制度因素：边境贸易政策安排

制度经济学的产生掀起了一场激动人心的经济学革命，从广泛意义上说，制度经济学的先驱揭示了人类文明的制度基础及演化。新制度经济学的代表人物科斯（Coase）认为，创新、人力资本、规模经济等都是经济增长的表象，制度才是经济增长的源泉。各种要素只有在制度的合理安排下才能促进增长与发展，且即使在没有要素投入增加而只有制度创新的情况下，也能产生经济增长。科斯也在研究方法上修正了传统经济学。他认为，正确的分析应当以真实世界的情况为出发点，审视政策变化的效果，从而评估新旧情况的优劣。这种研究方法也被认为是科斯的核心思想[①]。

通过前两节的理论分析我们可以知道，边界依附于主权国家而存在，对边界的管理是国家主权在边缘的体现，边境贸易作为边界动态的一种，国家对其管理是中央政府的职权所在，即便这种监管程度因边界类型不同而有所差异。即使是同处于共存边界类型的中国与周边国家、非洲大陆国家，由于边境贸易制度安排差异，也呈现出不同的边境贸易发展状态，中国一侧的边境贸易是规范的、有序的；非洲大陆国家间的边贸则是混乱的、无序的。拥有制度安排和政策引导的边境贸易在良好的发展生态中将会付出更少的交易成本，其空间跨越成本、国际制度接轨成本等将会低于"无序互动边贸"。从改革开放以来中国边境贸易发展的实践来看，边境贸易的兴衰历程变化与边贸政策的制度安排变化息息相关，政策对边境贸易的发展起决定性作用，按照科斯的新制度经济学研究思想，本书对中国边境贸易政策的经济效应评价正是基于对现实世界的观察分析，通过运用演化博弈论方法评价政策实施不同阶段的情况，进而评价不同阶段边境贸易制度安排的优劣；同时运用计量方法实证边贸政策对沿边地区经济增长的因果效应，关于制度背景下中国边贸发展的有效性将在本书第5章至第6章6.5节做详尽阐述。

---

① 欧阳日辉，徐光东. 新制度经济学：发展历程、方法论和研究纲领 [J]. 南开经济研究，2004 (6)：3-9.

4.1.2　边境贸易互动类型

马丁内斯（Martinez，2002）[1] 关于边界互动类型理论的研究为我们的边境贸易互动类型研究提供了理论基础。政治、经济和制度因素决定了边境贸易的产生与发展，其中政治因素，即毗邻两国的国家关系决定了边界开放与否、边界开放程度与国家间互动积极程度，并成为边境贸易类型划分首要考虑的特征。根据马丁内斯划分的 4 种不同类型的边界，我们将边境贸易划分为 3 种互动类型：①异化边界边贸，受政治因素主导，两国关系处于破裂状态几乎不发生边境贸易。②互动边贸，包括共存边界和相互依存边界两种边界状态。这两种边界状态都是有限互动的边界，区别在于，后一阶段的边界的开放程度高于前者。同时受制度安排的影响，互动边贸又细分为有序互动边贸和无序互动边贸两种子状态。③融合边贸，毗邻两国处于完全开放的状态，商品、人员等要素自由流动，不存在分割市场，边境贸易产生缺乏基本的经济动力。边境贸易融合于双边常规国际贸易，因此，融合边贸是边境贸易的消亡阶段。接下来将对这 3 种边境贸易类型进行详细分析。

4.1.2.1　异化边界边贸

异化边界状态下，毗邻两国由于战争、民族情绪、宗教冲突等原因处于敌对状态，边境贸易发生的可能性极小，且在极其困难的情况下，同时也是违背国家意志的行为。此种状态下，边境贸易发生的动力是分割市场形成的套利机会，逐利的商人会铤而走险，违背国家严格的边界管控而跨越边界进行贸易。由于这种类型贸易存在极大的不确定性，异化边界状态下的两国可以近似认定为无边境贸易产生。

① Martinez O J. The Dynamics of Border Interaction：New approaches to border analysis ［M］. Global boundaries. Routledge，2002：1-15.

4.1.2.2 互动边贸

共存边界状态的两国消解了两国间的冲突和政治不信任，达成普遍的协议和互动共识，边界处于有限开放状态，边界两侧居民是在政府管控下的互动，互动的基本形式包括贸易、移民等。边界管控的宽松与严格取决于国家利益。在开放的同时也防止价格差异扩大至边界以外的国内市场，从而引起国内市场的震荡以及大量人员流动、移民问题。共存边界是目前世界边境地区普遍存在的状态，主要存在于广大发展中国家之间。这些不同国家和地区的边境贸易在边界有限开放状态下，寻求分割市场的套利机会。

相互依存边界的开放程度和贸易流量远大于共存边界。当两国达成共生关系时，合作深化、共赢发展使边境居民能够充分利用邻国资本、市场和劳动力等实现相关增长与发展，经济要素的流动便利程度使得边境贸易没有存在的必要性。理论状态下的相互依存边界仍是有限开放状态，其开放程度大于共存边界，政府对边界在协定范围内开放和服务。现实状态的相互依存边界地带，常常是发达国家和发展中国家的组合，因此，两种经济体存在一定的差异，现实中已然发生了不受政府管控的非正规边境贸易。低水平地区边境居民受分割市场价格差的利益驱动，跨境到高水平地区寻找边境贸易机会。如在美墨边境，受双边市场香烟增值税差的利益驱动，墨西哥边境居民会跨境到美国一侧购买香烟，再走私到墨西哥边境地区①。

上述发生在共存边界、相互依存边界地区的边境贸易的共同点是在有限边界开放状态下进行的跨境套利贸易活动。基于此，我们将共存边界、相互依存边界类型下的边境贸易命名为"互动边贸"。"互动边贸"是在达成和平互动协定的毗邻国家边界地区发生的国际贸易形式，在有限开放的边界下，边界地区居民在分割市场形成价格差异的经济动力下逐利而贸。"互动边贸"的现实发展有两种状态：一种是中国与周边国家的边境贸易；另一种是发生在广大非洲国家间、拉丁美洲国家间、部分亚洲国家间、北美洲国家间的边

---

① Lovenheim M F. How far to the border?: The extent and impact of cross-border casual cigarette smuggling [J]. National Tax Journal, 2008, 61 (1): 7-33.

境贸易。这两种边境贸易同属于"互动边贸",但又存在较大差异。这种同类型边贸的内部分异取决于另一种边贸类型决定因素:边贸制度安排。政府对边境贸易管理的积极性、主动性以及政策的能效决定了"互动边贸"的内部分野。边贸制度安排决定了"互动边贸"两种状态,即"有序互动边贸"和"无序互动边贸"。

"有序互动边贸"状态下,边境贸易是在政府积极管理下的边界互动方式。政府可以根据战略需要和政策目标的取舍来宏观控制边境贸易的形式、商品种类和监管制度安排。由于边境走私并不取决于贸易方式,"有序互动边贸"也并不意味着完全杜绝边境走私,但是它可以支持边境居民开展有利于边境地方发展和边民自我发展的小型贸易互动。换句话说"有序互动边贸"制度安排的目的是正向激励有益的边境贸易互动。"无序互动边贸"状态下,边境走私活动常常与边境居民有益边贸活动混合在一起。这一方面增加了海关缉私执法难度,而且无序状态还会使边境口岸管理人员收受贿赂;另一方面也增加了边境居民有益边贸的成本,打击其生产、生活的积极性。当人们感到付出的时间成本、过境成本高于收益时,将放弃这种互动贸易活动,因此"无序互动边贸"营造的边境贸易生态将不利于边贸正向溢出效应的发挥。总之,"无序互动边贸"会造成总体上的福利损失,任由"无序互动边贸"的发展,既不利于边境稳定与发展,也不利于国家安全。

从国际层面来看,中国边境贸易是"有序互动边贸"的典型代表;非洲大陆边境贸易属于"无序互动边贸"的典型发展地区。从中国边贸 30 多年的发展历程看,1992 年沿边开放促进了中国边境贸易由传统向现代化转型,但由于我国边境贸易发展经验不足、管理水平有限等问题,边境贸易的发展热潮迅速进入低谷调整期。1993—1995 年的边境小额贸易总额仍与 1992 年相差 54 763 万美元。转型初期"一管就死、一放就乱"的状态是"无序互动边贸",后来经过国家宏观政策调控,重新优化边境贸易制度安排,引导边境贸易进入"有序互动边贸"的发展阶段。

由上述"互动边贸"在世界范围的实践来看,"有序互动边贸"和"无序互动边贸"是同类型边境贸易的不同阶段,两者转化的关键是边境贸易制度安排。总结中国"有序互动边贸"的发展经验能够为广大发展中国家的"无序互动边贸"提供发展借鉴,促使边境贸易由无序向有序方向转化,使广大发展中国家更好利用贸易的溢出效应,促进沿边地区经济发展和边境居民生活水平的提高,是本书研究的题旨与愿景。

4.1.2.3 融合边贸

融合边界状态的两国已消除所有政治分歧与壁垒。商品、人员和资本等各种要素可以在两国间自由流动,开放边界不存在走私、移民等问题。当不存在国家在边界制度安排带来分割市场价格差时,也就不再有边境贸易的套利空间,因此融合边界下的"融合边贸"是"异化边界边贸""互动边贸"的高级发展阶段,也是边境贸易的消亡阶段。更确切地说,两国间的边境贸易演化为常规双边贸易形式。

4.1.3 边境贸易类型的比较研究

4.1.3.1 一般特征

从本章 4.1.1 节的概念框架分析来看,塑造边境贸易类型的 3 个关键因素有:①边界类型代表了毗邻国家间关系,决定了边界开放程度、国家关系形态,从而在根本上决定边境贸易的开放程度;②分割市场形成的套利空间构成边境贸易的经济驱动力;③边境贸易制度安排以国家边境贸易调控的质量和频率维持双边价格的差异和塑造边境贸易秩序。这三大关键因素是影响边境贸易的一般性概念,同时也塑造了不同类型边境贸易的基本特征。

基于边界研究和对世界主要边境贸易动态特征的观察,本书将边境贸易分为 3 种类型:异化边界边贸、互动边贸和融合边贸。这 3 种边境贸易类型受到政治、经济和制度的影响,形成了各自的一般性特征,如表 4-1 所示。异化边界边贸受双边关系破裂的影响,几乎不存在边境贸易,两国边界相互不开放。若有分割市场差异带来的套利机会也会因背负巨大的边境风险或寻租成本而使最终套利空间大小不确定，同时政府不会出台关于边境贸易管理的制度安排。

表 4-1　不同边境贸易类型的特征

边贸类型		双边关系	开放程度	套利空间	边贸制度安排质量
异化边界边贸		破裂	零	不确定	无
互动边贸	"无序互动边贸"	有限合作	有限	大	低
	"有序互动边贸"	有限合作	有限	大	高
融合边贸		一体化	完全	无	无

互动边贸是异化边界边贸的进阶状态。如果两国的国际关系缓和到可以对边界有限开放的状态，就达到了互动边贸的基本发展条件。民族国家出于国家利益的需要会在原则上保持差异，在实践中搭建桥梁弥合差异。因此，分割市场一定会出现价格差的套利空间。这里的价格差异成因多是不同主权国家对边界进行的差异税收、监管和进口管制。国家关系缓和只是奠定了边境贸易产生条件，是否能够实现有效发展在于主权国家对边贸制度安排质量。"有序互动边贸"状态下，边贸制度安排质量高，政府服务边贸发展，出台积极的边贸管理政策；"无序互动边贸"状态下，边贸制度安排质量低，政府忽视或无暇顾及边境贸易发展，此时边贸的成本较高，收益较低。

融合边贸是互动边贸的进阶状态。当国家间的经济政治实力相对均衡并且达成高度发展共识时，边界的高度开放也不会带来移民、走私等问题，民族主义让位于一种新型国际主义意识形态。这种意识形态强调国家间人才、科技、贸易等方面的互动发展以提高两国人民的生活水平。由于差异和分歧等壁垒的消除，既不存在套利空间，也不需要边境贸易的特别制度安排，边境贸易也在该阶段消亡。

4.1.3.2　经济效应

边境贸易的经济效应在这里是指边境贸易的发展对边境地区经济发展、边境地区居民生活水平的影响。异化边界边贸状态下，边界处于封闭状态；边境地区居民的跨境互动在极端情况下可能从不存在。卷入敌对、领土争端、民族宗教分歧等状态的边境居民受到边界的固有消极影响，甚至还会引致同胞因立场选择的攻击，边境地区居民可能还会因此迁徙到更安全稳定的地方。所以，异化边界边贸不能带来正向经济效应。

互动边贸状态下，边界两侧国家对边界进行协议内开放。边界形成的分割市场给边境地区居民带来套利机会，所以无论是"无序互动边贸"还是"有序互动边贸"，都可以给边境地区居民带来就业机会和收入的改善。尤其是边境贸易的开展对边境落后地区贫穷问题的改善，成为世界银行等国际组织关注的重要方面。边境贸易制度安排是指政府发挥效能对边境贸易互动的监管政策。它的意义在于保护边境居民的有益贸易互动，同时打击走私犯罪。在"有序互动边贸"下，边境居民的跨境贸易活动因处于稳定可预期的制度状态和贸易环境，从而收益更高更稳定；在"无序互动贸易"下边贸从业者需要支付政府弱监管下更多的通关时间成本和费用成本，同时，边境居民为促使跨境贸易的顺利而不得不寻求"跨境代理人"。通常，"跨境代理人"拥有丰富的跨境贸易经验以及与海关工作人员的熟悉社会关系。其中常常需要贿赂海关工作人员，是一种寻租行为。"无序互动边贸"产生的经济收益与"有序互动边贸"大致相同。两者最大的区别是经济收益的分配问题，很显然，"有序互动边贸"状态下，边境居民可以获得更多分配比例，预期收入更稳定，边贸活动的积极性更高，边贸正向溢出效应可以增进社会福利；"无序互动边贸"会因无序状态产生更高的空间跨越成本，且一部分收益转移给了"跨境代理人"、边境海关工作人员，因此，"无序互动边贸"因制度质量较低而难以发挥边境贸易的正向经济影响。

融合边贸状态是边界两侧毗邻国家达成一体化的状态。沿边地区的范围从一国国界边缘几乎延伸至另一边（见图4-2）。在两国不存在分割市场套利机会的情况下边境贸易形式不复存在，但它并非无意义地消亡，而是从互动边贸进阶到融合边贸，边境贸易与国家间的一般贸易形式相融合，因此融合边贸的经济效应等同于双边国际贸易的经济效应。

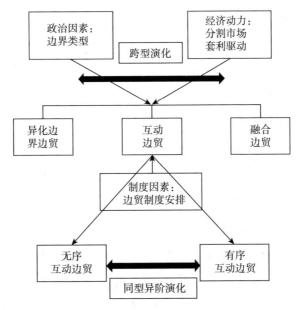

图 4-2　边境贸易类型理论

资料来源：作者制作。

4.1.3.3　演化规律

边境贸易的类型由边界类型（政治）、分割市场套利机会（经济）、边贸制度安排（制度）3 种关键因素决定，代表双边国家关系的边界类型、套利驱动和边贸制度安排都处于动态变化之中，边境地区居民、边境地方政府和中央政府等主体的互动都在塑造着边境类型的形态与演化。异化边界边贸、互动边贸和融合边贸是边境贸易的 3 种基本类型。由异化边界边贸演化为互动边贸的关键是边界类型的进阶，即毗邻国家间国际关系的改善，将疏远边界进行有限开放。这里强调"进阶"，是由于两者是可以相互转化的，处于互动边贸状态的两国如果产生战争、领土争端、宗教仇恨等问题，也可能会迅速封闭边界、中断边境贸易。同样地，由互动边贸进阶为融合边贸的关键也是双边关系的改善。有限开放边界演进到完全开放边界，有限要素流动到要素自由流动，同时毗邻国家的发展实力趋同，更进一步地，互动边贸进阶为融合边贸是跨境经济一体化的程度和形态的进阶。同样地，当两国产生合作分歧致使一体化程度降低时，融合边贸也会退化为互动边贸或者异化边界边贸。这两个阶段也是相互转化的关系。上述异化边界边贸和互动边贸、互动边贸和融合边贸之间的跨类型演进需要毗邻双方国家的共同努力，是边界由封闭到开放的程度变化；而且只要有一国单方面将边界的开放程度降低就有可能导致边境贸易互动类型退化。

互动边贸又分为"无序互动边贸"和"有序互动边贸"两种形态。两者演化的关键是边境贸易制度安排的质量。当边贸制度安排质量较低时，边境口岸及通关设施加重了边境贸易的成本；除此之外，"跨境代理人"和贿赂海关官员等问题还会在边境地区形成一种不良贸易生态环境。政府管理缺位是导致这种不良生态的根本原因。既然边境贸易互动已经发生，政府正式制度的缺位造成的"治理真空"必然由非正式的制度安排来代替。但非正式制度安排的"好"与"坏"取决于边境贸易各方参与主体中占优势力的价值取向，边境地区居民个体通常不具备优势。因此，"无序互动边贸"的利益分配机制中，大部分边境贸易从业者的利益被更占优的博弈势力攫取。他们可能是跨境代理人、边境海关管理人员等。"有序互动边贸"状态下，政府利用宏观调控的力量对边境贸易制度做出安排，实现边境贸易由乱到治的发展。这种治理最直接的表现是以合法方式通过边境海关（检查站）。过境意味着财富分配规则的谈判[1][2]，因此，边贸制度安排的本质是对参与各方主体势力的均衡，以及决定边境贸易收益的再分配份额。

在学术语境中，地方政府通常是"理性政治经济人"[3]。中国政府的泛利化"中性政府"的特征是中国经济成就的决定性因素之一[4]。"中性政府"是指政府意志不被任何势力左右。假定所有国家的中央政府都具备"中性政府"的假设，中央政府对边境贸易的制度安排是依据国家的宏观目标而制定的，

---

[1] Rumford C. Towards a multiperspectival study of borders [J]. Geopolitics, 2012, 17 (4): 887-902.

[2] Phadungkiati L, Connell J. Social networks as livelihood strategies for small-scale traders on the Thai-Lao border [J]. Australian Geographer, 2014, 45 (3): 375-391.

[3] 初钊鹏, 卞晨, 刘昌新, 等. 雾霾污染、规制治理与公众参与的演化仿真研究 [J]. 中国人口·资源与环境, 2019, 29 (7): 101-111.

[4] 姚洋. 中国经济成就的政治经济学原因 [J]. 经济与管理研究, 2018, 39 (1): 3-12.

那么，当政府的政策目标是增进边境地方经济实力时，中央政策会允许地方政府对边贸进行税收制度设计；当政府的政策目标是增进中央的税收时，这部分税收将由中央和边境地方政府协调分配比例；当政策目标是增进就业和减贫时，政府将会做出激励边境居民进行边境贸易、增加边贸从业者的利益分配比例的制度设计；当政策目标是促进边境产业发展时，又会出台相应促进边贸与边境产业的制度设计；等等。综上所述，"有序互动边贸"和"无序互动边贸"的演化机制在于边贸制度安排。这种制度安排的本质是对边境贸易利益的再分配。制度质量高低的评价依据和标准是政府政策目标是否实现，更重要的是，是否促进社会总体福利的增加。值得一提的是，只要一国单方面做出有益边贸制度安排就会有利于本国；反之，如果边界两侧国家达成边贸制度协定，将是推进双方一体化程度的有益举措。

与跨边贸类型演化相比，同类型不同阶段的边境贸易形态演进更易实现。在前面我们已经提到，边贸套利机会来自主权国家为保持差异在边境贸易监管、税收和进口限制等方面做出的制度安排。只要一国单方面改变这种制度安排，重新分配边境贸易利益比例，就可以实现从"无序互动边贸"向"有序互动边贸"的进阶（见图4-2）。

在当前世界主要类型边境贸易实践中，"有序互动边贸"的典型地区是中国在本国边境一侧做出边贸制度安排形成的与毗邻国家的边境贸易形态；"无序互动边贸"的典型地区是非洲大陆、拉丁美洲大陆、部分亚洲大陆和北美洲部分地区。中国边境贸易从传统无序边贸向现代有序边贸发展已有30多年历程。其发展过程本身也存在无序向有序演变的阶段，因此，中国在边境贸易发展上的制度安排经验可以推广到"无序互动边贸"地区，以推进当地的边境贸易从无序尽快进阶为有序形态，使边境贸易得以发挥正向经济效应，增进社会福利。

4.2 中国近代以来边境贸易制度沿革

制度和政策安排不仅是当代中国边境贸易的显著特征，而且是自近代以来产生的、具有历史继承性的特征。据史料记载,"中国与近代欧洲国家通商,边境贸易实远在海路贸易之先,其征课税率,因有特异沿革,通常较之沿海沿江之海关税为尤轻"(武堉干,1931)。边境贸易得两国领土接壤之便而开始较早,同时,这里论述的边境贸易有以下特征:一是产生发展早于海路贸易;二是课税较其他海关税轻。

那么,边境贸易沿革的"特异"在哪儿呢?通过史料研究我们发现,边境贸易的减免税政策具有历史连续性。中国政府官方承认的边境贸易始于1689年中俄《尼布楚条约》,为中俄边境贸易之滥觞①。该条约为划定国界而定,但同时也是我国缔结通商条约之始,其第六条规定:"行旅有官许票,得贸易不禁。"此后俄国商队常至中国边境进行贸易,故在欧洲各国中,中俄为最早缔约国②。清代严守闭关锁国政策,外商苦于沿海贸易不便,唯俄国因《尼布楚条约》,使中国陆路通商得兴。因中俄陆路交通不便,边境地区多荒无人烟,故商务不盛,两国为奖励边境贸易,向来就有边境百里内不须纳税之惯例。雍正五年(1727年),中俄缔结《恰克图条约》,第二条规定:"以恰克图为两国通商之地。"③此后中俄商业上关系更为密切。同治八年(1869年)修订中俄《陆路通商章程》。1881年《圣彼得堡条约》,此后中俄通商章程有以下基本遵循:一是以各边界百华里④内,两国商人自由贸易且免去一切税务;二是超出免税区域进入内地不再享受免税优惠⑤。

中俄间陆路贸易免税政策延续200年之久。其间,法、英、日等列强以最惠国待遇原则要求同样的边境贸易免税、减税政策。光绪十一年(1885年),中法越南之战后增开龙州、蒙自两口岸;光绪十二年(1886年)签订中法安南边境通商约;光绪二十年(1891年),与英订滇缅边界商约于伦敦;日中之战告终,中日新订东三省条约;光绪三十二年(1906年),与英订藏

① 盛俊. 海关税务纪要 [M]. 梁启超,署检. [财政部],1919.
② 陈灿. 中国商业史 [M]. 王孝通,增订. 上海:商务印书馆,1937.
③ 陈灿. 中国商业史 [M]. 王孝通,增订. 上海:商务印书馆,1937.
④ 华里,即里。1华里等于500米。
⑤ 朱进. 边境税关与常关之异点//中国关税史料 [M]. 江恒源编,上海:人文编辑所,1931.

印条约，开江孜、噶大克及亚东为商埠，并自开南宁为商埠；光绪三十四年
（1908 年），与英订藏印通商章程①。是时，中俄边境、中日满韩边境、中英
滇藏印边境皆因协定确定了减免办法及减免关税区域②。在近代中国海关体系
中，专设边境税关在陆路边陲而征收进出口货物税；在关税体系中，进出口
税又分为沿江沿海进出口税及边境进出口税，"内分中俄陆路进出口税、中日
陆路进出口税、中法陆路进出口税、中英陆路进出口税四种税率轻于普通进
出口税，皆因英法俄日协定者也"③。至此，中国的陆路边境贸易因列强意欲
打开中国市场而推进，同时皆因中俄边境贸易旧习④，后来通过与各邻国通商
条约的缔结而形成免税、减税的历史惯例⑤。

因此，当下中国对边境贸易的制度安排有其历史延续性。当然，邻国陆
路接壤地带的边境贸易自产生之初就有"不问政治的境界线如何而自然发生
者，故其始也，无税。后因交通发达而有税，唯对于边界居民上必需之货物，
则有减免关税之事"。此种减免关税的惯例在欧洲各国关税法及条约上也有规
定，"学者所谓'边境小规模贸易'"⑥⑦，因此，边境贸易的减免税政策为中
外历史之惯例。

新中国成立后，我国与周边国家的边境贸易随着国与国关系的变化，时
有时无、时断时续经历了一个曲折的变动发展过程⑧。新中国成立初期，我国

---

① 同①。

② 盛俊. 海关税务纪要 [M]，梁启超，署检. [财政部]，1919.

③ 同①。

④ ［日］高柳松一郎. 北方陆路贸易关税//中国关税史料 [M]，江恒源编，上海：人文编辑所，
1931.

⑤ 同①。

⑥ 原文为德语 "Kleine Grenzverkehr"。根据德国 1928 年 8 月 9 日《与外国货物流通统计法实施
条款》第 64 条第 3 款提供的法律定义，"Kleine Grenzverkehr" 是指德国边境地区的居民与邻近的外国
边境地区的居民之间为满足边境地区居民的需要而进行的小批量货物流动。德意志帝国和奥地利
（1933—1938 年）、德意志联邦共和国和德意志民主共和国、奥地利和南斯拉夫或斯洛文尼亚（1953—
1993 年），以及波兰和捷克共和国，都存在地方边境贸易的例子。

⑦ ［日］高柳松一郎. 北方陆路贸易关税//中国关税史料 [M]，江恒源编，上海：人文编辑所，
1931.

⑧ 姚苏峰. 中国边境贸易政策的研究和思考 [EB/OL]. 中华人民共和国商务部. (2011-07-16)
[2023-04-28]. http://cdtb.mofcom.gov.cn/article/shangwubangzhu/af/201107/20110707650129.shtml.

与邻国相继签订了边境贸易相关协定，边境贸易发展平稳但规模不大。国家间关系的缓和是开展边境贸易的基础。同时，这也是我国以制度和政策安排重新介入传统边境贸易的过程。边贸政策的推进方向是满足沿边民族地区人民的生产、生活需要，着重把握好国家稳定与安全问题。至二十世纪六七十年代，周边国际形势的恶化，加之国内动荡环境的影响，我国边境地区可能存在极少量的、自发、零散的互市贸易。从政府角度来说，我国与周边大部分国家的边境贸易基本上处于停滞阶段①。中共十一届三中全会后，党和国家高度重视边境贸易在沿边民族地区改革开放进程中的作用，不断充实、调整和完善相应的边贸政策，引导和推动边境贸易向现代化、规范化方向发展，有力地推进了沿边地区的改革开放进程、沿边人民的思想解放和进步以及地区开放型经济的发展。

本书重点研究的是改革开放后中国边境贸易政策及边贸的发展历程，特别是 1992 年以后具有发展连续性的边贸政策。当今的边境贸易制度具有一定的历史继承性，了解其历史沿革，把握其来龙去脉，对我们深入分析当下的边贸政策及边贸特征也具有重要的历史参考与借鉴意义。

4.3 中国边境贸易政策的演进历程

4.3.1 发展历程

4.3.1.1 内部制度自发生长阶段（1689—1991 年）

长期以来边境贸易是我国沿边地区与周边国家贸易往来的方式。早期以两国边民之间互通有无的易货贸易为主。在缺乏官方正式制度安排情况下，这种国际贸易并非发生在制度真空中，而是处于一种复杂的自发秩序之中。这种复杂秩序与文化、习俗、惯例、社会规范和社区自我管理等有关。依靠

---

① 李天华. 改革开放以来中国边境贸易政策演变的历史考察［J］. 当代中国史研究，2013，20（4）：28-35，125.

内部制度自发生长的边境贸易，常常依靠非正式制度上的信任和不依靠任何政府支持的强制性执行机制[①]。从人类学的角度考察处于国家管理之外的边民互市是一种"有序的混沌"，即边民互市贸易并不意味着国家管理的缺位，而是在符合当地社会规范的"隐秩序"之中充满活力[②]。边境贸易始于 1689 年中俄《尼布楚条约》，新中国第一个有关边境贸易的文件是 1984 年对外经济贸易部发布的《边境小额贸易暂行管理办法》，该文件规定边境小额贸易是包括以企业为主体的小额贸易以及以边民为主体的互市贸易，并按照"自找货源、自找销路、自行谈判、自行平衡、自负盈亏"的"五自原则"进行，对企业小额贸易并无例外扶持政策，对互市贸易商品规定限额内免征关税、产品税或增值税但未说明限额额度。《边境小额贸易暂行管理办法》虽是新中国第一份有关边贸管理的文件，但从内容来看，国家对边境贸易仍是弱监管的状态。期间边境贸易的发生发展主要依靠内部制度的自发调节。这种情况一直延续到 1991 年国务院办公厅出台《国务院办公厅转发经贸部等部门关于积极发展边境贸易和经济合作促进边疆繁荣稳定意见》（国办发〔1991〕25号），1992 年国家正式开放沿边 13 个边境城市，边境贸易才真正开始由传统边贸向规范化、现代化、国际化边贸发展，真正开始被纳入国家的有效监管与治理之中。

4.3.1.2　外部制度输血扶持阶段（1991—2008 年）

该阶段国家逐渐重视、完善边境贸易的监管和扶持，并出台财政、税收等近乎"输血式"的优惠政策，试图通过政策的大力支持促进沿边民族地区发展、培育沿边地区发展能力，为沿边地区争取更多与周边国家经贸合作的机会。该阶段，党和国家领导人邓小平针对沿边地区的建设与发展指出："解决民族问题的基础是经济""促进少数民族地区经济发展、改善人民生活是获得群众拥护的条件""贸易是帮助少数民族发展经济的重要一环，是搞活经

---

① ［德］柯武刚，史漫飞. 制度经济学：社会秩序与公共政策［M］. 韩朝华，译. 北京：商务印书馆，2000.

② 张雨龙. 有序的混沌：中老边民互市的人类学考察［J］. 思想战线，2020，46（6）：24-31.

济""提高群众积极性的重要方式",我们的政策是着眼于把落后的民族地区发展起来①②③④⑤。江泽民提出要"继续搞好边疆民族地区对外开放,发展睦邻友好关系和边境贸易以及对外经济技术合作"⑥,在继续发展沿海开放的同时,"还要考虑有重点地选择一些边境城市,作为对外开放的窗口,促进边境贸易的发展"⑦。在党的十四大的报告中,江泽民指出"沿边地区还有对外开放的地缘优势,发展潜力很大",同时强调把"扩大开放沿边地区,加快内陆省、自治区对外开放的步伐"作为我国多层次、多渠道、全方位开放格局的重要组成部分,"加快对内对外开放步伐……有条件的也要积极发展外向型经济,以带动整个经济发展"⑧。江泽民在党的十六大上指出,"积极推进西部大开发,促进区域经济协调发展。实施西部大开发战略,关系全国发展的大局,关系民族团结和边疆稳定"⑨,加快边疆民族地区经济发展和社会进步是维护边疆稳定、民族团结的物质和思想政治基础,实施西部大开发战略是边疆民族地区加快发展的重要历史机遇⑩。邓小平和江泽民对边疆地区建设与发展的重要论述表明,该时期国家对边疆民族地区发展战略的重点在于以政策扶持边疆民族地区的繁荣发展,以促进民族团结与边疆稳定。

① 邓小平. 解决民族问题的基础是经济 [M]. 中共中央文献研究室编. 邓小平选集 (一九四九——一九七四年):中卷. 北京:人民出版社, 2014:121.

② 邓小平. 各民族共同努力把西南建设好 [M]. 中共中央文献研究室编. 邓小平选集 (一九四九——一九七四年):上卷. 北京:人民出版社, 2014:158-168.

③ 邓小平. 关于西南少数民族问题 [M]. 邓小平文选:第一卷. 北京:人民出版社, 1994:161-171.

④ 邓小平. 西藏的政策要防"左"防急,要稳 [M]. 中共中央文献研究室编. 邓小平选集 (一九四九——一九七四年):下卷. 北京:人民出版社, 2014:67-68.

⑤ 邓小平. 立足民族平等,加快西藏发展 [M]. 邓小平文选:第三卷. 北京:人民出版社, 1993:246-247.

⑥ 中共中央文献研究室. 江泽民思想年编 [M]. 北京:中央文献出版社, 2010:24-26.

⑦ 江泽民. 在党的十三届七中全会闭幕时的讲话 [M]. 中共中央文献研究室编. 十三大以来重要文献选编 (中). 北京:人民出版社, 1991:1432.

⑧ 江泽民. 加快改革开放和现代化建设步伐,夺取有中国特色社会主义事业的更大胜利 [M]. 江泽民文选:第一卷. 北京:人民出版社, 2006:234.

⑨ 江泽民. 全面建设小康社会,开创中国特色社会主义事业新局面 [M]. 江泽民文选:第三卷. 北京:人民出版社, 2006:547.

⑩ 中共中央文献研究室. 江泽民思想年编 [M]. 北京:中央文献出版社, 2010:420.

改革开放初期，我国沿边地区也是对外开放的窗口。1992 年国家批准开放的 13 个沿边城市、建立边境经济合作区等是我国向周边国家开放的重要举措。彼时沿边地区经济发展基础薄弱、开放水平低，为发挥沿边地区区位优势、通贸兴边，1991 年国家出台了《国务院办公厅转发经贸部等部门关于积极发展边境贸易和经济合作促进边疆繁荣稳定意见的通知》（国办发〔1991〕25 号），规定边境小额贸易施行进口关税和产品税（增值税）"两减半"的政策①，边民互市贸易在限额 300 元以下免征进口关税和产品税（增值税）。该文件的税收优惠力度加上沿边开放的政策，边境贸易发展出现一股热潮。此后，除了对边境贸易本身出台优惠政策，如提高边民互市贸易免税额、拨付边境地区专项转移支付资金等，中央还制定了实施西部大开发战略、兴边富民行动以及振兴东北老工业基地等国家重大发展战略。这些发展战略是差别化的区域发展政策。国家通过倾斜式的发展政策为沿边地区"输血"，为沿边地区新一轮开放发展、边境贸易的转型发展奠定了物质基础和稳定的社会基础。

4.3.1.3 外部制度造血扶持阶段（2008—2013 年）

该阶段对边境贸易的政策扶持重点由"输血"变为"造血"，着力于提升沿边地区的自我发展能力。2008 年，国务院下发了《国务院关于促进边境地区经济贸易发展问题的批复》（国函〔2008〕92 号），同意采取专项转移支付的办法替代边境小额贸易进口"两减半"的政策，并逐年增加转移支付资金规模，建立与口岸过货量等因素挂钩的适度增长机制。专项用于支持边境贸易发展和边境小额贸易企业能力建设。这是中央以外部制度"造血式"扶持沿边地区发展的标志。时任国家主席胡锦涛在党的十七大报告中强调："拓展对外开放广度和深度，提高开放型经济水平……深化沿海开放，加快内地

---

① 该政策在国家文件《关于进一步发展边境贸易的补充规定的通知》（〔1998〕外经贸政发第844 号）中提出，执行至 2000 年底。在 2008 年的《国务院关于促进边境地区经济贸易发展问题的批复》（国函〔2008〕92 号）才说明以转移支付替代"两减半"。由于边境贸易相关文件并非全部公开，因此实际执行期暂不能明确；但从部分边境海关获悉，该政策至 2008 年取消。

开放，提升沿边开放，实现对内对外开放相互促进。"① 提升沿边地区开放水平是不断优化开放结构、提高对外开放广度和深度及完善我国内外联动、互利共赢、安全高效的开放型经济体系的重要部分。党的十七大报告中沿边地区在开放布局中的战略提升，也开启了沿边地区第二轮开放。对于沿边新一轮开放、边疆民族地区的繁荣发展问题，胡锦涛指出，一是要充分利用地缘优势②，加强与周边国家的物流大通道建设，建设面向周边国家市场需求的经济开发区、产业聚集园区③，积极利用上海合作组织、中国—东盟自由贸易区、大湄公河次区域等经济合作平台，深化同周边国家发展合作④；二是加强同其他省区市的经济技术合作，加快东部地区产业转移，吸引生产要素的流入⑤，通过区域发展协调、互助机制引导沿海发达省份通过对口支援、社会捐助等方式帮扶革命老区、民族地区、边疆地区、贫困地区增强自我发展能力，促进经济、社会、生态等全面发展；三是将资源优势转化为经济优势，积极发展特色经济⑥；四是推动跨境经济合作⑦，加快发展边境贸易和边境旅游⑧。由此可见，该阶段中央扶持沿边地区的战略重点在于，充分利用地缘优势、区域协调互助机制和开放发展机遇，增强沿边地区自我发展能力，

① 胡锦涛. 高举中国特色社会主义伟大旗帜，为夺取全面建设小康社会新胜利而奋斗 [M]. 胡锦涛文选：第二卷. 北京：人民出版社，2016：634.

② 胡锦涛. 在西部大开发中实现新疆发展和稳定 [M]. 胡锦涛文选：第一卷. 北京：人民出版社，2016：485.

③ 胡锦涛. 推进新疆跨越式发展和长治久安 [M]. 胡锦涛文选：第三卷. 北京：人民出版社，2016：381-382.

④ 胡锦涛. 探索西部大开发的新思路新办法 [M]. 胡锦涛文选：第三卷. 北京：人民出版社，2016：415-416.

⑤ 同③。

⑥ 胡锦涛. 在庆祝西藏和平解放五十周年大会上的讲话 [M]. 胡锦涛文选：第一卷. 北京：人民出版社，2016：506.

⑦ 胡锦涛. 努力建设团结民主富裕文明和谐的社会主义新西藏 [M]. 胡锦涛文选：第三卷. 北京：人民出版社，2016：314.

⑧ 胡锦涛. 推进新疆跨越式发展和长治久安 [M]. 胡锦涛文选：第三卷. 北京：人民出版社，2016：381-382.

以大开放促进大发展①②③④⑤。

4.3.1.4 外部制度综合调整阶段（2013年至今）

党的十八大以来，随着共建"一带一路"倡议的深入推进和我国对外开放水平的提高，沿边地区逐渐从开放的"末梢"成为"前沿"，在国家的重大文件中的表述也逐渐由"沿边"变为"边疆地区"，区际主义治理倾向逐渐明显，其战略性、全局性的重要地区逐步凸显。因此，对沿边地区实施的差别化区域政策也在国家战略的调整中逐渐形成政策体系。边境贸易的发展政策更具有综合性，其转型发展、创新发展模式以适应新时代的发展要求，成为党的十八大以来政策调整的核心方向。党的十八大以来，习近平总书记亲自到沿边9个省（自治区）考察16次之多，高度关注沿边开放发展、边民生活、生态保护和边疆稳定安全等问题，并多次指出新时代沿边地区的开放型经济要把握"两个立足"，即"立足新发展阶段、贯彻新发展理念、构建新发展格局"和"立足边疆地区实际"。这两个"立足"要求沿边地区在全国构建新发展格局中找准自己的定位，主动对接国家重大发展战略、深度融入共建"一带一路"，在服务和融入新发展格局中实现更大作为；同时也要立足区位优势、生态优势、特色产业等区域优势，把区域比较优势转化为开放发展优势。这"两个立足"归结起来就是：立足实际、服务大局、对接国内、深化周边、放眼全球。习近平总书记从全局和战略高度上关于沿边开放发展的研思、开放定位的研判以及全方位开放格局的构想为新时代沿边地区的大开放大发展开启了新篇章，也为新时代边境贸易的创新发展指明了方向、提

① 胡锦涛. 我国经济社会发展的阶段性特征和需要抓紧解决的重大问题 [M]. 胡锦涛文选：第二卷. 北京：人民出版社，2016：373-374.
② 胡锦涛. 在西部大开发中实现新疆发展和稳定 [M]. 胡锦涛文选：第一卷. 北京：人民出版社，2016：485.
③ 胡锦涛. 实施区域发展总体战略 [M]. 胡锦涛文选：第二卷. 北京：人民出版社，2016：573.
④ 胡锦涛. 深入学习领会科学发展观 [M]. 胡锦涛文选：第三卷. 北京：人民出版社，2016：6.
⑤ 胡锦涛. 坚定不移沿着中国特色社会主义道路前进，为全面建成小康社会而奋斗 [M]. 胡锦涛文选：第三卷. 北京：人民出版社，2016：632.

供了根本遵循①。

进入新时代，国家综合政策调控体系包括：构建开放型经济新体制政策；改进口岸工作，促进外贸发展；区域重大发展战略；沿边民族地区团结稳定发展政策；推进沿边地区开放平台建设；促进边境贸易发展的中央顶层设计和地方配套具体政策；等等。新时代以来，国家对边境贸易的综合政策调控体系包括：①财税、金融扶持政策。如继续拨付边境地区专项转移支付资金，支持边境建设和边境企业能力培育，在广西、云南设立沿边金融综合改革试验区等。②通关、贸易便利化建设。如2014年《国务院关于印发落实"三互"推进大通关建设改革方案的通知》、2020年商务部发布的互市商品负面清单以及在全国试点13个边民互市贸易落地加工边境市（县）。③开放平台建设。如2012年开始批复设立的沿边重点开发开放试验区、2013年提出并全面推进的共建"一带一路"倡议、2015年《国务院关于支持沿边重点地区开发开放若干政策措施的意见》等。④优化开放型经济发展环境。如2013年《中共中央关于全面深化改革若干重大问题的决定》、2015年《中共中央 国务院关于构建开放型经济新体制的若干意见》、2017年《兴边富民行动"十三五"规划》等。同时，在国家的顶层设计中沿边地区的重要性逐渐凸显，新时代中央顶层设计和地方配套政策相结合为我国边境贸易营造了创新、开放的发展环境，促进了新时代边境贸易由器物型、要素型开放转向制度型、创新型开放，为沿边地区服务和融入新发展格局发挥了积极作用。

4.3.2 政策的演进特征

4.3.2.1 以"富民、兴边、强国、睦邻"为战略目标

我国边境贸易发展始终贯彻落实国家政策目标的发展动向。国家对边境贸易政策的完善是服务于"加强边疆地区建设，推进兴边富民、稳边固边"

---

① 李光辉，谢东丹，方舒，等. 习近平关于边疆开放型经济发展的重要论述研究 [J]. 岭南学刊，2022b，300（5）：5-12.

的战略需要。1992 年边境贸易转型之前，国家对边境贸易采取了初步管理和鼓励发展的政策：1984 年国家公开发布的第一个有关边境贸易管理条例——《边境小额贸易暂行管理办法》提出，发展边境贸易是为了"更广泛地满足边民生产生活需要、活跃边地地区经济、发展睦邻友好关系"[1]；1987 年中共中央、国务院批转《关于民族工作几个重要问题的报告》的通知提出，发展边境贸易是为了"积极发展边疆少数民族地区的经济""促进边疆少数民族地区的建设，兴边富民，巩固边防"；1991 年发布的《国务院办公厅转发经贸部等部门关于积极发展边境贸易和经济合作促进边疆繁荣稳定意见的通知》（国办发〔1991〕25 号）中认为，发展边境贸易是为了"促进我国边境地区经济发展，增强民族团结，繁荣、稳定边疆，巩固和发展我同周边国家的睦邻友好关系"。1992 年边贸转型发展后也因诸多问题进入了发展低谷期，因此，1996 年《国务院关于边境贸易有关问题的通知》（国发〔1996〕002 号）提出，除上述的政策目标外，对边境贸易管理的办法按照"建立社会主义市场经济体制的总体要求，作出必要的调整、规范和完善"，是为了适应"我国改革的不断深化和进一步扩大开放"。2009 年全面铺开的"兴边富民"行动中提出，发展边境贸易是为了"提升沿边开放开发水平"和"富民、兴边、强国、睦邻"。进入新时代，边境贸易的转型发展成为国家政策的关注点：2015 年《国务院关于支持沿边重点地区开发开放若干政策措施的意见》（国发〔2015〕72 号）中提出，发展边境贸易、完善边贸政策是为了支持边境贸易转型升级，进一步提升沿边开发开放水平、推进沿边地区成为共建"一带一路"的先手棋和排头兵；2019 年《国务院办公厅关于促进边境贸易创新发展的指导意见》（国办发〔2019〕46 号）基于边贸发展中日益凸显的不足、瓶颈和短板，提出"进一步改革创新相关体制机制，推动转变边境贸易发展方式"，是为了"提升边境贸易竞争力，扩大边民就业，改善当地民生，助力脱

---

① 见我国现代化边贸发展的第一部管理条例 1984 年《边境小额贸易暂行管理办法》（国务院批准、对外经贸部发布）至 2019 年《国务院办公厅关于促进边境贸易创新发展的指导意见》（国办发〔2019〕46 号）。

贫攻坚，巩固民族团结，实现稳边安边兴边"。

由此，国家关于边境贸易政策的发展目标可以概括为：富民、兴边、强国、睦邻。在不同的历史时期，这一战略目标有不同的具体表现。如：改革开放初期表现为发挥沿边区位优势，"根据我国的国别政策，积极开展对外经济技术交流与合作，发展边境贸易""积极发展边疆少数民族经济"；进入新时代，为了适应国际形势和国内发展需要，边境贸易需更进一步加快创新发展、转型发展，并适应新时代沿边地区开放型经济的发展要求，边贸发展要"深化沿边开发开放水平"、推进共建"一带一路"建设、"助力脱贫攻坚"、服务和融入新发展格局、服务于国家发展战略需要，为推进沿边地区高质量发展、沿边地区人民生活水平提高、深化我国与周边国家睦邻友好关系发挥建设性作用。

4.3.2.2　以试点先行、逐步放开为原则的渐进式改革路线

沿边的区位特殊性决定了其具有对外开放与稳边固边的双重战略任务。沿边作为开放的"末梢"还是"前沿"是基于国家整体发展战略的考虑，由此，也决定了沿边地区采用更为审慎的渐进式改革开放路线。边境贸易政策的渐进式改革主要表现为地区试点先行和创新发展领域试点先行，而后再逐步放开的调整路线。试点地区的确定一方面是基于我国与毗邻国家的经贸关系，另一方面是基于沿边城镇的边境贸易发展。如 1992 年国务院作出开放黑河、绥芬河、珲春、满洲里、南宁、昆明、凭祥、东兴、畹町、瑞丽、河口、乌鲁木齐、伊宁、博乐、塔城及丹东等沿边城镇的重大决策。该决策成为国家实施沿边开放战略的开端，也是我国边境贸易由传统边贸向现代化边贸转型的开端。又如，我国对边境小额贸易出口退税政策也是遵循试点先行、逐步放开的改革路线。2003 年财政部、国家税务总局下发的《关于以人民币结算的边境小额贸易出口货物试行退（免）税的通知》（财税〔2003〕245 号）将云南省作为以人民币结算的边境小额贸易出口退税的试点地区。2008 年《国务院关于促进边境地区经济贸易发展问题的批复》（国函〔2008〕92 号）中提出，"由税务总局会同有关部门抓紧研究一般贸易以人民币结算办理出口

退税问题，并优先考虑在边境地区扩大试点"，释放了在边境地区扩大人民币结算办理出口退税试点的积极信号。2010 年，财政部、国家税务总局通过《关于边境地区一般贸易和边境小额贸易出口货物以人民币结算准予退（免）税试点的通知》（财税〔2010〕26 号）将云南边境小额贸易出口货物以人民币结算准予退（免）税政策扩大至沿边八省区。出口退税的渐进式推广举措一方面激发了边境小额贸易企业出口的动力；另一方面也有利于推进人民币的国际化进程。再如，2020 年商务部在全国确定 13 个边民互市贸易进口落地加工试点边境县（市）。互市商品落地加工试点的选择是商务部推进外贸创新发展、促进贸易产业融合的重大举措。该举措兼有试点地区边贸发展基础和推进我国与毗邻国家经贸往来两方面的考虑。如这 13 个试点边境县（市）中凭祥、瑞丽等地已具有丰富的边境贸易与产业融合发展经验，国家试点的批准则可以进一步强化发展优势，打造沿边地区"互市进口+落地加工"的发展样板；而如丹东、逊克等地则发展经验不足，试点的设立是出于创新当地边贸发展模式、以互市进口落地加工促进当地经济发展以及紧密我国与毗邻国家的经贸关系的考虑。

4.3.2.3 以财税、金融政策为辅助的政策体系

我国边境贸易政策 30 多年的演进历程并不是单一的边境贸易政策的改革完善，而是辅之以财政、税收、金融等方面的全方位政策体系。在财政支持方面，中央财政设立专项转移支付资金用于边境口岸基础设施、边境企业能力建设。如 2006 年财政部下发的《关于边境地区专项转移支付资金管理办法的通知》（财预〔2006〕62 号）中规定，边境口岸及联检机构建设是中央财政设立的边境地区专项转移支付资金使用范围之一；2008 年国务院下发《国务院关于促进边境地区经济贸易发展问题的批复》（国函〔2008〕92 号）中规定，自 2008 年 11 月 1 日起，采取专项转移支付的办法替代现行边境小额贸易进口税收按法定税率减半征收的政策，并逐年增加资金规模；专项用于支持边境贸易发展和边境小额贸易企业能力建设。2008 年全年按 20 亿元，实际执行期为两个月，以后年度在此基础上建立与口岸过货量等因素挂钩的适度

增长机制。2009 年财政部下发《关于印发〈边境地区专项转移支付资金管理办法〉的通知》。该办法规定"促进边境贸易发展和边境小额贸易企业能力建设"是专项转移支付资金的主要用途之一。2015 年，《国务院关于支持沿边重点地区开发开放若干政策措施的意见》（国发〔2015〕72 号）规定"优化边境地区转移支付资金安排的内部结构"，并"增加中央财政转移支付规模""支持边境小额贸易企业能力建设，促进边境地区贸易发展"。在税收优惠方面，在一定时期内对边境小额贸易采取了进口税收"两减半"政策（1996—2008 年）和以人民币结算出口退税政策（2008 年至今），并逐步提高了边民互市贸易免除进口关税和环节税的额度。在金融支持政策方面，2013 年央行联合多部委印发了《云南省 广西壮族自治区建设沿边金融综合改革试验区总体方案》，主要是以金融领域的先行先试提升这两省（自治区）对外开放水平和贸易投融资便利化水平，密切与东盟和南亚国家的经贸金融关系，推动跨境人民币业务创新，加大边境贸易的人民币结算力度，进一步推进人民币国际化进程。此外，一些沿边地方政府为促进边民互市贸易的发展，引导金融机构推出面向边民合作社（互助组）和边民个体的免息信贷额度及金融创新产品，增强其参与边民互市贸易的能力，助力脱贫攻坚。

4.3.2.4 以中央政策为引领，地方支持政策落实、落细

边境贸易政策是对边境贸易进行监管、对边境贸易发展方向进行指引的所有政策的统称。政策调控可以看作一种外部制度，其决策主体包括中央政府和地方政府两个层级。中央政策的决策部门包括中共中央、国务院、相关国家部委等；地方配套政策的决策主体是沿边省（自治区、直辖市）、地级市和县的政府部门。中央政策一般是统领作用，做好某一项制度安排的顶层设计；地方政府会根据自身发展的情况出台相应的配套政策，落实中央的政策安排。边境贸易政策的先行先试、渐进式改革特征表明，边境贸易发展的区域差异性、敏感性会使中央政府倾向于某一地方先行先试，总结经验后再在沿边地区整体推广。因此，中央政策的制定与发布并不一定会先于地方政策，甚至更多时候落后于边境贸易在某些沿边地区的创新实践。根据政府行政

"程序第一"的特点，沿边地方政府的边贸创新实践是经过上级政府部门批准后施行的。即便是在全国率先出台的创新边贸政策，也是由政府多部门讨论评估，并经过政府职能监管部门审议、上级政府部门批准后执行的。以"边民互市贸易+落地加工"创新型发展模式为例，广西东兴市是该模式最早实践的沿边地区。2008 年，财政部、海关总署和国家税务总局联合发布《关于促进边境贸易发展有关财税政策的通知》（财关税〔2008〕90 号），将互市贸易免税限额调整至每人每天 8 000 元。广西等边境省（自治区）率先响应国家政策，出台监管流程更加细化的互市贸易管理办法，如《东兴市人民政府关于印发边民互市贸易区管理规定（试行）》（2009 年），允许中越两国边民在指定边民互市区（点）进行商品交易。随着边民互市参与度增强，为用好、用足互市贸易免税政策，增加边民参与互市贸易的收入，解决买方和卖方信息不对称问题，东兴市出台《东兴市边民互市贸易商品收购调运管理办法（试行）》，在交易流程中增加收购企业主体，收购边民在二级市场中出售的互市商品。为有序管理边民互市贸易，预防和打击偷渡、走私等违法犯罪活动，东兴市在 2014 年出台了《东兴边民互市贸易区边检规定限定区域管理规定》《中华人民共和国东兴出入境检疫局东兴边民互市贸易点出入境船舶检验检疫监督管理规定（试行）》《东兴边民互市贸易区管理暂行办法》；南宁海关发布了《南宁海关边民互市贸易管理操作规程》。2015 年，东兴市发布《东兴市推进互市商品落地加工发展东兴跨境加工产业摘要》（东政办发〔2015〕46 号），正式在全国率先推出边民互市商品落地加工的创新发展模式，推动形成"以贸促工、以工兴贸、贸工互动"的边贸—加工产业发展新模式。2016 年，为便利边民互市贸易通关申报，广西在全国率先成功开发并全面推广使用智能化边民互市贸易管理系统"一指通"。2019 年 9 月 15 日，国家出台促进边境贸易创新发展的指导意见（以下简称"国十条"），明确互市商品范围扩大至周边国家，支持互市进口商品用于落地加工，促进我国边境贸易发展进入新阶段。同年 10 月，广西出台促进边贸创新发展的实施意见，成为第一个出台落实边贸创新发展政策细则的沿边省区。2020 年，商务部在全国陆续设立

13 个边民互市贸易进口商品落地加工试点边境市（县）。同年，东兴市出台《东兴市深化互市进口商品落地加工改革实施方案的通知》（东政办发〔2020〕6 号），率先对边民互市监管办法和互市商品落地加工流程进行优化完善，严格监管互市商品用于备案企业加工（避免走私），剔除从边民到加工企业的中间商，提升边民和边境加工企业在边民互市贸易中的收益。中央边贸政策的顶层设计加上沿边地方政府的落实细则以及创新实践是我国边境贸易政策体系的构成要素、生成机制。

4.3.2.5 以落地加工型产业经济替代边贸过路经济的政策指向

我国内陆沿边 9 个省（自治区）分布着 142 个口岸，占全国的 45%，其中公路口岸 70 个，占全国的 82%。这些口岸形成的对外开放窗口成为沿边地区发展开放型经济的比较优势。由此，沿边地区常常成为我国自周边国家进出口的重要通道①。边境贸易在本区域对外贸易中比重较高，但进出口商品的落地加工规模和能力不足，长期的"过路型"经济发展模式使沿边地区无法有效获得贸易进出口带来的溢出效应，无法带动产业链、供应链的延长、深度嵌套和升级。这种低水平、低效的贸易发展模式是沿边地区高水平对外开放的短板。因此，新时代以来，中央政府对沿边地区发展边境贸易的政策导向着重强调边贸的创新发展，特别是在边民互市贸易的发展方向上，强调以落地加工型"产业经济"替代边贸"过路经济"，实现"以贸促工、贸工并举"的创新发展模式，将更多的边境贸易红利留在沿边地区、留给边民。2012 年，国务院办公厅发布《关于促进外贸稳定增长的若干意见》（国办发〔2012〕49 号），指出要优化贸易结构，积极发展边境贸易。2013 年，《中共中央关于全面深化改革若干重大问题的决定》中指出"加快沿边开放步伐，允许沿边重点口岸、边境城市、经济合作区在人员往来、加工物流、旅游等方面实行特殊方式和政策"。2015 年，国务院发布《国务院关于支持沿边重点地区开发开放若干政策措施的意见》（国发〔2015〕72 号），明确提出有序

---

① 李光辉，谢东丹，方舒，等. 习近平关于边疆开放型经济发展的重要论述研究 [J]. 岭南学刊，2022b，300（5）：5-12.

发展边境贸易，完善边贸政策，支持边境小额贸易向综合性多元化贸易转变，完善边民互市贸易。2019 年，国家出台"国十条"，明确提出边民互市商品扩大至周边国家，支持部分互市进口商品落地加工，解决了多年来边境贸易发展中长期悬而未决的问题，边境贸易发展进入新阶段。2020 年，商务部在全国确定 13 个边民互市贸易进口落地加工试点边境县（市）。互市商品落地加工试点的选择是商务部推进外贸创新发展、促进贸易产业融合的重大举措，也有力地鼓励、推进了边境贸易与落地加工互促互动的创新发展模式。

4.4　政策影响下的中国边境贸易发展历程及特征

4.4.1　边境小额贸易发展历程与特征

4.4.1.1　发展历程

边境小额贸易的阶段性变化与政策的变化有很强的对应性，可以说，政策变化是引起边境小额贸易变化的主要因素。因此，结合我国对边境小额贸易的政策调控，可以将边境小额贸易的发展历程划分为以下 3 个时期。

（1）复活转型期（1992—1995 年）。1991 年，《国务院办公厅转发经贸部等部门关于积极发展边境贸易和经济合作促进边疆繁荣稳定意见的通知》（国办发〔1991〕25 号）规定了边境贸易发展的基本内容。1992 年，沿边城镇、口岸的开放全线铺开我国与周边国家的边境贸易。这也是边境贸易由传统边贸向现代边贸转型的标志。但由于我国边境贸易发展经验不足、管理水平有限、边境贸易自身适应国际化能力欠缺，以及邻国宏观政策变化多样等问题，边境贸易的发展迅速进入低谷调整期。1993—1995 年的边境小额贸易总额仍与 1992 年相差 54 763 万美元。

（2）进口主导期（1996—2003 年）。1996 年出台的《国务院关于边境贸易有关问题的通知》（国发〔1996〕002 号）及时将边境贸易从低谷期扭转为上升增长期。该文件中规定的"两减半"政策有力提振了边境小额贸易进口的发展。1996—2003 年边境小额贸易进口额比出口额多 89 亿美元。

（3）出口主导期（2004 年至今）。2003 年，财政部、国家税务总局在云南省边境小额贸易出口货物试点以人民币结算准予退（免）税政策，刺激了边境小额贸易出口的发展；2010 年，《关于边境地区一般贸易和边境小额贸易出口货物以人民币结算准予退（免）税试点的通知》（财税〔2010〕26 号）将这一政策正式扩展至沿边 8 个省（自治区）并沿用至今。另外，2008 年边境小额贸易进口"两减半"税收优惠政策的取消，使得边境小额贸易出口的优势更加明显。这一时期，边境小额贸易出口依赖于政策倾斜始终远大于进口，即使出现新的政策调整、严峻的外部发展形势和突如其来的新冠疫情冲击，我国边贸出口额一直保持大于进口额的趋势。我国边境小额贸易发展的主要政策文件如表 4-2 所示。

表 4-2　我国边境小额贸易发展的主要政策文件

发布时间	发布单位	政策文件	政策关注点	政策效果
1984 年12 月	对外经济贸易部	《边境小额贸易暂行管理办法》	规定了边境小额贸易的主体、贸易地点、税务安排、贸易"五自"原则和审批制度。	奠定了边境贸易现代化、规范化转型发展基础
1991 年4 月	国务院办公厅	《国务院办公厅转发经贸部等部门关于积极发展边境贸易和经济合作，促进边疆繁荣稳定意见的通知》	明确边境小额贸易概念、管理办法及 1995 年底以前进口商品关税和产品税/增值税"两减半"（特定商品除外）。	为 1992 年沿边开放、边境贸易迅速发展提供了政策保障
1996 年1 月	国务院	《国务院关于边境贸易有关问题的通知》	明确边境贸易两种形式、边境小额贸易进口"两减半"的细则，特别强调了边境贸易的管理问题	扭转了边境小额贸易发展颓势，为边境贸易规范化、国际化发展奠定基础
1998 年11 月	对外贸易经济合作部、海关总署	《关于进一步发展边境贸易的补充规定的通知》	"两减半"政策实施至 2000 年年底前	促进了边境小额贸易进口，边境小额贸易发展进入进口主导期

续表

发布时间	发布单位	政策文件	政策关注点	政策效果
2003 年 12 月	财政部、国家税务总局	《关于以人民币结算的边境小额贸易出口货物试行退（免）税的通知》	在云南省试行边境小额贸易出口货物退（免）税	激发了边境小额贸易出口，推进了人民币国际化进程
2008 年 10 月	国务院	《国务院关于促进边境地区经济贸易发展问题的批复》	同意自 2008 年 11 月 1 日起，采取专项转移支付的办法替代现行边境小额贸易进口"两减半"政策，并建立与口岸过货量挂钩的增长机制	边境小额贸易出口优势更加凸显；政策支持由直接的税务优惠安排转向支持边境贸易发展和边境小额贸易企业能力建设
2010 年 3 月	财政部、国家税务总局	《关于边境地区一般贸易和边境小额贸易出口货物以人民币结算准予退（免）税试点的通知》	在边境省份登记注册的出口企业一般贸易和边境小额贸易出口货物，采取银行转账、人民币结算，可享受应退税额全额出口退税的政策	提高沿边省区出口企业对外贸易的积极性
2015 年 12 月	国务院	《国务院关于支持沿边重点地区开发开放若干政策措施的意见》	有序发展边境贸易，完善边贸政策，支持边境小额贸易向综合性多元化贸易转变，探索发展离岸贸易	支持边境小额贸易转型升级
2019 年 9 月	国务院办公厅	《关于促进边境贸易创新发展的指导意见》	对边境小额贸易出口试点增值税无票免税政策，实行出口商品简化申报措施。继续通过边境地区转移支付支持边境贸易发展和边境小额贸易企业能力建设。加大对边境贸易创新发展的支持力度，提高资金使用效益	促使边境小额贸易出口；支持边境企业能力建设和边境贸易创新发展。支持沿边地区开放平台发展、培育边境贸易商品市场和商贸中心、发展边贸电商新业态等，涵盖资金支持、平台建设、打造良好营商环境等方面一系列政策

资料来源：根据中华人民共和国政府网站公开资料整理。

4.4.1.2 发展特征

1. 对外部政治经济形势更为敏感

改革开放 40 多年来，我国边境贸易经历了由自发式、零星式发展到规范化、国际化的发展，边境贸易总量实现大幅度增长，其中，边境小额贸易进出口总额从 1992 年的 186 519 万美元增长为 2020 年的 3 577 976 万美元①，增长了 18 倍多。从我国近 30 年对外贸易进出口和边境小额贸易总体情况可知（见图 4-3），边境小额贸易变化趋势与我国对外贸易变化趋势基本一致，但相对变化幅度较大，说明边境小额贸易对外部政治经济形势的变化反应更为敏感。

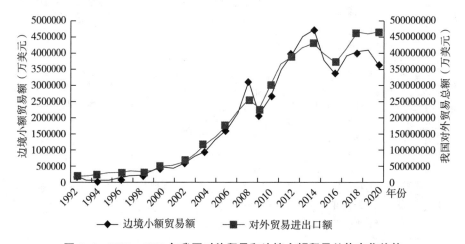

图 4-3　1992—2020 年我国对外贸易和边境小额贸易总体变化趋势

数据来源：1992—2021 年《中国统计年鉴》、1992—2021 年《中国贸易外经统计年鉴》。

2. 相对体量小，绝对体量大，沿边地区内部差异显著

边境贸易的开展区域限定在沿边地区，但由于沿边地区本身发展基础差、发展不充分以及参与国际分工能力弱等因素，边境小额贸易总额在我国的货物贸易进出口总额的占比基本维持在 1% 左右（2020 年为 0.77%，见图 4-9），因此，从全国角度来看，边境贸易具有体量小的特点。

---

① 数据来源:《中国贸易外经统计年鉴》。

但从沿边地区维度来看，边境贸易是沿边地区对外开放、与周边国家保持密切经贸合作的重要体现，是沿边地区开放型经济发展的重要抓手。我国沿边地区包括广西、云南、西藏、新疆、内蒙古、甘肃、黑龙江、吉林和辽宁 9 个省（自治区），甘肃省由于边境小额贸易发展较为滞后而未列入统计①。2019 年各沿边省（自治区）的边境小额贸易在本省（自治区）对外贸易中的占比差异较大。其中，西藏为 61.1%、新疆为 59.8%、内蒙古为 27.9%、广西为 23.2%、云南省为 9.2%、黑龙江为 9.0%、吉林为 0.6%、辽宁为 0.3%。藏、新两个自治区的边境小额贸易在本自治区对外贸易中占比约 60%，有 4 个省（自治区）的边境小额贸易占比超过 20%，边境贸易在这些省区占有举足轻重的开放发展地位。除甘肃省外的 8 省（自治区）近 15 年来边境小额贸易总体发展情况如图 4-4、图 4-5 所示。总体来看，边境小额贸易额在波动中呈现上升趋势。

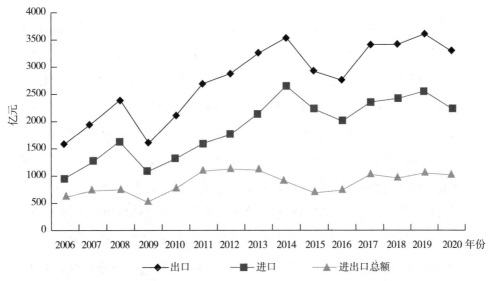

图 4-4　沿边 8 个省（自治区）2006—2020 年进出口总体情况

数据来源：根据沿边 8 个省（自治区）统计年鉴汇编。

①　甘肃省唯一的边境陆路口岸是位于酒泉市肃北县的马鬃山口岸。该口岸于 1992 年经国务院批准开通为季节性开放口岸。其对岸为蒙古国的那然色布斯台口岸。两国口岸曾出现茶马互市的热闹场景。1993 年蒙古国因中蒙交界（甘肃段）为国际野生动物保护区而单方面关闭那然色布斯台口岸，甘肃的边境贸易中断，至今仍未实现中蒙两国（马鬃山—那然色布斯台）口岸通关。

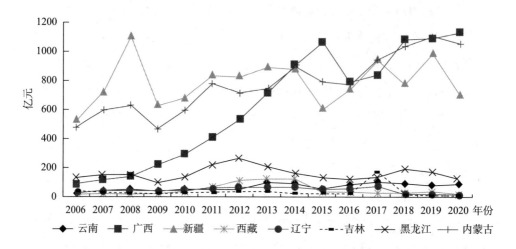

图4-5 沿边8个省（自治区）2006—2020年边境小额贸易进出口总体情况

数据来源：根据沿边8个省（自治区）统计年鉴汇编。

　　边境小额贸易在沿边地区内部呈现的差异性主要表现为占对外贸易比重差异、发展体量差异和发展趋势差异。分省（自治区）来看，西藏、新疆和广西的边境小额贸易在本省对外贸易进出口中比重较高。以2019年为例，新疆、西藏边贸总额占比约60%，对边境小额贸易的依赖程度较高。由于边境贸易对政治经济等外部形势有较高的敏感性，长期来看，应调整对外贸易方式，使其多元化；内蒙古和广西的边贸总额占比超过20%，占比虽低于西藏和新疆，但边境小额贸易的绝对数额远大于藏、新，表明内蒙古和广西的对外贸易具有多元、平衡发展的特征。广西、内蒙古和新疆的边境小额贸易发展位于沿边地区前列，且与其他五省（自治区）远远拉开距离，特别是广西近15年来发展势头迅猛（见图4-5）；内蒙古的边贸进口比重较高；新疆、广西边贸出口比重较高（见图4-6、图4-7）。造成这种现象的主要原因是毗邻国家与我国经贸的互补产品不同。边境贸易在沿边地区内部发展不均衡，差异性较大。同等国家边贸政策下的此种差异主要受毗邻国家边境地区与沿边省区的经贸合作条件影响，如两国沿边地区的人口、资源禀赋、外贸的差异性与互补性等。

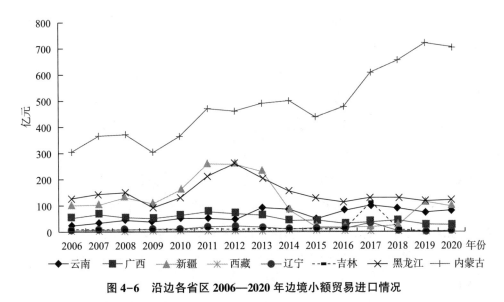

图 4-6　沿边各省区 2006—2020 年边境小额贸易进口情况

数据来源：根据沿边 8 个省（自治区）统计年鉴汇编。

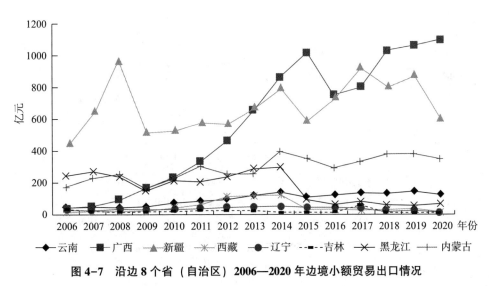

图 4-7　沿边 8 个省（自治区）2006—2020 年边境小额贸易出口情况

数据来源：根据沿边 8 个省（自治区）统计年鉴汇编。

3. 对政策变动极为敏感

正如马克思所言，"实际上，商品交换过程最初不是在原始公社内部出现的,而是在它的尽头,在它的边界上,在它和其他公社接触的少数地点出现"①。1978年改革开放以前,边境贸易就已出现在我国边境地区,如广为人知的丝绸之路、茶马古道。1978年改革开放的春风激活了沿海地区的发展,但并未激活作为开放"末梢"的广大沿边地区。直到1984年国务院批准对外经济贸易部发布《边境小额贸易暂行管理办法》,边境贸易才开始进入中央政策的视野。从1984年的《边境小额贸易暂行管理办法》至1992年国家作出开放13个沿边城市的重大决定,沿边部分省区的边境贸易得以复活成长②。如图4-8所示,1985—1992年云南和西藏边境贸易额在本省区对外贸易中始终占据较大比重,其边境小额贸易出口逐渐大于进口;西藏地区的边境贸易波动较大,而云南省边境贸易发展态势较为稳健。1992年,云南对缅甸、越

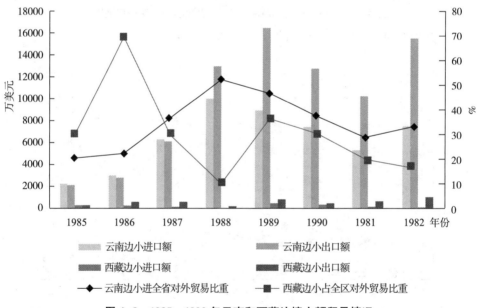

图4-8 1985—1992年云南和西藏边境小额贸易情况

数据来源:《云南省统计年鉴》《西藏统计年鉴》。

---

① 马克思. 政治经济学批判 [M]. 中共中央马克思恩格斯列宁斯大林著作编译局,译. 北京:人民出版社,1976.

② 据统计年鉴数据,最早记录边境小额贸易数据的是西藏自治区1953年402万美元;改革开放后,1978—1992年,仅西藏、云南和黑龙江3个省(自治区)有边境小额贸易数据,其中黑龙江统计数据始于1990年。

南和老挝三国的贸易额占中国对三国贸易额的 58.57%，特别是云南对缅贸易额占中缅贸易的 2/3。云南边境贸易在全国沿边地区异军突起，得益于得天独厚的区位优势和贸易传统，也得益于政府的政策支持，如 1991 年国务院办公厅出台的《国务院办公厅转发经贸部等部门关于积极发展边境贸易和经济合作促进边疆繁荣稳定意见的通知》(国办发〔1991〕25 号) 中，特别提出了关于中缅边境民间贸易的管理指导意见。

自 1992 年，边境小额贸易的波动变化，特别是进口额与出口额的变化几乎都是受政策变化的影响，而且这种政策变动不仅来自本国政府，还可能来自邻国的边贸政策变化。由图 4-9 可以简要归纳出 1992—2020 年边境小额贸易发展历程中的以下几点变化：①1992 年边境小额贸易形势高涨，1993—1995 年边境小额贸易总额呈迅速下降趋势，且在全国对外贸易中的比重迅速下跌；②1996—1997 年边境小额贸易的全国占比回归原位，且边境小额贸易额开始进入增长期；③1996—2004 年边境小额贸易进口额大于出口额；④2005—2020 年边境小额贸易出口大于进口；⑤2009 年沿边小额贸易出口额、进口额和进出口额出现明显下降，而后开始上升；⑥2015—2020 年边境小额贸易总额、出口额有所下降。

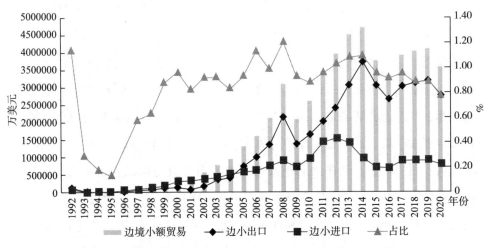

图 4-9　1992—2020 年我国边境小额贸易进出口及对外贸易占比情况

数据来源：《中国财政年鉴》。

政策是边境贸易发展的决定性因素，边境小额贸易的发展变化与边贸政策具有近似——对应的关系。因此，对以上边境小额贸易的变化进行相关形势及政策变化分析如下。

（1）1992 年边境小额贸易形势高涨；1993—1995 年边境小额贸易总额呈迅速下降趋势，且在全国对外贸易中的比重迅速下跌。

政策变化及效应一：1992 年沿边开放等政策迎来边境贸易发展小高潮；1993—1995 年国内外形势及政策的负面影响使边境贸易进入低谷期。1992 年 1 月的中央民族工作会议正式确立我国沿边开放战略；同年国务院作出开放 13 个沿边城镇的重大决策；1991 年国务院办公厅出台的《国务院办公厅转经贸部等部门关于积极发展边境贸易和经济合作促进边疆繁荣稳定意见的通知》（国办发〔1991〕25 号），确定了对边境小额贸易进口实行"两减半"（减半征收进口关税和产品税/增值税）政策（见表 4-2）。以上政策导向激发了沿边地区发展边境贸易的热情，在全国改革开放大潮下，边境贸易也迎来了第一个发展春天。但这个春天是短暂的，1993—1995 年就迅速进入低谷期。边境贸易低谷期的出现既有我国与周边国家宏观调控方面的问题，也有边境贸易自身发展的因素；既有政策因素，也有经验不足导致对边贸市场破坏性开发的负面影响。从国内形势来看，1992 年沿边开放标志着传统边贸向现代边贸的转折，但是由于边境贸易发展经验不足，导致边贸开放后出现了"一哄而上"的现象。这种热潮下不乏大量的投机、短视行为，同时边贸出口经营缺乏统一管理和强有力的约束，导致中国边贸声誉恶劣。从周边贸易对象国来分析，我国边境贸易对象国多为欠发达国家。这就隐含着我方回流资金、回货难度大，双方贸易稳定性差的弊病。另外，邻国贸易政策的调整可能产生极为不利的因素。其多次调整政策令我方对外贸易难以灵活应对。例如，俄罗斯认为中国的易货贸易有损俄罗斯利益，1993 年起对易货贸易征收 50% 的关税，对部分商品实行专营和许可证制度，对一些特定商品的进口消费税高达 35%~250%（牛德林，1998）。从边境贸易自身来看，边境贸易转型初期出现了诸多由传统边贸、简单易货贸易向国际化、规范化边境贸易转变的不适应。另外，边境口岸基础设施建设落后也为贸易通关带来诸多阻碍。

（2）1996—1997 年边境小额贸易的全国占比回归原位，且边境小额贸易开始进入增长期。

（3）1996—2004 年边境小额贸易进口额大于出口额。

政策变化及效应二：1996 年国家出台的边境贸易调整政策促使边贸进入增长期、进口主导期。1996 年 1 月国务院出台《国务院关于边境贸易有关问题的通知》（国发〔1996〕002 号）；同年 3 月，外经贸部、海关总署联合印发的《边境小额贸易和边境地区对外经济技术合作管理办法》（〔1996〕外经贸政发第 222 号）相当于对《国务院关于边境贸易有关问题的通知》进行了细则补充说明。上述两个重磅边贸政策文件的出台，及时扭转了边贸下滑式发展的颓势，加强了边境贸易管理，为边贸发展带来新的发展机遇。两份文件中对边境小额贸易进口税收优惠政策实施期是"九五"前 3 年（1996—1998年）。除特定商品照章征收外，边境小额贸易进口关税和进口环节税按法定税率减半征收（简称"两减半"）。1998 年，外经贸部、海关总署经国务院批准，下发了《关于进一步发展边境贸易的补充规定的通知》（外经贸政发〔1998〕第 844 号），在上述两份文件的基础上明确"两减半"政策延长至2000 年底。因此，在 1996—2004 年，边境小额贸易进口额大于出口额是得益于"两减半"的扶持政策。

（4）2005—2020 年边境小额贸易出口大于进口。

政策变化及效应三：2003 年扶持政策偏向出口后，边境小额贸易出口额大于进口额。《关于进一步发展边境贸易的补充规定的通知》（外经贸政发〔1998〕第 844 号）规定边境小额贸易进口"两减半"优惠政策截至 2000 年底，虽然实际上并未截止，但边贸进口市场预期消极，边境进口贸易开始下滑。2003 年，财政部、国家税务总局在云南省边境小额贸易出口货物试点以人民币结算准予退（免）税政策，下发了《关于以人民币结算的边境小额贸易出口货物试行退（免）税的通知》（财税〔2003〕245 号）。2004 年又下发《财政部、国家税务总局关于以人民币结算的边境小额贸易出口货物试行退

（免）税的补充通知》（财税〔2004〕178 号），规定边境小额贸易企业以人民币结算方式出口货物，可在货物报关出口并在财务上作销售后，按月向税务机关申请办理退还或免征增值税和消费税。上述规定一方面提高了企业以边境小额贸易方式出口的积极性；另一方面也有利于推进人民币国际化的进程。因此，这时的出口退税政策推动边境小额贸易出口进入发展快车道。2010 年，财政部、国家税务总局通过《关于边境地区一般贸易和边境小额贸易出口货物以人民币结算准予退（免）税试点的通知》（财税〔2010〕26 号）；2011 年又出台《关于边境地区一般贸易和边境小额贸易出口货物以人民币结算准予退（免）税试点的补充通知》（财税〔2011〕8 号）。上述两份文件将边境小额贸易出口退税政策从云南扩大至沿边 8 个省（自治区），有力地促进了边境小额贸易出口的发展。

（5）2009 年边境小额贸易出口额、进口额和进出口额出现明显下降，而后开始上升。

（6）2015—2020 年边境小额贸易总额、出口额有所下降。

政策变化及效应四：政策扶持由税费减退转变为专项转移支付，引起边境贸易震荡。2008 年，国务院下发了《国务院关于促进边境地区经济贸易发展问题的批复》（国函〔2008〕92 号），同意采取专项转移支付的办法替代现行边境小额贸易进口"两减半"的政策，并逐年增加转移支付资金规模，建立与口岸过货量等因素挂钩的适度增长机制，专项用于支持边境贸易发展和边境小额贸易企业能力建设。此时，政府对边境小额贸易的扶持政策由原来的进口税收优惠转变为专项转移支付资金支持。专项资金不仅涵盖中央财政资金支持部分，在中央财政之外还有一部分与沿边地区边贸发展基础、发展能力挂钩，中央的扶持理念发生根本性转变。因此，该政策引起 2009 年边境小额贸易额的明显下滑。由于边境贸易在沿边省区对外贸易中具有举足轻重的地位，沿边地方政府也出台了相应的进出口激励措施，很快扭转了边境贸易发展颓势。

由上述分析可知，边境小额贸易的发展深受政府政策变化的影响。在

1992—2020 年的 6 个明显变化中,除了边境贸易自 2015 年开始的下滑主要是
受中美贸易摩擦以及新冠肺炎疫情的冲击,其他的上升或下降都主要受政策
调整的影响。

4.4.2　边民互市贸易的发展历程与特征

4.4.2.1　发展历程

从公开政策文件来看,边民互市贸易在 20 世纪 80 年代已置于边境贸易
项下管理,并沿用了长久以来边民的交易习惯,采取了在一定额度内免除进
口关税和进口环节税(增值税)的管理政策,因此,边民互市贸易自纳入国
家监管起就具有政策敏感的特征。根据可查的中央层面有关边民互市的文件,
大概将边民互市贸易划分为以下 3 个阶段。

(1)边民互市贸易自发生长期(1984—1995 年):国家明确了边民互市
贸易范围及限额,但并没有制定规范的进出口管理办法。

(2)边民互市贸易转型探索期(1996—2014 年):边民互市贸易正式纳
入海关监管,互市进口商品免税额度也从边民每人每日 1 000 元提高到 8 000
元,进口不予免税商品从模糊的"生活用品"转为以负面清单公布,边民互
市贸易管理逐渐正规化、国际化和现代化。

(3)边民互市贸易创新发展期(2015 年至今):《国务院关于改进口岸工
作支持外贸发展的若干意见》(国发〔2015〕16 号)和《国务院关于支持沿
边重点地区开发开放若干政策措施的意见》(国发〔2015〕72 号)表明要规
范、完善边民互市贸易,支持边贸与产业互促互动;一些边境地区抢先抓住
边贸创新发展机遇,如广西边境城市东兴出台《东兴市推进互市商品落地加
工发展东兴跨境加工产业摘要》(东政办发〔2015〕46 号),推进"互市贸
易+落地加工",促进边民互市贸易由"过路型"经济向加工贸易经济转型;
2019 年出台的"国十条"是边境贸易发展历程中具有里程碑意义的指导意
见,边民互市贸易的地位进一步凸显、互市范围进一步拓展,规范性、惠民
性更加突出;2020 年商务部发布的互市商品负面清单以及在全国试点 13 个边

民互市贸易落地加工边境市（县），都在进一步推进边民互市贸易健康稳定发展。沿边地方政府也在中央的支持下，在实践中不断改革创新边民互市贸易管理与政策引导，以更好发挥边民互市对扩大边民就业、改善当地民生和实现稳边安边兴边的作用。我国边民互市贸易部分重要政策如表4-3所示。

表4-3　我国边民互市贸易部分重要政策

发布时间	政策文件	政策关注点
1984年12月	《边境小额贸易暂行管理办法》	边民互市贸易在一定限额内免税
1991年4月	《国务院办公厅转发经贸部等部门关于积极发展边境贸易和经济合作促进边疆繁荣稳定意见的通知》	明确边民互市贸易范围及免税限额为300元人民币
1994年5月	《中华人民共和国对外贸易法》	边民互市贸易有了国家法理依据
1996年1月	《国务院关于边境贸易有关问题的通知》	明确边民互市的概念。边民互市贸易进口免税限额为每人每日1 000元人民币
1996年3月	《边民互市贸易管理办法》	明确海关对边民互市贸易监管条件
1998年11月	《关于进一步发展边境贸易的补充规定的通知》	边民互市进口免税限额调整为3000元人民币（仅限生活用品）
2008年10月	《国务院关于促进边境地区经济贸易发展问题的批复》	边民互市进口的生活用品免税额度提高到每人每日8 000元人民币
2010年7月	《关于边民互市进出口商品不予免税清单的通知》	边民互市进口不予免税清单的商品共28项
2011年6月	《兴边富民行动规划（2011—2015年）》	加强边民互市贸易点基础设施建设，积极创造促进边民参与边境贸易和发展外向型经济的条件和环境
2015年4月	《国务院关于改进口岸工作支持外贸发展的若干意见》	规范边民互市贸易，支持边境地区发展特色优势产业，促进边贸与产业互促互动
2015年12月	《国务院关于支持沿边重点地区开发开放若干政策措施的意见》	修订完善《边民互市贸易管理办法》和《边民互市进口商品不予免税清单》，严格落实免税政策
2017年6月	《兴边富民行动"十三五"规划》	加强边民互市贸易点建设工程。促进边民互市贸易发展和转型升级

续表

发布时间	政策文件	政策关注点
2019 年 9 月	《关于促进边境贸易创新发展的指导意见》	允许边民互市商品用于边民生活、生产和发展致富；互市贸易可进口周边国家商品；以互市商品落地加工试点，发展边境特色产业、扩大边民就业
2020 年 5 月	《关于印发〈边民互市贸易进口商品负面清单〉的通知》	边民均可通过互市贸易方式进口负面清单外，来自周边国家的商品
2020 年 5 月	《边民互市贸易进口商品落地加工试点方案》	在全国设立边民互市贸易进口商品落地加工试点边境市（县）
2020 年 11 月	《关于推进对外贸易创新发展的实施意见》	落实促进边境贸易创新发展政策，修订《边民互市贸易管理办法》。开展边民互市进口商品落地加工试点

资料来源：根据中国政府网的公开资料整理。

4.4.2.2　发展特征

1. 松散的民间自发性贸易向组织化、产业化方向发展

多年来，党和国家高度重视边境贸易工作，边民互市贸易也是推进边贸发展的重点。1984 年发布的《边境小额贸易暂行管理办法》确定了边民互市贸易属于边境小额贸易范畴且在一定限额内免征关税、产品税或增值税，但未规定限额范围；1994 年颁布的《中华人民共和国对外贸易法》使边民互市贸易有了法理依据；直至 1996 年发布的《国务院关于边境贸易有关问题的通知》和《边民互市贸易管理办法》才将边民互市贸易的概念明确界定，并纳入海关监管范围。这一阶段国家的监管较为宽松，边民互市贸易具有明显的生活性、自发生长特征，也表明边民互市贸易的民间性，即受地理和历史因素影响所形成的与毗邻国家互通有无的贸易传统。

随着改革开放的深入推进，边民思想不断得到解放。边民互市贸易的商品种类从生活用品向生产、生活用品方向发展，互市贸易进口国也从单一邻国向第三国方向拓展。边民在参与互市贸易实践中遭遇的制度瓶颈，如互市贸易管理与边民实际需求不配套、措施不健全等诸多问题，引发了边民的制度变迁需求，进而带来了中央政策制定者、边境地方政府和边民之间长期博弈效应。这种博弈效应是互市贸易政策"自下而上"的制度演进。这一制度演进过程被称为"诱致性制度变迁"。如 2010 年发布的《关于边民互市进出口商品不予免税清单的通知》就以清单制方式明确免税范围；2015 年发布的《国务院关于支持沿边重点地区开发开放若干措施的意见》就明确提出修订《边民互市贸易管理办法》和修订《边民互市进出口商品不予免税清单》；2019 年发布的《关于促进边境贸易创新发展的指导意见》是促进边民互市贸易发展的重大政策，明确"允许互市贸易进口商品用于边民生活、生产和发展致富"，边民互市商品进口范围从毗邻国家拓展至周边国家，且"就允许边民向边境地区加工企业销售一定额度的互市贸易进口商品进行试点"，在中央层面以公开文件的形式确立互市贸易商品在边境落地加工的合规性，随后又在全国确立 13 个边民互市贸易商品落地加工试点边境市（县），统筹指导边民互市贸易和产业互促发展。

同时发展的还有边民自发组织的边民互助组（合作社）。边民可以将资金、人力或运输工具等作为资本投入互助组。正所谓"人多力量大"，边民通过互助组中"经济能人"的带领获得更多的参与机会。通过互助组集中的资金、人力、仓储和运输设施的集中配套而增强参与边民互市贸易的能力。一些发展较好的互助组还开展了组内信贷、年末分红等创收路径，不仅增强了边民的互市贸易抗风险能力，还增加了边民的额外收入。此时，边民通过互助组形成了参与互市贸易的集聚力。边民互市贸易商品不只是用于满足生活需要，而且多元化发展成为边民生产致富、边境发展特色产业的重要支撑。这一阶段互市贸易市场中多方博弈主体的互动、政策的不断调整，使得互市贸易由单一生活性贸易向生活性、生产性多元化演化发展。

2. 减贫富民的特征明显

党的二十大报告指出，"中国式现代化的本质要求是：坚持中国共产党领导，坚持中国特色社会主义，实现高质量发展，……实现全体人民共同富裕"

"采取更多惠民生、暖民心举措……增强均衡性和可及性，扎实推进共同富裕"①。2021 年 8 月 17 日在中央财经委员会第十次会议上，"扎实促进共同富裕问题"是议题之一，对于促进共同富裕的思路，习近平总书记在会上强调，要"促进农民农村共同富裕……增加农民财产性收入，使更多农村居民勤劳致富"。此外，会议还提出推进共同富裕要循序渐进，鼓励各地因地制宜探索有效路径，总结经验，逐步推开②。

边民互市贸易就是沿边地区在长期开放过程中探索出的有利于增加边民收入、促进边民就业、增强边民创业创新本领的有效路径。边民互市贸易是边境贸易中独特而重要的形式。其独特性在于，不同于以企业为主的其他贸易形式，边民互市贸易以边民个体为主体；其重要性在于，它对改善边境地区民生、促进边境特色产业发展和巩固发展我国周边国家的睦邻友好关系具有重要意义。互市贸易增加了边民收入、扩大了边民就业和丰富了边民社会文化生活。在延续地理和历史特征所形成的与毗邻国家互通有无贸易传统的同时，近年来，随着政策的改革创新，边民互市贸易可与边境地区落地加工企业合作，实现边贸与产业互促互动发展。2019 年，我国沿边 7 个省（自治区）边民互市贸易总额达到 693.4 亿元。贸易体量虽小，但仅广西沿边就在 2016—2017 年通过参与互市贸易累计带动脱贫 19.1 万人。2019 年就以"互市贸易+落地加工"的形式带动 113 家边民合作社（互助组）和 58 家落地加工企业签订贸工协议，进口互市商品 12.2 万吨，惠及边民 22.9 万人次。边民互市贸易由于其民间性、生活性、生产性、惠民性而成为边境地区经济最为活跃的市场细胞，成为边境地区进一步扩大开放的重要支撑、共建"一带一路"走深、走实的生动案例（李光辉、谢东丹，2023）。

3. 沿边地区互市贸易发展水平差异明显

通过上一节的分析可知，边境小额贸易在沿边 8 个省（自治区）出现了

① 习近平. 扎实推进共同富裕 [J]. 求是，2021 (20).
② 习近平主持召开中央财经委员会第十次会议，2021，新华社，http://www.gov.cn/xinwen/2021-08/17/content_ 5631780.htm.

发展不均衡的现象，边民互市贸易的区域发展异质性则更明显。海关公开数据显示，2015—2020 年广西边民互市贸易累计额为 2 866.2 亿元，且一直居于全国沿边省区首位，是同时期居于全国互市贸易额第二位云南互市贸易累计额的 2.3 倍。除桂、滇两省区外，西藏自治区也保持着边民互市贸易传统，但贸易体量较小，"十三五"期间的边民互市贸易额累计实现 4.5 亿元。内蒙古满洲里虽有我国最早设立的互市贸易区，但近年来内蒙古的边境贸易以发展边境小额贸易为主。黑龙江主要在绥芬河市、黑河市和牡丹江市发展边民互市贸易，其中绥芬河中俄互市贸易区边民互市贸易点自 2012 年 2 月启动运营至 2020 年 5 月，累计完成交易额 27.46 亿元。吉林省开展边民互市贸易的主要是珲春市，2015—2020 年累计实现交易额 44.67 亿元。新疆、辽宁发展边民互市贸易市场条件较差，并且近两年才开始建立现代化的互市贸易区。

由国家对边民互市贸易的主体、贸易地点和贸易商品类别限定可知，边民互市贸易额的实际统计范围是边境县，因此我们从边境县的维度才能更清楚地呈现区域发展差异性以及出现差异的原因。我国 2.28 万千米的边境线上分布着 140 个边境县（市、区、旗），但并非所有的边境县都具备开展互市贸易的条件。由《国务院关于边境贸易有关问题的通知》（国发〔1996〕002 号）和《边民互市贸易管理办法》（署监〔1996〕242 号）的规定可知，边民和口岸是开展边民互市贸易的两个基本条件。部分边境县天然恶劣的自然环境本不适宜居住，更不必说开设口岸，也因此失去开展边民互市贸易的机会。另外，边民互市贸易属于海关监管贸易而非我国对外贸易方式的类别。出于国家安全的需要，互市数据尚不在公开范围，地方海关有权力裁定是否公开给公民个人或法人。因此，我们根据边境县政府公开数据以及向位于边境县地方海关、地方商务局等申请数据共获得了 20 个边境县（市）① 2015—2020

---

① 20 个边境县为：亚东县、吉隆县、普兰县（西藏 3 县）；绿春县、马关县、耿马傣族佤族自治县、瑞丽市、河口瑶族自治县、勐海县、金平苗族瑶族傣族自治县、腾冲市、麻栗坡县、景洪市、勐腊县（云南 11 县）；珲春市（吉林 1 县）；东宁市（吉林 1 县）；东兴市、凭祥市、宁明县（广西 3 县）；吉木乃县（新疆 1 县）。

年的互市贸易数据①，如图 4-10 所示。

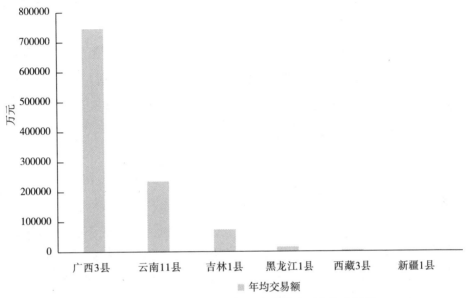

图 4-10　2015—2020 年边境 20 个县分省区年均交易额

2015—2020 年，广西边境县年均交易额遥遥领先，是云南、吉林、黑龙江、西藏、新疆 5 个省（自治区）17 个边境县年均交易额的 2.3 倍。从其内部差异来看，2015—2020 年广西东兴市边民互市贸易累计额比凭祥市、宁明县互市贸易累计额之和还多 152 亿元；2015—2020 年，云南省 11 个边境县中互市累计交易额可细分为小于 100 亿元（绿春县、景洪市、腾冲市）、150 亿~180 亿元（马关县、勐腊县、耿马傣族佤族自治县、河口瑶族自治县、勐海县）和 200 亿元以上（瑞丽市、金平苗族瑶族傣族自治县、麻栗坡县）3 个梯队，省内分化明显（见图 4-11）；西藏地区主要是亚东县、吉隆县、普兰县 3 个边境县发展面向印度、尼泊尔的边民互市贸易，其中亚东口岸通关连续性较好，2015—2020 年实现互市交易 3.4 亿元，居西藏边境县首位；吉林省边境县中，珲春市边民互市贸易发展一枝独秀，2015—2020 年互市贸易交易额约 45 亿元；得益于百年通商史、一关通四国的良好互市贸易发展条件，新疆吉木乃县 2015—2020 年互市贸易额达到 3 356 万元，位于新疆边境县前列，但与桂、滇两省区边境县有较大差距。近年来，新疆维吾尔自治区也在加大力度建设阿拉山口中哈边民互市市场、霍尔果斯边民互市贸易区、塔克什肯口岸边民互市贸易区等边民互市贸易区，为沿边地区人民生活水平的提高创造机遇、带来更多实际效益。

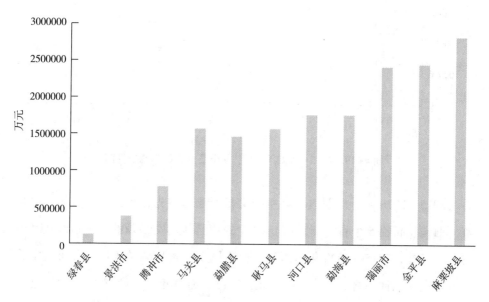

图 4-11　2015—2020 年云南省边境 11 县互市累计交易额情况

4.5　中国边贸政策实施存在的问题

4.5.1　边贸政策存在波动性和滞后性

我国的边境贸易政策虽然根据时代要求和国家发展战略需要不断做出调整、完善，但因中央政策的发布常常缺乏调整缓冲期，导致市场参与主体来不及调整生产计划，从而遭受因政策冲击带来的损失。此外，边境贸易政策条文法规的调整存在滞后性，那些业已形成的发展诉求如果长期得不到决策部门的解决方案将会极大挫伤边境地区的发展积极性，也将会阻碍边境贸易的进一步创新发展。

一是边境小额贸易政策调整较为滞后，亟须边贸—产业联动发展的政策指引。沿边 8 个省（自治区）的边境小额贸易总额在全国进出口总额中的占比常年处于 1% 的位置。近年来，随着边境小额贸易的政策红利逐步减弱，这一比重还在呈现下降的态势。当下在我国加快贸易强国建设的背景下，政策推进边贸高质量发展的方式不能仅仅依赖于政策补贴，还要引导边境小额贸易与沿边主导产业培育、沿边特色产业发展相结合，如依托边贸发展打造沿边特色跨国种植业产业链、跨国制造业产业链、优势农牧产品深加工产业链等，以创新的"边贸+"模式推动边境小额贸易的优化升级。二是关于边民互市贸易的法律法规调整滞后问题。当前边民互市贸易政策主要依据《国务院关于边境贸易有关问题的通知》（国发〔1996〕002 号）等 20 世纪 90 年代发布的文件，关于边民互市可携带 8000 元的免税额度还是延续 2008 年《国务院关于促进边境地区经济贸易发展问题的批复》（国函〔2008〕92 号）的规定。经过十几年的发展，边民互市贸易的参与主体、运输方式、商品用途、商品来源国等都已发生了显著变化，贸易参与主体已由单个边民扩展为边民互助组、合作社集体；运输方式已由过去的人挑肩扛、手推车等小型运输工具转向大型货车、机动船、集装箱等现代运输；贸易商品用途已从自产自销转向与边境企业合作的落地加工；商品种类已由生活用品扩展为生产生活用品（或负面清单外产品），贸易进口国已由毗邻国家扩展至第三国。边民互市贸易在沿边地区政府和边民的创新发展下，已然成为沿边地区通过贸易与产业互促互动实现创新发展的新动能。显然，边民互市贸易的一些规章制度，例如互市贸易免税额、财政税收比例、监管智能化程度等都需要与时俱进。

4.5.2　边贸政策执行缺乏有力监督

对于沿边地方政府是否将中央财政支持的专项转移支付资金专款专用缺乏监督。2008 年国务院出台的《国务院关于促进边境地区经济贸易发展问题的批复》（国函〔2008〕92号）文件中规定"采取专项转移支付的办法替代现行边境小额贸易进口税收按法定税率减半征收的政策，并逐年增加资金规模，专项用于支持边境贸易发展和边境小额贸易企业能力建设"；并从2009年起，建立与口岸过货量等因素挂钩的适度增长机制。以上财政支持政策将边境小额贸易进口税收"两减半"变为财政补贴是为了适应加入WTO后的国际贸易的相关规则；专项的转移支付资金是由中央财政拨付给地方财政的，是否专款专用、落实到边境小额贸易企业尚缺乏可信的监督机制；加上"与口岸过货量挂钩的适度增长机制"，有可能会使地方政府与边境小额贸易企业"合谋"获得中央政府的财政专项资金；但对于是否会将资金用于边境小额企业、用多少比例、是否变换花样挪作他用，尚缺乏强有力的监督制度。多年来，边境小额贸易进出口总额始终占全国对外贸易进出口总额的1%左右，近年来还出现下降趋势，对于经济体量全球第二的中国来说，边境小额贸易的体量实在轻微，所以相关问题未能引起国家主管部门的重视；但对于占国土面积55%的沿边8个省（自治区）来说，边境小额贸易进出口占沿边8个省（自治区）对外贸易的24%，而且西藏、新疆两个省（自治区）的边境小额贸易额占比高达60%，所以对于相对落后的沿边地区，任何可以促进其繁荣发展的因素、机会都应当被珍视。

4.5.3　边贸政策的纵深引导有待深化

边境贸易政策旨在促进边境贸易发展、推进兴边富民战略目标的实现。当下边境贸易发展要想符合我国"加快建设贸易强国"的需要，就要进一步向规范化、国际化方向发展，进一步加强与产业的互促互动，进一步发挥对沿边地区经济发展、边民收入水平提高的正向溢出效应。因此，现有的边贸政策对边境贸易高质量发展的引导力度、纵深影响有待深化。

一是边贸政策对边境贸易的规范化、惠民性的关注有待细化深化。边民参与互市贸易的规范化程度低，以民为本、以"边民"为核心的互市贸易政策惠民根本目标仍未全面实现。目前，广西边境地区建立的互助合作组（社）

是自发建立的松散型组织，虽然在短期内发挥了较好的示范带头作用，但从长远发展来看，组织内部既没有明确的管理制度和运营机制，也没有经营主体和进出口经营权，所以没有从根本上改变边民自发参与互市贸易的状况。互市贸易也因未能真正实现全部商品"边民交易"而受到法律质疑，"假互市、真走私"的案例频频发生。同时，互市贸易政策效益发挥不充分。边民互市贸易政策实施以来，累计带动了沿边地区 34 万人脱贫致富，互市贸易已经成为边民收入的主要来源。但互市贸易区（点）覆盖面窄，互市贸易区的基础设施建设、智能化程度低，不能满足广大边民参与互市贸易需求。据不完全统计，参与互市贸易的边民最多时也不足 12 万人，而 0~3 千米范围内约有 34 万边民，3~20 千米以内有近 200 万边民，边民参与互市贸易积极性还远远未得到激发。目前，边民互市贸易整体体量较小，对边境地区经济发展的贡献率偏低，边民仅靠体力劳动赚钱，没有实现利益最大化。

二是政策对边贸—产业链联动发展机制的引导、扶持力度有待强化。以边境贸易发展带动沿边产业链构建，是新发展格局下沿边地区高水平开放的重要路径。但由于沿边地区开放发展较为落后、产业基础薄弱，边境贸易—沿边产业互促互动的模式尚未形成产业集聚，边贸—产业联动发展任重道远。以 2020 年在吉林省延边州的调研情况为例，吉林延边地区产业和经济发展水平相对落后，从边境县（市）看，多数仍以传统种养业为主，加之交通闭塞，产业转型缓慢，特色产业发育不充分，产业化程度低，缺少龙头企业带动。以长白县为例，该县有省级农业产业化重点龙头企业 7 户、市级重点龙头企业 8 家，农村专业合作社 109 个，虽然数量不少，但多为中小企业，市场开拓能力差、产品附加值低，辐射带动能力有限。就调研情况来看，部分经济腹地现有园区产业对边境发展的带动效应比较有限，口岸仅用于"过路经济"而没有实质的港产融合，以通道和口岸为依托的产业集聚效应还未形成。沿边地区缺乏综合多元的产业体系，难以形成对本地增值较高的产业链条。边境贸易的溢出效应有限，致使边境贸易"酒肉穿肠过"问题日益凸显。

4.5.4 边贸政策的配套措施有待完善

当下我国的边贸政策中央顶层设计文件较多，沿边各省区由于对边境贸易的重视程度不一，同时限于地方政府认识问题程度、地方财力和发展基础等，对一些影响边贸发展基础且长远的问题重视不足，如基础设施建设、金融配套服务等，出现沿边地方配套措施、执行力度不一的问题。长此以往，沿边地区内部不仅边境贸易发展差异性会愈加显著，整体的区域发展不平衡问题也会加深。

一是政策对边境贸易相关基础设施建设的支持力度有待强化。受政策、资金和区位条件等因素影响，相对于东部沿海发达地区，沿边地区的基础设施建设仍较为落后，互联互通基础设施项目进展缓慢，交通运输网络不发达，对边境贸易高质量发展的支撑能力相对不足。其主要表现在：①口岸、互市点出边通道公路等级偏低，运输能力较差，无法满足边贸运输需求；②跨境车辆直通准入门槛过高，国际运输不通畅，跨境运输通关时间长，增加隐性成本；③农村基础设施建设滞后，乡镇建设仍比较缓慢，特别是边境村镇建设需进一步加强；④铁路口岸配套设施建设相对落后；⑤口岸验货场、储货仓、联检查验等设施不完善，部分边民互市点因交通不便仍未能正常开展互市贸易。

二是政策对基础设施建设的统筹规划有待提高。支撑边境贸易发展的两种基本配套设施是陆路口岸和沿边开放平台，沿边开放平台包括边境经济合作区、跨境经济合作区、沿边重点开发开放试验区、综合保税区、两国"双园"、自由贸易试验区等。目前，口岸和沿边开放平台建设存在口岸和沿边开放平台建设缺乏战略统筹的突出问题。我们在沿边实地调研中发现，同一沿边省区的边境口岸各自为战，口岸经济同质化竞争严重；沿边地方政府争相向中央"要政策、戴帽子"，希望沿边开放平台越多越好，但缺乏对已有政策的贯彻落实、对已有开放平台的功能整合和发展联动。对支撑边境贸易发展的主要配套措施缺乏统筹规划、分工协作与联动发展。同时，国家政策对口岸建设、维护资金支持不足。各沿边口岸虽分为一类口岸和二类口岸，总体上都是国家的口岸，是支持区域对外开放的窗口，但是口岸的建设资金、后期的维护资金很大一部分需要地方财政承担。"小州池供养大口岸"是长期以来沿边地区面临的一大难题。以内蒙古边境口岸为例，宁夏、甘肃地区每年大量的煤炭资源都需要经过内蒙古口岸，内蒙古政府认为宁夏、甘肃应当承担一定比例的口岸后期建设和维护资金。也有学者和政府相关人员建议国家应根据口岸每年上缴的税收按比例返还给口岸，作为口岸的补充资金，但是这一条建议长久没有得到回应。

三是边贸政策的内外协作力度有待加大。边境贸易是涉及我国与毗邻国家甚至多国之间的国际贸易，边境口岸的通关便利化问题常常涉及国家层面的沟通、协调。口岸通关便利化水平直接影响边境贸易的效率、成本与收益，当前影响口岸通关便利化水平提升的主要问题涉及我国口岸海关部门协助不足和我国与毗邻国家的口岸合作两方面。我国海关、检验检疫、边防等联检部门缺乏协作联动机制，相关标准和要求不统一导致口岸通关效率低下。在我国与毗邻国家口岸合作中存在标准、信息无法对接的问题，形成高企的国际性制度接轨成本，对边境贸易的风险监管和通关便利化都形成了制约。

4.6 本章小结

本章从理论和实践两个维度对比论证、揭示、剖析中国边境贸易的制度和政策安排特征。创新理论研究，尝试构建边境贸易类型理论，在统一语境下比较研究世界主要边境贸易模式，对比研究不同类型边境贸易的特征、经济效应和演化规律等，凸显中国边贸制度与政策安排的特殊性与优越性，从而支撑本书主题并回应绪论之问题。在实践维度，深入剖析中国边境贸易制度沿革、政策演进的特征与影响，以中国边贸30多年的改革实践展现中国边贸制度和政策安排的特征、特色与智慧。同时，本章还呈现了在实地调研中搜集的边贸政策实施中存在的问题，客观对待中国边贸政策发展成效与问题，为后文的针对性建议做铺垫。

本章基于已有的边界理论研究、世界上不同边境地区边境贸易实践以及国内外边境贸易研究的分异，构建了边境贸易类型理论。通过比较世界主要边境贸易发展形态的异同，创新性地提出边境贸易互动模型的政治、经济和制度因素：①边界类型；②分割市场套利驱动；③边境贸易制度安排。这3种因素决定了边境贸易互动的形态、特征和经济效应。接着，构建了边境贸易互动类型：①异化边界边贸；②互动边贸；③融合边贸。其中，互动边贸又因边贸制度安排的质量高低，细分为"有序互动边贸"和"无序互动边贸"。最后，对比分析了3种边境贸易互动模型在特征和经济效应上的差异以及相互演化的机制路径。本章对塑造边境贸易类型的3种决定性因素进行剖析，从根本上找到了世界上不同国家和地区边境贸易表现差异的根源；创新性构建边境贸易互动模型，也为中国边境贸易的发展方位、中国边境贸易的一般性以及中国边境贸易的特殊性找到理论支撑。

本章的第二部分对我国边境贸易政策演进以及政策影响下的边境贸易发展进行了系统梳理，意在对我国边贸政策作基础性、系统性把握。通过分析中国边贸政策和制度安排的演进历程我们发现：①当代边贸政策具有一定的历史继承性。②同一政权在不同时期的边贸政策取决于当时的国家战略要求，当代边贸政策的指向是推进沿边地区高水平开放、搞活地区经济。③边贸政策是引起边贸变动的主要因素，前者的变动会引起后者正向或负向的变化。④两种边境贸易方式都具有高度的政策敏感性，其正向或负向的变动方向取决于边贸政策放松（优惠）或收紧（取消优惠）的政策方向。⑤中国加入WTO后对各项外贸政策进行了合规清查。边境小额贸易的政策更符合国际规则，税收优惠政策趋向于收紧后，发展势头放缓。⑥新时代以来，政策进入综合调整阶段，培育边贸自我发展能力、推进边贸创新发展是新时代边贸政策的主导方向。

本章第三部分是边贸政策实施中长期悬而未决的问题。边贸政策的贯彻落地问题以及对边境贸易创新发展、深化发展的引导不足是边贸政策实施过程中长期存在的痛点、难点。通过在沿边地区实地调研我们发现：边贸政策牵涉中央政府的制定、沿边地方政府的执行和实施、沿边地方企业和边民的实践，以上边境贸易主要参与主体只有"各司其职"——中央政府加强政策的顶层设计、加强政策的执行监督、以积极的政策调动好各方的参与积极性，沿边地方政府积极出台配套措施，边境企业和边民积极参与，边贸政策才能高效实施、边境贸易才能高质量发展。同时，基于边境贸易政策对沿边地区发展的深远影响，政策制定还要切实与沿边发展战略相结合，沿边地区想做足"边"的文章，就要充分利用区位优势，使边境贸易不只是"过路经济"，还要与产业发展相结合，打造"以贸促工、以工兴贸、贸工互促"的边贸与产业互促互动发展新模式，才能构建具有本地特色的产业链、供应链，才能在日益严峻的国际形势中寻求发展机遇，才能在沿边地区高水平开放中发挥更大作用，在服务和融入新发展格局中实现更大作为。

第5章 中国边境贸易政策演进的影响研究

第4章意在通过理论创新凸显中国边境贸易制度和政策安排的特征，同时论述了边贸制度和政策的历史继承性，并直观呈现政策变化对边境贸易发展的影响，表明其对于边贸实践的重要意义；从本章开始至第7章，将从理论和实证两个层面评价、解析中国边贸制度和政策安排的有效性、优越性。本章主要运用演化博弈论和数值仿真等方法从理论层面评估边贸政策演进对实践的影响及机制。

在政策系统中，政策主体是指特定政策环境中直接或间接影响政策过程和结果的行动者，包括公共部门、公职人员以及社会组织和个人①。在边境贸易政策系统中，边贸政策主体和客体主要包括中央政府、地方政府、边境地方企业和边境地区居民。通常情况下，中央政府是边贸政策的制定主体，地方政府是政策的执行主体，边境地方企业、边境地区居民是边贸政策的实施客体。边贸政策系统中的主体和客体是一种互动关系。一方面，中央和地方政府通过财政补贴、税收优惠、平台发展和产业联动发展等具体举措来激励、引导或限制边境企业和沿边地区居民的交易行为；另一方面，当政策措施不能与时俱进、不满足实际需要、主体参与边贸情况不理想时，边境企业和居民也会"自下而上"地影响决策者的政策调整方向；政策决策者主动或被动地接受政策调整建议，政策客体也从另一个方向推动边贸政策的改革完善。

由上述分析可知，"边贸政策演进"的内在含义与目的是政策通过自身调

---

① 杨宏山. 公共政策学 [M]. 北京：中国人民大学出版社，2020.

整影响政策主体与客体的行为，从而达到政策实施的目的。更进一步地说，政策是通过影响主体和客体的支付与收益来影响其行为。诺思指出，"一个社会的制度的主要功能在于，通过建立一个人们交往的稳定的（但并不一个是有效率的）结构来减少不确定性。但是制度的稳定性绝不意味着它们不变化。从惯例、行为规则、行为规范，到成文法、普通法和个人之间的契约，所有这些制度不断地演进着，从而不断地改变着对我们来说可行的选择"①。同时，他还进一步指出，"制度分析从根本上说并不是研究博弈规则，而是研究个人对规则的反应"②。因此，本章将引入演化博弈和 Matlab 仿真分析方法，从不同政策调整阶段入手，分析参与主体对边贸政策变化的反应，参与主体将随着政策变化做出不同的策略选择，同时其收益及支付也相应受到影响，从而影响博弈系统的趋向，进而我们可以根据博弈系统趋向"优"或"劣"判定政策的"好"与"坏"。这里暗含的边境贸易政策改革完善机制是，政策制定主体通过具体的宽松或收紧的政策措施来调整政策客体的收益及支付，从而影响其行为选择，进而在均衡各方参与主体利益中实现博弈系统趋向帕累托最劣或最优，在实践中表现为政策结果趋向不利或有利的发展方向。

5.1 政策演变历程与博弈基础分析

对边贸政策的阶段性划分是分析边贸市场多阶段博弈规律的基础。第 4 章将边境贸易政策演进历程分为内部制度自发生长、外部制度输血扶持、外部制度造血扶持和外部制度综合调整 4 个演进阶段。这 4 个阶段的划分依据是不同时期中央的沿边发展战略以及中央的宏观调控政策。但过于宏观地分析，反而会忽视边境贸易政策的演进依赖于多方参与主体的博弈互动特征。

① 韦森. 社会制序的经济分析导论 [M]. 上海：上海三联书店，2020.
② North D C. Institutions, transaction costs and economic growth [J]. Economic inquiry, 1987, 25 (3): 422.

已有研究只是提及边境贸易政策的博弈特征，但未进行详尽的理论和实证分析。因此本章以边民互市贸易政策演进为例，结合沿边地方政府实践细化政策演进阶段，对边贸政策演进做出效应评价。

边民互市贸易政策的形成过程涉及中央、地方和边民等多方利益主体的博弈及策略选择。有限理性共治主体的行为策略多是经过反复试错和学习模仿，进而优化策略选择，最终达到系统稳定的状态[①]。边民互市贸易监管政策的形成与完善既是当期宏观环境与国家发展目标共同作用的结果，还是诱致性制度变迁的过程。边民对改善生活、发展生产的内在需求以及改革开放带来的思想解放，自下而上地影响着决策者以更好的制度安排推动边民互市贸易的发展。边民的发展需求是推动边民互市贸易政策改革创新的根本诱致因素。当然，不同的政策阶段导向边民互市贸易市场有不同的结果。在给定博弈阶段，边民群体、加工企业以及相关博弈主体因利益差异，将会做出不同的策略选择。因此，中央关于边民互市贸易的政策调整结合边境地方政府实践构成了边民互市贸易市场博弈多阶段演变的动因。在边境地方政府实践方面，本书主要结合边民互市贸易创新先锋广西东兴市的具体实践，将边民互市贸易分为 3 个博弈阶段。

5.1.1 初级走私多发阶段（1984—2014 年）

该阶段边民互市贸易是过路型经济模式，市场自发性较强，政府监管水平较低，边民在互市贸易中获利较少，绝大部分互市贸易进口商品被运往边境地区外的市场加工，边民常常沦为边境地区以外市场走私的工具。该阶段已出现的博弈市场主体为边民（互助组）、企业等，但由于互助组市场力量过弱，边民与企业的交易实则是买方市场，大部分利益归于企业。

---

① Levine D K, Pesendorfer W. The evolution of cooperation through imition [J]. Game & Economic Behavior, 2007, 58 (2): 293-315.

5.1.2 中级探索落地加工阶段（2015—2019 年）

该阶段是边民互市贸易探索由过路型经济向加工产业经济转型发展期，促进了边民互市与边境加工产业互促互动，将更多的互市贸易收益留在边境。由于处于政策机制不够完善的探索时期，卖方和买方之间存在较大的信息不对称问题，政策在交易机制设计上将收购企业和越南商户作为中间商，导致流程烦琐。因此，该阶段边民互市贸易市场博弈的主体除了边民（互助组）、加工企业，还有越南商户和收购企业等作为中间商攫取互市贸易免税利差。虽然该阶段边民的收益相对于初级阶段有所提高，海关监管和政府扶持政策也有较大完善，但中间商的存在致使边民与加工企业收益流失，利用互市贸易的走私案件也时有发生。该阶段互市商品落地加工政策实现"兴边富民"仍有较大探索、完善空间。

5.1.3 高级优化交易流程阶段（2019 年至今）

该阶段是边民互市贸易转型发展期的细分阶段，主要得益于国家边民互市落地加工试点工作方案的出台以及沿边地方政府的改革创新实践。以广西东兴市为例。该边境市是 2019 年商务部确立的第一批互市贸易商品落地加工试点 13 个边境市（县）之一。2020 年，该市出台《东兴市深化互市进口商品落地加工改革实施方案的通知》（东政办发〔2020〕6 号），在全国率先对边民互市监管办法和互市商品落地加工流程优化进行了完善，严格监管互市商品用于备案企业加工（避免走私），剔除了从边民到加工企业的中间商，提升了边民和边境加工企业在边民互市贸易中的收益。该阶段边民互市贸易市场中的博弈主体为边民、边民合作社和加工企业，使边民合作社的合法地位进一步确立，市场话语权上升，从而更好带领边民生产致富；政府扶持政策激励加工企业将互市商品的红利留在边境。在创新精减交易流程和完善监管手段后，边民和加工企业的收益得以提高，边境特色产业得以更好发展。这一阶段的边民互市贸易落地加工政策有力地推进了边境贸易的创新、多元、健康发展。本书将以广西东兴市为例进行分析。

5.2 政策初级阶段博弈特征及政策效应分析

5.2.1 初级阶段参与主体行为分析

边民互市贸易初级阶段博弈主体包括边民/互助组、企业等。这两个主体有不同的利益诉求，且倾向于从自身利益出发做最优决策，但市场存在信息不对称、不完全理性等非有效性因素。此外，政府（海关）对边民互市贸易的监管稍弱。

在边民互市贸易初级阶段的参与主体中，边民个体（或自发组成互助组）因"免税权"（从越南进口在限额内免税）成为互市贸易中的核心角色。边民/互助组倾向于选择积极的参与策略。他们在二级市场中将免税的互市商品转卖给企业，从而获得交易服务费；企业通过边民互市贸易方式进口商品可以降低进口关税和增值税成本。企业的逐利本质加上边民互市贸易监管仍有漏洞，多数情况下，企业会铤而走险，利用边民走私以攫取高额非法利益。因此，企业倾向于采取"合谋"策略，将商品运往边境地区外的国内市场加工销售，但同时也要因走私承担相关的法律惩罚风险。

综上所述，在该阶段边民/互助组可选择"参与"策略，利用边民免税权与企业交易而获取交易服务费；选择"不参与"策略时，将维持原有收益。当企业选择"合谋"策略时，企业通过边民进行走私，需要支付边民较低的服务费，获取较高非法收益的同时承担法律风险；选择"不合谋"策略时，保持原有收益。

5.2.2 模型基本假设

H1：博弈系统 I_1 存在两类主体，即边民/互助组 A 和企业 B。群体成员均为有限理性，边民/互助组策略集为参与或不参与，企业策略集为合谋或不合谋。其中，"参与"和"合谋"策略为积极策略。

H2：边民选择"参与"的比例为 x（$0 \leqslant x \leqslant 1$），则"不参与"的比例为 $1-x$；企业选择"合谋"的比例为 y（$0 \leqslant y \leqslant 1$），"不合谋"的比例为 $1-y$。

H3：政府（海关）属于外部机构，以机构职能进行外部监管，如对互市贸易中企业的"假交易、真走私"行为进行严厉惩罚。

根据以上假设，建立边民互市贸易初级阶段博弈支付收益矩阵，如表 5-1 所示。

表 5-1　政策初级阶段博弈支付收益矩阵

边民/互助组	企业	
	合谋（y）	不合谋（$1-y$）
参与（x）	$R_1 + r_1$，$R_2 + b + e - \theta P$	$R_1 + r_1$，$R_2 + b - \theta P$
不参与（$1-x$）	R_1，R_2	R_1，R_2

支付收益矩阵中的参数定义如表 5-2 所示。

表 5-2　支付收益矩阵中的参数说明

博弈主体	参数	含义
边民/互助组	R_1	边民/互助组不参与互市贸易的原本收益
	r_1	边民/互助组参与互市贸易获得的交易服务费
加工企业	R_2	企业不参与互市贸易的原本收益
	b	企业通过互市贸易进口商品获得的税收红利
	e	企业通过互市走私获得的额外非法收益
	P	企业通过互市贸易进行走私引致的法律处罚
	θ	企业因走私被处罚的风险概率

5.2.3 博弈模型的渐进稳定性分析

本书利用复制动态的方法进行博弈分析。假定边民/互助组选择"参与"策略时的期望值为 E_x，选择"不参与"策略时的期望值为 E_{1-x}，同时平均期望值设为 $\bar{E}_s$。根据表 5-1 计算，得到边民/互助组 A 选择"参与"策略的复制动态方程为：

$$F(x) = \frac{\mathrm{d}x}{\mathrm{d}t} = x[E_x - \bar{E}_s] = x(1-x)r_1 \tag{5-1}$$

同理，计算出企业 B 选择"合谋"策略的复制动态方程为：

$$G(y) = \frac{\mathrm{d}y}{\mathrm{d}t} = y[E_y - \bar{E}_C] = y(1-y)xe \tag{5-2}$$

联立方程（5-1）（5-2）得到边民互市贸易初级阶段博弈复制动态方程组，如方程组（5-3）所示。

$$\begin{cases} F(x) = \dfrac{\mathrm{d}x}{\mathrm{d}t} = x(1-x)r_1 \\ G(y) = \dfrac{\mathrm{d}y}{\mathrm{d}t} = y(1-y)xe \end{cases} \tag{5-3}$$

由方程组（5-3）求解可知，此时系统 I_1 有 4 个均衡点，分别为 $E_1(0, 0)$、$E_2(1, 0)$、$E_3(0, 1)$、$E_4(1, 1)$，进一步，可得系统 I_1 的雅克比矩阵：

$$J = \begin{bmatrix} \dfrac{\partial F(x)}{\partial x} & \dfrac{\partial F(x)}{\partial y} \\ \dfrac{\partial G(y)}{\partial x} & \dfrac{\partial G(y)}{\partial y} \end{bmatrix} = \begin{bmatrix} (1-2x)r_1 & x(1-x)r_1 \\ y(1-y)xe & (1-2y)xe \end{bmatrix} \tag{5-4}$$

根据行列式 $det(J)$ 和迹 $tr(J)$ 的结果和演化稳定策略的判定条件，在不同情形下，得到系统 I_1 的 4 个均衡点的局部稳定性分析，如表 5-3 所示。

表 5-3　政策初级阶段 4 均衡点的局部稳定性判定

均衡点	(F_{11}, F_{22})	迹	行列式	稳定性判断
E_1 (0, 0)	(+, +)	+	+	不稳定点
E_2 (1, 0)	(0, 0)	0	0	鞍点
E_3 (0, 1)	(0, 0)	0	0	鞍点
E_4 (1, 1)	(−, −)	−	−	ESS

E_4（1，1）为边民互市贸易初级阶段下博弈系统 I_1 唯一的演化稳定策略（ESS），即博弈系统朝着（参与、合谋）的状态演化，E_1（0，0）为博弈系统的不稳定点，E_2（1，0）和 E_3（0，1）为博弈系统的鞍点，其演化博弈相位图如图 5-1 所示。可以发现，在边民互市贸易初级阶段，博弈系统中边民/互助组会倾向于选择"参与"策略，企业会倾向于选择"合谋"策略，那么在此种环境下，边民互市贸易看似在进行实际上已沦为不法企业的走私途径。边民"参与"其中，在获得微薄收益的同时，在知情或不知情情况下成为企业的走私帮凶。两博弈主体的共谋有悖于中央政策"兴边富民"初衷，也严重危害了我国对外贸易和国内市场的健康稳定。上述结论也是对边民互市贸

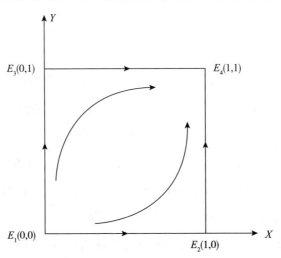

图 5-1　政策初级阶段博弈系统 I_1 的演化博弈相位图

易初级阶段的事实印证。中央政策在未配套严格的监管措施下形成政策漏洞，致使政策无效甚至产生反向效应，系统并未向着有利于边民互市贸易健康发展的方向演化。

5.2.4 数值算例分析

为验证边民互市贸易初级阶段博弈模型的准确性，同时模拟不同初始策略比例下博弈系统的演化路径，本部分将利用 Matlab 2017a 软件对初级阶段的边民互市贸易博弈系统进行数值模拟分析，仿真迭代次数为 200 次。

首先对影响博弈演化均衡的参数的初始值进行设定，为便于计算讨论，假定在边民互市贸易初级阶段，边民/互助组和企业不参与互市贸易的基础收益 R_1、R_2 均为 1，以此对剩余参数的初始值进行设定。假定在交易中，边民/互助组参与互市贸易获得的交易服务费 r_1 为 1，企业通过互市贸易进口商品获得的税收红利 b 为 3，企业通过互市走私获得的额外非法收益 e 为 5，企业通过互市贸易进行走私引致的法律处罚 P 为 4，企业因走私被处罚的风险概率 θ 为 50%。按照前文的推导分析，无论初始值和初始策略如何，边民互市贸易初级阶段下博弈系统 I_1 应当只有 E_4（1，1）一个演化稳定策略，即均收敛到（1，1）点。

边民互市贸易初级阶段博弈系统 I_1 的演化路径如图 5-2 所示，其中 X、Y 分别表示边民/互助组选择"参与"策略的比例、企业选择"合谋"策略的比例。可以看出，无论系统中各博弈主体的初始策略比例如何，其最终均会到（1，1）点，从而形成无数条从各个方位到（1，1）点的演化路径，系统稳定收敛到 E_4（1，1），即稳定收敛到（参与、合谋）的稳定状态。此时边民互市贸易系统朝向企业和边民共谋利用互市贸易利好政策走私方向演化。这也验证了前文中关于政策初级阶段博弈系统 I_1 演化稳定性的分析，说明了模型推导的准确性。

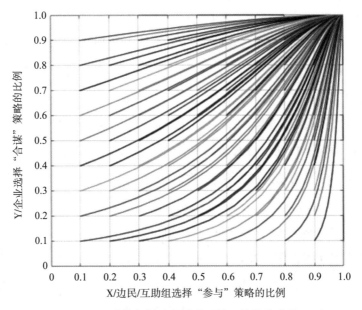

图 5-2　政策初级阶段博弈系统 I_1 的演化路径

5.3　政策探索落地加工阶段博弈特征及政策效应分析

5.3.1　探索落地加工阶段参与主体行为分析

边民互市贸易探索落地加工阶段的参与主体包括边民/互助组、越南代理商、收购企业、加工企业等。各方主体有不同的利益诉求，且倾向于从自身利益出发做最优决策，但市场存在信息不对称、不完全理性等非有效性因素。此外，政府（主要是海关）具有监督管理边民互市贸易的职能。

边民互市贸易探索落地加工阶段的参与主体行为框架如图 5-3 所示。边民个体或者抱团组成的互助组因"免税权"成为互市贸易中的核心角色。边民/互助组倾向于选择积极的参与策略，通过在二级市场中将免税的互市商品转卖给收购企业而获得交易服务费。互市商品进口需要通过二级市场中的越南籍商户报关入境。在此环节越方商户将对报关货物按比例收取服务费，服务费最终由加工企业支付。由于买方和卖方市场的信息不对称以及规模化进口，收购企业作为边民和加工企业的中间商，会对收购的互市商品加价后再卖给加工企业；加工企业以边民"免税权"进口商品会获得进口税利差，但需要缴纳国税、地方税以及支付边民交易服务费、越南商户服务费、收购企业加价等费用。加工企业选择在边境加工互市商品，可享受沿边地区政府给予的相关税费优惠等政策；选择在非边境加工，会因为沿途设卡而增加运输费用或者因涉嫌走私承担被海关倒查、没收等风险。所以，加工企业在合法经营情况下有较大的动力在边境落地加工互市商品。

综上所述，在边民互市贸易探索落地加工阶段，边民/互助组可选择"直接合作"策略，利用边民"免税权"红利与加工企业直接交易而获取交易服务费；选择"间接合作"策略时，收购企业与加工企业进行交易，但获得的服务费低于"直接合作"。当加工企业选择"边境加工"策略时，需要支付边民、越南代理商户服务费，以及获得政府相关税费优惠；选择"非边境加工"策略时，保持原有收益，同时承担运往边境地区外加工的风险成本。

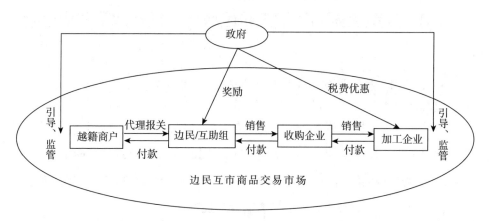

图 5-3　政策探索落地加工阶段的参与主体行为框架

资料来源：根据东兴海关提供的资料绘制。

5.3.2　模型基本假设

H4：博弈系统 I_2 存在两类主体，即边民/互助组 A 和互市商品加工企业 B。群体成员均为有限理性，边民/合互助组策略集为直接合作或间接合作，加工企业策略集为边境加工或非边境加工，其中"直接合作"和"边境加工"策略为积极策略。

H5：边民选择"直接合作"的比例为 x（$0 \leqslant x \leqslant 1$），则"间接合作"的比例为 $1-x$；互市商品加工企业选择"边境加工"的比例为 y（$0 \leqslant y \leqslant 1$），"非边境加工"的比例为 $1-y$。

H6：政府属于外部机构，以政策等方式进行外部监管调控。如：对互市商品加工企业在边境加工时，给予税费优惠等政策红利 m；越南籍商户作为代理商参与报关环节，该环节会使加工企业承担一定比例的报关服务费 C_1；收购企业作为边民与加工企业的中间商，会使加工企业承担相应的进料成本 C_2。

根据假设 H4~H6，建立边民互市贸易探索落地加工阶段博弈支付收益矩阵，如表 5-4 所示。

表 5-4　政策探索落地加工阶段博弈支付收益矩阵

边民/互助组	互市商品加工企业	
	边境加工（y）	非边境加工（$1-y$）
直接合作（x）	$R_1 + r_1 + h$, $R_2 + b - C_1 + m$	$R_1 + r_1 + h$, $R_2 + b - C_1 - \theta P$
间接合作（$1-x$）	$R_1 + r_2 + h$, $R_2 + b - C_1 - C_2 - C_3 + m$	$R_1 + r_2 + h$, $R_2 + b - C_1 - C_2 - C_3 - \theta P$

支付收益矩阵中的参数定义如表 5-5 所示。

表 5-5　支付收益矩阵中的参数说明

博弈主体	符号	含义
边民/互助组	R_1	边民/互助组不参与边民互市贸易的原本收益
	r_1	边民/互助组直接参与互市商品落地加工后，获得的交易服务费收益分成
	r_2	边民通过收购企业与加工企业交易所获得的交易服务费（$r_1 > r_2$）
	h	政府给予互助组的奖励

博弈主体	符号	含义
互市商品 加工企业	R_2	互市商品加工企业不参与边民互市贸易的原本收益
	C_1	越南籍商户报关服务费
	C_2	收购企业作为边民和加工企业两个交易主体中间商的加价
	C_3	从收购企业到加工企业的仓储、运输成本
	b	加工企业通过边民互市贸易进口商品获得的税收红利
	m	加工企业在边境加工时获得的政府给予的税费优惠等政策红利
	P	互市商品在非边境加工会因沿途设卡和涉嫌走私风险等带来的损失
	θ	互市商品在非边境加工时发生损失 P 的概率

5.3.3 博弈模型的渐进稳定性分析

本书利用复制动态的方法进行博弈分析。假定边民/互助组选择"直接合作"策略时的期望值为 E_x，选择"间接合作"策略时的期望值为 E_{1-x}，同时平均期望值设为 $\overline{E}_s$。根据表5-5计算，得到边民/互助组 A 选择"直接合作"策略的复制动态方程为：

$$F(x) = \frac{\mathrm{d}x}{\mathrm{d}t} = x\left[E_x - \overline{E}_s\right] = x(1-x)(r_1 - r_2) \tag{5-5}$$

同理，计算出互市商品加工企业 B 选择"边境加工"策略的复制动态方程：

$$G(y) = \frac{\mathrm{d}y}{\mathrm{d}t} = y\left[E_y - \overline{E}_c\right] = y(1-y)(m + \theta P) \tag{5-6}$$

联立方程（5-5）、（5-6），得到探索落地加工阶段博弈复制动态方程组，如方程组（5-7）所示：

$$\begin{cases} F(x) = \dfrac{\mathrm{d}x}{\mathrm{d}t} = x(1-x)(r_1 - r_2) \\[2mm] G(y) = \dfrac{\mathrm{d}y}{\mathrm{d}t} = y(1-y)(m + \theta P) \end{cases} \tag{5-7}$$

由方程组（5-7）求解可知，此时系统 I_2 有 4 个均衡点，分别为 $E_1(0, 0)$、$E_2(1, 0)$、$E_3(0, 1)$、$E_4(1, 1)$，进一步，可得系统 I_2 的雅克比矩阵：

$$J = \begin{bmatrix} \dfrac{\partial F(x)}{\partial x} & \dfrac{\partial F(x)}{\partial y} \\ \dfrac{\partial G(y)}{\partial x} & \dfrac{\partial G(y)}{\partial y} \end{bmatrix} = \begin{bmatrix} (1-2x)(r_1-r_2) & x(1-x)(r_1-r_2) \\ y(1-y)(m+\theta P) & (1-2y)(m+\theta P) \end{bmatrix}$$

$$(5-8)$$

由于 $r_1 > r_2$，可知 $r_1 - r_2 > 0$，且 $m + \theta P > 0$，由此在不同情形下，得到博弈系统 I_2 的 4 个均衡点的局部稳定性分析，如表 5-6 所示。

表 5-6 政策探索落地加工阶段 4 均衡点的局部稳定性判定

均衡点	(F_{11}, F_{22})	迹	行列式	稳定性判断
E_1 (0, 0)	(+, +)	+	+	不稳定点
E_2 (1, 0)	(0, 0)	0	0	鞍点
E_3 (0, 1)	(0, 0)	0	0	鞍点
E_4 (1, 1)	(−, −)	−	−	ESS

E_4（1, 1）为边民互市贸易探索落地加工阶段下博弈系统 I_2 唯一的演化稳定策略，即博弈系统朝着（直接合作，边境加工）的帕累托最优状态演化，E_1（0, 0）为博弈系统 I_2 的不稳定点，E_2（1, 0）和 E_3（0, 1）均为博弈系统 I_2 的鞍点。其演化博弈相位图如图 5-4 所示。可以发现，在边民互市贸易探索落地加工阶段，博弈系统中边民/互助组会倾向于选择"直接合作"策略，企业会倾向于选择"边境加工"策略。在此种环境下，边民不通过越南籍商户、收购企业等中间商与互市商品加工企业直接合作，符合两大博弈主体的最大利益。中央政策在激励监管配套的情况下发挥正向引导作用，符合"兴边富民"政策初衷。但该阶段存在越南籍商户、收购企业等中间商仍在攫取大量边民、加工企业收益的情况，边民互市交易流程仍有创新、优化空间。

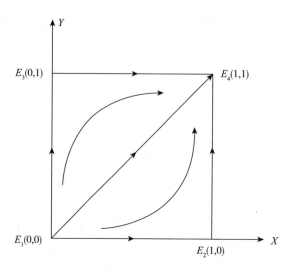

图 5-4 政策探索落地加工阶段 I_2 的演化博弈相位图

5.3.4 数值算例分析

为验证边民互市贸易探索落地加工阶段博弈模型的准确性，同时模拟不同初始策略比例下博弈系统 I_2 的演化方向与路径，本部分依旧利用 Matlab 2017a 软件对探索落地加工阶段的边民互市贸易博弈系统进行数值模拟分析，仿真迭代次数同样为 200 次。

首先对影响博弈演化均衡的参数的初始值进行设定。为便于计算讨论，假定在边民互市贸易探索落地加工阶段，边民/互助组和互市商品加工企业不参与互市贸易的基础收益 R_1、R_2 均为 1，以此对剩余参数的初始值进行设定。假定在交易中，边民/互助组直接参与互市商品落地加工后获得的交易服务费收益分成 r_1 为 2，边民通过收购企业与加工企业交易所获得的交易服务费 r_2 为 1，政府给予互助组的奖励 h 为 1，越南籍商户报关服务 C_1 为 1，收购企业作为边民和加工企业两个交易主体中间商的加价 C_2 为 1，从收购企业到加工企业的仓储、运输成本 C_3 为 1。加工企业通过边民互市贸易进口商品获得的税收红利 b 为 3，企业通过互市走私获得的额外非法收益 e 为 5，加工企业在边境加工时获得的政府给予的税费优惠等政策红利 m 为 2，互市商品在非边境加工会因沿途设卡和涉嫌走私风险等带来的损失 P 为 4，互市商品在非边境加工时发生损失的概率 θ 为 50%。按照前文的推导分析，无论初始值和初始策略如何，边民互市贸易探索落地加工阶段下博弈系统 I_2 应当只有 E_4（1，1）一个 ESS，即均收敛到（1，1）点。

边民互市贸易探索落地加工阶段下博弈系统 I_2 的演化方向及演化路径如图 5-5 所示，其中 X、Y 分别表示边民/互助组选择"直接合作"策略的比例、互市商品加工企业选择"边境加工"策略的比例。从中可以看出，无论系统中各博弈主体的初始策略比例如何，其最终均会演化到（1，1）点，从而形成无数条从各个方位到（1，1）点的演化路径，系统稳定收敛到 E_4（1，1），即稳定收敛到（直接合作，边境加工）的帕累托最优稳定状态。此时，边民互市贸易系统向着有利于边民互市贸易发展的方向演化，说明在探索加工阶段，边民不通过越南籍商户、收购企业等中间商与加工企业直接合作，

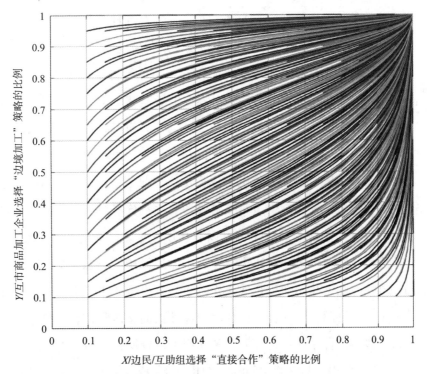

图 5-5 政策探索落地加工阶段 I_2 的演化路径

将符合互市贸易两大博弈主体的利益，博弈系统将朝向帕累托最优状态演化。这一结果反向说明，探索落地加工阶段的中间商（中介）应当被剔除。如果不配套严格的监管和监督机制，即便是"好"政策也难以实现"好"的政策目标。算例仿真的结果也同样验证了前文中关于政策探索落地加工阶段博弈系统 I_2 演化的渐进稳定性的分析，说明了模型推导的准确性。

5.4　政策优化交易流程阶段博弈特征及政策效应分析

5.4.1　优化交易流程阶段参与主体行为分析

边民互市贸易优化互市交易流程阶段博弈主体包括边民群体、边民合作社、互市商品加工企业等。各主体有不同的利益诉求，且倾向于从自身利益出发做最优决策，但市场存在信息不对称、不完全理性等非有效性因素。此外，政府通过政策引导、调节和监管对边民互市贸易进行干预。

边民互市贸易优化互市交易流程阶段参与主体行为框架如图 5-6 所示。边民群体是互市贸易中的核心角色，其参与与否是整个交易流程进行与否的关键。边民群体倾向于选择积极的参与策略，一方面可以获得互市商品加工企业支付的交易服务费；另一方面还可以在互市商品边境加工企业获得就业机会、取得劳动工资收益。当边民组成合作社与加工企业进行交易时，边民合作社的议价能力上升，单个边民交易服务费收益分成高于个体参与互市贸易的收益，并且合作社中的边民也可以在合作社年末结算时获得分红收益；同时，政府也鼓励金融机构对边民合作社中的边民授信免息贷款。边民合作社是边民群体与互市商品加工企业合作的核心。边民合作社是由边民自发组织、自愿加入的民间组织，合作社代表边民社员的整体利益。在政府政策支持下，该阶段边民合作社具备在海关整体报关的资质，也达到了大量进口的"免税"规模，使得交易流程中的时间成本、通关成本和风险下降；同时政府也在引导合作社与加工企业签订购销合同或协议，可以从整体上节约交易成本、提高交易服务费，而且合作社和单个边民的交易服务费分成都会提高。政府也引导金融机构给予合作社免息贷款，帮助合作社完善运输、仓储等设备设施，提高合作社收益。政府还会根据合作社的人员构成等情况将合作社划分为不同奖励等级，鼓励年轻人利用合作社创业就业、发展跨境电商等新业态，鼓励合作社吸纳贫困户、妇女和残障人士。互市商品加工企业选择边民互市贸易进口商品，以获取进口税务利差。当加工企业选择在非边境地区加工时，会因违规、涉嫌走私等承担被政府取消加工资格或法律风险；当加工企业选择在边境加工互市商品时，可享受当地政府给予的税收优惠、信贷支持等政策红利，所以，加工企业有较大动力在边境落地加工互市商品。

　　综上所述，在边民互市贸易优化交易流程阶段，边民可选择"参与"策略，利用边民角色的政策红利获取交易服务费，更进一步地通过加入边民合作社稳定服务费收益和新增合作社分红；选择"不参与"策略时，保持原有收益。当边民合作社选择"合作"策略时，需要对合作社边民组员负责，并可以从交易服务费中分成、获得政府的奖励金和金融机构的免息贷款；选择"不合作"策略时，保持原有收益。当加工企业选择"边境加工"策略时，在享有互市贸易进口税务红利的同时还可以获得政府的税收、信贷等支持；选择

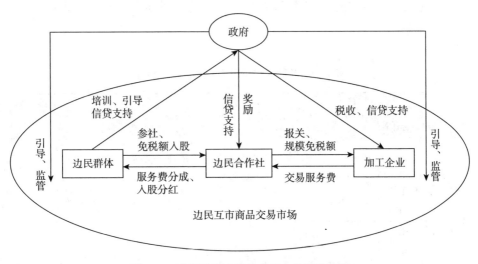

图 5-6　政策优化阶段的参与主体行为框架

"非边境加工"策略时，保持原有收益，同时还要承担相关违规风险成本。

5.4.2　模型基本假设

假设 H7：博弈系统 I_3 存在 3 类主体，即边民群体 A、边民合作社 B 和加工企业 C。群体成员均为有限理性，边民群体策略集为参与或不参与，边民合作社策略集为合作或不合作，加工企业策略集为边境加工或非边境加工。其中"参与""合作"和"边境加工"策略为积极策略。

假设 H8：边民选择"参与"的比例为 x（$0 \leqslant x \leqslant 1$），边民合作社选择"合作"的比例为 y（$0 \leqslant y \leqslant 1$），加工企业选择"边境加工"的比例为 z（$0 \leqslant z \leqslant 1$），则"不参与"的比例为 $1-x$；"不合作"的比例为 $1-y$；"非边境加工"的比例 $1-z$。

假设 H9：政府属于外部机构，不直接参与边民互市商品贸易过程，但会以政策等方式进行外部调控，如对边民合作社的奖励 h，引导金融机构对边民合作社贴息贷款，对加工企业在边境加工时给予税收优惠、信贷支持等政策红利 m。

根据假设 H7~H9，建立边民互市贸易优化流程阶段博弈支付收益矩阵，如表 5-7 所示。

表 5-7　政策优化阶段博弈支付收益矩阵

主体		边民合作社	加工企业	
			边境加工 z	非边境加工 1-z
边民群体	参与 x	合作 y	$R_1+r_1+r_2$, R_3+r_3+h+k, R_3+b+m	$R_1+r_1+r_2$, R_2+r_3+h+k, $R_3+b-\theta P$
		不合作 1-y	R_+r_1, R_2, R_3+b-C_1	R_1+r_1, R_2, $R_3+b-C_1-\theta P$
	不参与 1-x	合作 y	R_1, R_2, R_3	R_1, R_2, R_3
		不合作 1-y	R_1, R_2, R_3	R_1, R_2, R_3

支付收益矩阵中的参数定义如表 5-8 所示。

表 5-8　支付收益矩阵中的参数说明

博弈主体	参数	含义
边民群体	R_1	边民不参与边民互市贸易的原本收益
	r_1	边民参与互市贸易获得的交易服务费收益分成
	r_2	边民通过合作社参与互市贸易的合作社分红
边民合作社	R_2	边民合作社不参与互市贸易的原本收益
	r_3	合作社带领边民参与互市贸易获得的交易服务费收益分成
	h	政府给予合作社的奖励
	k	边民合作社在金融机构获得免息贷款的收益
加工企业	R_3	加工企业不参与边民互市贸易的原本收益
	C_1	加工企业不通过边民合作社整体报关产生的通关成本
	b	加工企业通过互市贸易进口商品获得的税收红利
	m	加工企业在边境加工时获得的政府税费优惠等政策红利
	P	加工企业在非边境加工会因违规、涉嫌走私等带来的损失
	θ	加工企业发生损失 P 的概率

5.4.3　博弈模型的渐进稳定性分析

本书利用复制动态的方法进行博弈分析。假定边民群体选择"参与"策略时的期望值为 E_x，选择"不参与"策略时的期望值为 E_{1-x}；假定边民合作社选择"合作"策略时的期望值为 E_y，选择"不合作"策略时的期望值为 E_{1-y}；假定加工企业选择"边境加工"策略时的期望值为 E_z，选择"非边境加工"策略时的期望值为 E_{1-z}。根据表 5-8 计算，得到边民互市贸易优化阶段下边民互市贸易复制动态方程组，如方程组（5-8）所示：

$$\begin{cases} F(x) = \dfrac{\mathrm{d}x}{\mathrm{d}t} = x(1-x)(r_1 + yzr_2) \\[2mm] G(y) = \dfrac{\mathrm{d}y}{\mathrm{d}t} = y(1-y)x(r_3 + h + k) \\[2mm] H(z) = \dfrac{\mathrm{d}z}{\mathrm{d}t} = z(1-z)(xym + x\theta P) \end{cases} \qquad (5\text{-}9)$$

对方程组（5-8）求解可知，一共存在 8 个严格的纳什均衡解，即优化阶段下边民互市贸易博弈系统 I_3 存在 8 个局部均衡点，分别为 $E_1(0, 0, 0)$、$E_2(1, 0, 0)$、$E_3(0, 1, 0)$、$E_4(0, 0, 1)$、$E_5(0, 1, 1)$、$E_6(1, 0, 1)$、$E_7(1, 1, 0)$、$E_8(1, 1, 1)$。按照 Friedman（1998）[①] 提出的方法，通过分析系统的 Jacobian 矩阵 J 可判定均衡点的局部稳定性。由方程组（8），可得博弈系统 I_3 的雅克比矩阵：

$$J = \begin{bmatrix} F_{11} & F_{12} & F_{13} \\ F_{21} & F_{22} & F_{23} \\ F_{31} & F_{32} & F_{33} \end{bmatrix} \qquad (5\text{-}10)$$

其中核心判断部分 F_{11}、F_{22}、F_{33} 的值如下所示：

$$F_{11} = \frac{\partial F(x)}{\partial x} = (1-2x)(r_1 + yzr_2) \qquad (5\text{-}11)$$

$$F_{22} = \frac{\partial G(y)}{\partial y} = (1-2y)x(r_3 + h + k) \qquad (5\text{-}12)$$

$$F_{33} = \frac{\partial H(z)}{\partial z} = (1-2z)(xym + x\theta P) \qquad (5\text{-}13)$$

利用李亚普诺夫判定方法可以对三维动力系统均衡点的局部稳定性进行判断，由此得到博弈系统 I_3 的 8 个均衡点的局部稳定性分析，如表 5-9 所示。

---

① Friedman D. On economic applications of evolutionary game theory [J]. Journal of Evolutionary Economics, 1998, 8 (1): 15-43.

表 5-9　政策优化阶段下 8 个均衡点的局部稳定性判定

均衡点	(F_{11}, F_{22}, F_{33})	迹	行列式	稳定性判断
E_1 (0, 0, 0)	(+, 0, 0)	+	0	鞍点
E_2 (1, 0, 0)	(−, +, +)	不定	−	鞍点
E_3 (0, 1, 0)	(+, 0, 0)	+	0	鞍点
E_4 (0, 0, 1)	(+, 0, 0)	+	0	鞍点
E_5 (0, 1, 1)	(+, 0, 0)	+	0	鞍点
E_6 (1, 0, 1)	(−, +, −)	不定	+	鞍点
E_7 (1, 1, 0)	(−, −, +)	不定	+	鞍点
E_8 (1, 1, 1)	(−, −, −)	−		ESS

E_8（1，1，1）为边民互市贸易优化阶段下博弈系统 I_3 唯一的演化稳定策略（ESS），其余均衡点均为系统的鞍点。因此，在此种状态下，博弈系统中各参与主体的策略行为均朝着参与/合作/边境加工的方向演化，博弈系统朝着帕累托最优状态迈进，说明在边民互市贸易优化交易流程阶段，政府配套的激励监管机制有效促进了中央政策正向引导作用的发挥。该阶段边民通过合作社参与互市贸易获得了更高收益，边民群体倾向于选择"参与"策略，边民合作社选择"合作"策略；企业也在流程优化后节约了更多成本，而倾向于选择"边境加工"策略，边民互市贸易交易红利在参与主体间可以更均衡地分配，中央边贸政策更好地朝向"富民安边、产业兴边"的方向迈进。

5.4.4　数值算例分析

为验证边民互市贸易优化阶段博弈模型的准确性，同时模拟不同初始策略比例下博弈系统 I_3 的演化方向与路径，本部分同样利用 Matlab 2017a 软件对优化阶段的边民互市贸易博弈系统进行数值模拟分析，仿真迭代次数仍为 200 次。

首先对影响博弈演化均衡的参数的初始值进行设定。为便于计算讨论，假定在边民互市贸易优化交易流程阶段，边民、边民合作社和加工企业不参与互市贸易的基础收益 R_1、R_2、R_3 均为 1，以此对剩余参数的初始值进行设定。假定在交易中，边民参与互市贸易获得的交易服务费收益分成 r_1 为 1，边民通过合作社参与互市贸易的合作社分红 r_2 为 2，合作社带领边民参与互市贸易获得的交易服务费收益分成 r_3 为 1，政府给予合作社的奖励 h 为 1，边民合作社在金融机构获得免息贷款的收益 k 为 1，加工企业不通过边民合作社整体报关产生的通关成本 C_1 为 1。加工企业通过互市贸易进口商品获得的税收红利 b 为 3，加工企业在边境加工时获得的政府税费优惠等政策红利 m 为 2，加工企业在非边境加工会因违规、涉嫌走私等带来的损失 P 为 4，加工企业发生损失的概率 θ 为 50%。按照前文的推导分析，无论初始值和初始策略如何，边民互市贸易优化阶段下博弈系统 I_3 应当只有 E_8（1，1，1）一个 ESS，即均收敛到（1，1，1）点。

边民互市贸易优化阶段 I_3 的演化方向及演化路径如图 5-7 所示，其中 x、y、z 分别表示边民群体选择"参与"策略的比例、边民合作社选择"合作"

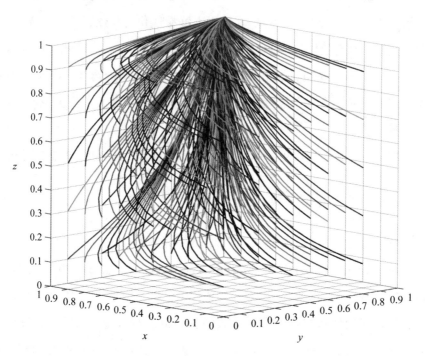

图 5-7　政策优化阶段 I_3 的演化路径

策略的比例、加工企业选择"边境加工"策略的比例。可以看出，无论系统中各博弈主体的初始策略比例如何，其最终均会演化到（1，1，1）点，形成无数条从各个方位到（1，1，1）点的演化路径，系统稳定收敛到 E_8（1，1，1），即稳定收敛到（参与、合作、边境加工）的帕累托最优稳定状态，此时边民互市贸易系统向着最有利于边民互市贸易发展的方向演化，说明在互市交易流程优化阶段，国家政策的引导、地方激励监管机制的创新，使边民群体、边民合作社以及加工企业在满足自身收益最大化的同时均倾向于选择有利于边境互市贸易发展的策略，博弈系统朝向帕累托最优状态演化。不同于初级阶段走私多发、探索落地加工阶段交易成本过高的特征，该阶段边民和合作社从参与互市贸易中获得了更高收益，企业降低了交易成本，地方政府促进了就业和增加了税收，中央政府促进了"兴边富民"宏观政策目标的实现，算例仿真的结果同样也验证了前文关于政策优化阶段 I_3 演化的渐进稳定性的分析，说明了模型推导的准确性。

5.5　本章小结

我国的边境贸易政策纵然从始至终都符合国家的大政方针，服务于国家发展战略，但不同阶段的政策微调是否都达到了政策目标缺乏科学评估，本章以复杂的边民互市贸易政策演进为例，从理论层面剖析边贸政策演进的效应。边民互市贸易政策可概括为 3 个阶段：初级走私多发阶段、中级探索落地加工阶段、高级优化交易流程阶段。本章解读了政策三阶段作用下边民互市贸易的演进过程，分别构建了 3 个阶段参与主体间的演化博弈模型，对模型进行求解并分析了各个均衡点的稳定性，最后通过 Matlab 进行数值算例分析，验证了模型推导的准确性，并得出以下结论。

（1）在政策初级阶段，E_4（1，1）为博弈系统唯一的演化稳定策略（ESS），博弈系统将朝着参与/合谋的状态演化，E_1（0，0）为博弈系统的不稳定点，其余均衡点均为鞍点。因此，在边民互市贸易初级阶段，博弈系统中边民/互助组会倾向于选择"参与"策略，企业会倾向于选择"合谋"策略。此种环境下，边民互市贸易成为不法企业的走私工具，相关监管措施不到位、激励机制不配套导致中央政策无法发挥正向效应，系统朝着不利于边民互市贸易健康发展的方向演化。

（2）在探索落地加工阶段，E_4（1，1）为博弈系统唯一的演化稳定策略，博弈系统朝着直接合作/边境加工的帕累托最优状态演化，E_1（0，0）为博弈系统 I_2 的不稳定点，其余均衡点均为鞍点。因此，在边民互市贸易探索落地加工阶段，博弈系统中边民/互助组会倾向于选择"直接合作"策略，企业会倾向于选择"边境加工"策略，说明随着国家政策调整和地方政府的配套改进，加工企业倾向于选择边境加工将更多互市贸易红利留在边境；边民/互助组选择"直接合作"策略更有利于博弈各方主体的收益。但现实交易流程中存在的越南籍商户、收购企业等中间商仍在攫取互市红利，因此结合现实该阶段只有在交易流程优化后，博弈系统才会朝向帕累托最优状态演化。

（3）在优化交易流程阶段，E_8（1，1，1）为博弈系统唯一的演化稳定策略，其余均衡点均为系统的鞍点。博弈系统中各参与主体的策略行为均朝着参与/合作/边境加工的方向演化，博弈系统朝着帕累托最优状态迈进。说明在这个阶段，国家政策的引导、地方激励监管机制的完善，使边民群体、边民合作社以及加工企业在满足自身收益最大化的同时均倾向于选择有利于边民互市贸易发展的策略。边民和合作社从参与互市贸易中获得了更高收益，企业降低了交易成本，地方政府促进了就业和增加了税收，中央政府促进了"兴边富民"宏观政策目标的实现，博弈系统朝向帕累托最优状态演化。

（4）数值仿真模拟下，无论初始种群策略行为比例如何，在边民互市贸易博弈初级阶段系统均收敛到（1，1）点，中级探索落地加工阶段系统同样收敛到（1，1）点，而在高级优化交易流程阶段博弈系统均收敛到（1，1，1）点，验证了政策3个阶段博弈模型的准确性。

通过分析3个阶段演化博弈模型可知，政策的宏观目标是"好"的，但并非必然带来"好"的市场结果。本章的理论分析表明，新时代以来的边贸政策是对边贸实践具有积极作用、有效的政策。政策的调整完善使博弈主体的策略选择在满足自身利益最大化的同时，也趋向于帕累托最优状态，即政策的改革完善促进了宏观政策目标的实现，中央的"兴边富民"政策初衷在地方政府的监管、激励和流程优化机制的不断调节配合中逐步实现，中央政府、地方政府、边民和企业在宏观目标上趋于一致。进一步地，政策演进产生影响的机制是，政府通过边贸政策调控影响人们的行为选择，抑制不利于政策目标实现的行为，激励、引导人们做出有利于政策目标实现的行为选择，从而实现边贸政策"兴边富民"的政策初衷。

第6章 新时代中国边境贸易政策对沿边地区经济绩效的影响

　　本章和第 7 章将从实证层面量化研究中国边贸政策对沿边地区经济增长及农村地区居民收入的影响。中国边境贸易政策是边境贸易发展的决定性因素，也是中国边贸特殊性与制度优越性的体现，但其政策效果如何，即边贸政策与沿边地区经济绩效改善的关联性需要进行充分验证和客观评价。沿边地区经济增长多大程度上来自边贸政策的实施？不同沿边地级市的政策效果是否存在异质性？政策效果是否受到不同边贸发展基础的影响？其影响机制是什么？这一系列问题亟待进行客观的量化研究和科学评估。边贸政策与沿边地区经济绩效改善的关联性、边贸政策的有效性需要进行充分验证和客观评价。

　　基于以上待检验的问题，本章选取 2000—2020 年我国 73 个沿边地级市（自治州、地区、盟）的面板数据为研究样本，以实施边贸政策的 21 个沿边地级市（自治州、地区、盟）为处理组，沿边省区 52 个未实施边贸政策的地级市为对照组，采用双重差分法（DID）对新时代以来边境贸易政策的实施效果、经济增长效应及作用机制进行科学检验与分析。同时，本章也运用中介效应模型验证边贸政策是否通过边境贸易这一中介变量产生作用，考察了边贸政策实施对邻近地区的溢出效应、少数民族自治地方的政策异质性以及边贸发展基础水平的高低对政策实施效果的影响。

　　本章将以 2013 年作为新时代边贸政策的冲击时点。通过第 4 章 4.3.1 节我们知道中国边境贸易政策的演进可以分为内部制度自发生长（1689—1991年）、外部制度输血扶持（1991—2008 年）、外部制度造血扶持（2008—2013

年）和外部制度综合调整（2013 年至今）4 个阶段。自 2008 年国家边贸政策由输血式变为造血式扶持，边境贸易已开始积累自我发展能力；进入新时代，国际国内发展环境发生深刻变化，国家的边贸政策也进入综合调整阶段。沿边地区开放型经济随着共建"一带一路"倡议、国际次区域合作的不断推进而深化发展，边境贸易也进入创新发展新阶段，国家对边贸的综合调整增强，边贸的创新发展成为主要方向，边境贸易在政策引导下获得了长足发展，成为沿边地区开放型经济发展的重要动力。根据国家对于边境贸易管理的要求，边贸活动被限制在边境县、边境城市，因此边贸政策的推行可以视为一种自然实验。因此，本章将外部制度综合调整阶段，即边贸发展进入新时代的 2013 年作为政策的冲击时点，首次从区域视角对边境贸易政策的实施效果进行检验，运用双重差分法识别出政策效应，为边贸政策的深化、完善提供实证和理论的支撑；同时，本章还采用层层推进的分析方式，实证检验了政策效果在不同行政区划类型、不同边贸发展基础地区的异质性及溢出效应差异，深化了对边贸政策经济效应的认识。

6.1 政策背景及研究假说

6.1.1 推行边境贸易政策的制度背景

边境贸易是我国兴边富民、推进沿边地区高水平对外开放的重要抓手。多年来，党和国家以"富民、兴边、强国、睦邻"为战略目标出台了一系列促进边境贸易发展的政策，也因此引导边境贸易进入不同的发展阶段。在我国边境贸易的发展历程中有两次重大转型：第一次是政策开启外部制度扶持阶段，自 1992 年国家做出开放 13 个沿边城市的重大决策开始，边境贸易由传统边贸向现代化、规范化边贸转型；第二次是政策进入综合调整阶段，新时代特别是 2015 年以来，我国边境贸易在综合性调控政策体系的引导下进入创新发展新时期，主要表现为边贸与落地加工相结合的产业经济发展模式。

新时代以来，国家对边境贸易的综合政策调控包括：①财税、金融扶持政策，继续拨付边境地区专项转移支付资金，支持边境建设和边境企业能力培育，在广西、云南设立沿边金融综合改革试验区等；②通关、贸易便利化建设，如2014年《国务院关于印发落实"三互"推进大通关建设方案》、2020年商务部发布的互市商品负面清单以及在全国试点13个边民互市贸易落地加工边境市（县）；③开放平台建设，如2012年开始批复设立的沿边重点开发开放试验区、2013年提出并全面推进的共建"一带一路"倡议、2015年《国务院关于支持沿边重点地区开发开放若干政策措施的意见》等；④优化开放型经济发展环境，如2013年《中共中央关于全面深化改革若干重大问题的决定》、2015年《中共中央 国务院关于构建开放型经济新体制的若干意见》、2017年《兴边富民行动"十三五"规划》等。同时，在国家的顶层设计中沿边地区的重要性逐渐凸显，中央顶层设计和地方配套政策相结合为新时代我国边境贸易打造创新、开放的发展环境，促进新时代边境贸易由"器物型"开放向制度型、创新型开放转变，为沿边地区服务和融入新发展格局发挥积极作用。

此外，根据沿用至今的《国务院关于边境贸易有关问题的通知》（国发〔1996〕002号），我国边境小额贸易的开展范围是"沿陆地边境线国家批准的对外开放的边境县（旗）、边境城市辖区内"，边民互市贸易的范围是"在边境线20千米以内"。在当前推动形成全面对外开放新格局的背景下，我国陆地边境44个边境地级市（自治州、地区、盟）都具备发展边境贸易的政策条件，因此，也就天然形成了与沿边以外地区的边贸政策准自然实验。尽管国家对不同边境地区的边贸政策保持一致，但由于经济、地理以及与毗邻国家的经贸基础等条件的不同，各边境地区的边贸发展水平具有内部差异性。这在本书第4章4.4节已做出详尽分析，此处不再赘述。另外，2008年国务院下发的《国务院关于促进边境地区经济贸易发展问题的批复》（国函〔2008〕92号）中规定，国家对边境贸易采取的专项转移支付支持政策自2009年开始在每年20亿元的基础上建立与口岸过货量等因素挂钩的适度增长机制。口岸过货量的多少代表着某一沿边地区的边贸发展基础及未来发展潜力。因此，该项转移支付政策会对不同沿边地区形成循环累进机制，维持或增大边境贸易发展的差异性。

6.1.2 理论假说

中央搞活边境贸易、兴边富民的政策引领是边境地方政府开展边境贸易的制度动力（林今淑、李光哲，2004）。边境贸易政策的推行使边贸逐渐由自发、零散、小规模、低层次逐渐发展为规范化、现代化和国际化。边贸的发展成为沿边地区对外贸易的支柱，增加了国家和地方财政收入、开辟了地方税源，促进了产业联动、边境投资和就业，从而增强了边境地方经济实力[1][2][3]。世界银行研究认为政府的干预活动可以阻碍或促进边境贸易的发展。也有学者通过实证研究发现政策优惠可以有效促进出口[4]。国内学者对中国边境贸易政策与地方经济发展的研究是在既定的政策环境下做出的定性分析，为我们的实证检验提供了理论基础。此外，边贸政策主要涉及对边境贸易的管理和促进措施，相关的财政和金融等配套措施也指向边境地区基础设施建设和边境企业能力的培育。这些将直接促进边境贸易的发展。根据第 3 章 3.2 节的理论机制分析，边贸政策通过降低边贸交易成本、优化营商环境、提高通关便利化程度促进边境贸易发展。同时，边贸发展形成的出口效应、投资效应以及收入效应等也会促进沿边地区经济增长。因此，边贸政策将通过促进边境贸易的发展来推动沿边地区的经济发展。

因此，基于上述理论和制度背景分析我们提出以下假设。

H1：边境贸易政策的实施能够有效改善边境地区的经济发展状况。

H2：边境贸易政策的实施能够促进边境贸易发展，进而在一定程度上有

---

① 杜发春. 边境贸易与边疆民族地区的经济发展［J］. 民族研究，2000（1）：61-68，111-112.

② 扎西，普布次仁. 西藏边境贸易的历史演进与现实情况分析［J］. 西藏大学学报（社会科学版），2014，29（3）：1-7.

③ 李慧娟. 民族地区开放型经济构建中的边境贸易研究［J］. 贵州民族研究，2016，37（7）：144-147.

④ 杨小娟. 我国边境贸易的影响因素和区域格局［J］. 改革，2013（6）：110-117.

效促进沿边地区的经济发展。

在第 4 章 4.4 节我们已经讨论过，受经济、地理和资源禀赋等因素的影响，边境贸易在沿边地区内部具有明显的发展差异性，因此有必要进行分区域的异质性讨论。从制度背景层面来看，《国务院关于促进边境地区经济贸易发展问题的批复》（国函〔2008〕92 号）对于转移支付资金与口岸过货量等因素挂钩的适度增长机制，将会维持或加剧边境贸易发展的差异性。基于边境贸易政策实施地区的内部差异性，考虑以下异质性：①不同的地级行政区划类型。沿边地区多为我国少数民族自治地区，国家对民族地区另有倾斜政策，且民族地区发展多较为落后，经济发展增长速度更快，政策叠加效应以及经济收敛趋势会使少数民族自治州的边贸政策溢出效应更显著。②边贸发展基础会影响边境贸易政策实施效果。根据《国务院关于促进边境地区经济贸易发展问题的批复》（国函〔2008〕92 号）的相关规定，国家财政专项转移支付是在 20 亿元资金的基础上建立了与口岸过货量等因素挂钩的适度增长机制。各沿边地区的口岸过货量反映了该地区边贸发展基础、口岸建设状况和对外贸易的综合发展能力。沿边地级市享受国家财政转移支付资金的差异部分取决于本地区的口岸过货量大小。这部分资金不仅主观表现为国家财政补贴的差异，而且暗含了沿边地方政府因边贸发展获得的税费收入差异。因此，陆地边境地级市（自治州、地区、盟）的边贸发展基础将影响边境贸易政策的实施效果。基于此，本研究提出如下假设。

H3：由于行政区划类别、边贸发展条件等因素的差异，不同沿边地级市（自治州、地区、盟）的边贸政策实施效果存在异质性。

6.2 识别策略、变量和数据

6.2.1 识别策略

根据沿用至今的《国务院关于边境贸易有关问题的通知》（国发〔1996〕002 号），我国边境小额贸易的开展范围是"沿陆地边境线国家批准的对外开放的边境县（旗）、边境城市辖区内"，因此，我国陆地边境 44 个边境地级市（自治州、地区、盟）都具备发展边境贸易的政策条件，也就天然形成了与沿边以外地区的边贸政策准自然实验。2013 年是边贸政策进行综合调整的起始年，也是推进边贸进入创新发展的新时期。本书将使用双重差分法估计新时代以来边贸综合调整政策的实施对沿边地区经济发展绩效的影响。在控制其他因素不变的基础上，双重差分法可以检验边境贸易政策实施前后，处理组和对照组经济发展状况是否存在显著差异。因此，设定模型如下：

$$Y_{ct} = \beta_0 + \beta_1 \mathrm{DID}_{ct} + \beta_2 \mathrm{control}_{ct} + \eta_c + \gamma_t + \varepsilon_{ct} \qquad (6-1)$$

其中，Y_{ct} 是因变量，包含了沿边地级市（自治州、地区、盟）实际生产总值的对数值和沿边地级市（自治州、盟）实际人均生产总值的对数值，用于衡量沿边地区经济发展绩效。

DID_{ct} 为核心解释变量，$\mathrm{DID}_{ct} = \mathrm{treatment}_c \times \mathrm{post}_t$，在样本期内，如果是实施边贸政策的地级市（自治州、地区、盟），则 $\mathrm{treatment}_c = 1$，否则为 0；当 $t \geqslant$ 2013 时，$\mathrm{post}_t = 1$，否则为 0。根据数据的可得性，本书中处理组为沿边地区实施边贸政策（开展边境贸易）的 21 个地级市（自治州、地区、盟)[1]，控制组为沿边 9 个省（自治区）没有陆地边境线的地级市[2]。

下标 c 和 t 分别表示地级市和年份。

$\mathrm{control}_{ct}$ 表示影响 GDP 且随 c 和 t 变动的控制变量。

η_c 表示地级市的固定效应，控制了影响 GDP 但不随时间变动的个体因素。

γ_t 表示时期效应，控制了随时间变化影响所有地级市（自治州、地区、盟）的时间因素。

ε_{ct} 表示随机误差项。

除特别说明以外，本书报告的是以地级市聚类的稳健标准误以避免潜在

[1] 本书根据数据的可得性选取了 21 个地级市（自治州、地区、盟）。它们是防城港市、百色市、崇左市、黑河市、佳木斯市、牡丹江市、白山市、延边朝鲜族自治州、通化市、阿拉善盟、呼伦贝尔市、巴彦淖尔市、锡林郭勒盟、红河哈尼族彝族自治州、文山壮族苗族自治州、普洱市、西双版纳傣族自治州、保山市、德宏傣族景颇族自治州、怒江傈僳族自治州、临沧市。

[2] 由于省会城市的发展基础、资源禀赋与边境地级市差异较大，控制组不包括 9 个省（自治区）的省会（首府）、非边境的 52 个地级市。

的序列相关及异方差问题。DID 交互项估计系数 β_1 为本书感兴趣的政策效应。若政策有效，则 β_1 显著为正。

为了检验边境贸易政策是否存在异质性，本书在式（6-1）的基础上进一步拓展，构建模型如下：

$$\ln PGDP_{ct} = \beta_0 + \beta_1 DID_{ct} \times minor_c + \beta_2 DID_{ct} + \beta_3 minor_c +$$
$$\beta_4 control_{ct} + \eta_c + \gamma_t + \varepsilon_{ct} \qquad (6-2)$$

$$\ln PGDP_{ct} = \beta_0 + \beta_1 DID_{ct} \times mhip_c + \beta_2 DID_{ct} + \beta_3 ship_c +$$
$$\beta_4 control_{ct} + \eta_c + \gamma_t + \varepsilon_{ct} \qquad (6-3)$$

其中，式（6-2）中的 $minor_c$ 为虚拟变量，代表是否为少数民族自治地区。若 c 地区是少数民族自治地区，则 $minor_c = 1$，反之则为 0。

在研究样本中，沿边地区开展边境贸易的少数民族自治州一共有 6 个，分别是延边朝鲜族自治州、红河哈尼族彝族自治州、文山壮族苗族自治州、西双版纳傣族自治州、怒江傈僳族自治州和德宏傣族景颇族自治州。式（6-2）主要探讨边境贸易政策效果是否受少数民族自治地区影响而存在差异。

式（6-3）中的 $ship_c$ 为口岸过货量高低，口岸过货量的高低一方面反映了当地边境贸易综合发展条件的差异性；另一方面直接影响国家财政对边境地区的专项转移支付资金的多少，代表国家边贸政策的支持力度。这两方面代表了当地对边贸政策的"消化"程度和利用程度，将直接影响政策的实施效果。本研究将 21 个地级市（自治州、盟）的口岸过货量按照大小排序分为两组①，以 21 个沿边地级市口岸过货量排序居中的第 11 位为基准。若某地级市（自治州、盟）口岸过货量大于该地级市（自治州、盟），则 $ship_c = 1$；反

① 根据数据可得性，本研究依据 2001 年、2010—2016 年《中国口岸年鉴》，统计了这 21 个边疆样本地级市包含的一类陆地边境公路口岸和铁路口岸的年度口岸过货量，并根据过货量大小排序。本研究选取一类口岸的过货量是依据 2009 年 3 月财政部下发的《关于〈边境地区专项转移支付资金管理办法〉的通知》（财预〔2009〕31 号）。该文件规定了边疆地区专项转移支付资金主要用于以下 3 个方面：边境维护和管理、改善边境地区民生、促进边境贸易发展和边境小额贸易企业能力建设。这 3 个方面都与边境贸易息息相关，特别是第三方面的细化规定"包括边境一类口岸运转，通关条件改善，边贸仓储、交通等基础设施建设；为边贸企业创造良好的生产经营环境，安排贷款贴息，支持企业技术培训、科研创新、人才引进、提升服务水平等能力建设"。具体数据见附录 B。

之则为 0，式（6-3）主要探讨不同地级市（自治州、盟）的边贸发展条件是否会影响边贸政策的效果。

为探究边境贸易政策实施是否对处理组邻近地区存在外溢性，本书设置虚拟变量 $adjac_c$，代表是否为沿边地级市的邻近市。在同样的样本期内，实施边贸政策的地级市的周边邻近地级市为 1，反之为 0。定义 $DID1_{ct} = adjac_c \times post_t$，构建如下计量模型：

$$\ln PGDP_{ct} = \lambda_0 + \lambda_1 DID1_{ct} + \lambda_2 control_{ct} + \eta_c + \gamma_t + \varepsilon_{ct} \qquad (6-4)$$

其中，处理组为实施边贸政策的地级市的周边邻近地级市，对照组是原先的对照组剔除了上述邻近地级市后的地级市。

式（6-4）中，若系数 λ_1 在统计意义上显著且为正数，则说明边境贸易政策的实施对邻近地区存在正向溢出效应。

6.2.2 变量选取

6.2.2.1 被解释变量

与张国建等（2019）[1]、黄志平（2018）[2]、梁双陆等（2021）[3] 所研究的被解释变量相一致，本书选取沿边各地级市（自治州、盟）实际生产总值的对数值（lnGDP）和人均实际生产总值的对数值（lnPGDP）来衡量沿边地级市经济发展水平。沿边各地级市 2001—2020 年实际生产总值和实际人均生产总值是以 2000 年为基准的该省区的生产总值平减指数得出。

6.2.2.2 解释变量

在样本期内实施边贸政策的地级市交互项 DID_{ct} 为核心解释变量，$DID_{ct} = treatment_c \times post_t$。$treatment_c$ 和 $post_t$ 分别为政策组别虚拟变量和时间虚拟变量。

① 张国建，佟孟华，李慧，等. 扶贫改革试验区的经济增长效应及政策有效性评估 [J]. 中国工业经济，2019（8）：136-154.

② 黄志平. 国家级贫困县的设立推动了当地经济发展吗？——基于 PSM-DID 方法的实证研究 [J]. 中国农村经济，2018，401（5）：98-111.

③ 梁双陆，兰黎娜，杨孟禹. 中国兴边富民行动促进边境地区经济增长了吗？——边境地区 136 个县的"准自然实验"分析 [J]. 广西民族研究，2021，160（4）：160-170.

若为实施边贸政策的地级市，$treatment_c = 1$，反之则取 0；当 $t \geqslant 2013$ 时，$post_t = 1$，反之则取 0。本书采用是否为少数民族自治州（$minor_c$）衡量政策效果是否在沿边地区内部存在区域差异性；采用口岸过货量高低（$ship_c$）来衡量不同沿边地区边贸发展条件；用是否为实施边贸政策的地级市的周边邻近地级市（$adjac_c$）研究政策效果的溢出效应。

6.2.2.3　控制变量

为控制外生因素的干扰，借鉴 Li et al.（2016）[1]、张国建等（2019）[2] 和王爱俭等（2020）[3] 的研究，本书选取以下控制变量：选取全社会固定资产投资与地区生产总值的比值来反映投资（inv）的影响，选取全社会消费品零售总额与地区生产总值的比值来反映消费（cons）的影响，选取政府一般预算支出与地区生产总值的比值来反映政府消费（govspend）的影响，选取居民储蓄存款余额与地区生产总值的比值来反映储蓄率（sav）的影响，选取第二产业增加值与地区生产总值的比值（industry）来反映工业化程度，选取货物进出口的对数值（lntrade）来反映对外开放程度。

6.2.2.4　其他变量/中介变量

选取边境小额贸易总额对数值（lncbt）来体现边境贸易发展水平。由于边民互市贸易整体规模远低于边境小额贸易，且边民互市贸易数据系 2015 年才纳入海关统计，受限于数据可得性和数据质量，本研究将依据边境小额贸易的发展情况进行样本数据的搜集和处理。在第 3 章我们详尽分析了边境贸易政策的演进历程及特征，"富民、兴边、强国、睦邻"是边贸政策演进的主要战略目标，促进边境贸易并以此搞活沿边经济、促进沿边开放型经济发展和深化睦邻友好关系是政策演进的动力之源，所以，边境贸易发展水平是政

① Li, P., Y. Lu, and J. Wang. Does Flattening Government Improve Economic Performance? Evidence from China [J]. Journal of Development Economics, 2016, 123 (6): 18-37.

② 张国建，佟孟华，李慧，等. 扶贫改革试验区的经济增长效应及政策有效性评估 [J]. 中国工业经济, 2019 (8): 136-154.

③ 王爱俭，方云龙，于博. 中国自由贸易试验区建设与区域经济增长：传导路径与动力机制比较 [J]. 财贸经济, 2020, 41 (8): 127-144.

策效果的直接体现，可以作为边贸政策对沿边地区经济增长产生效用的中介变量。

详细的变量说明如表 6-1 所示。

表 6-1　主要变量定义

变量类型	变量名称	变量符号	计算方法
被解释变量	地区实际生产总值	lnGDP	地区实际生产总值，取对数
	地区实际人均生产总值	lnPGDP	地区人均实际生产总值，取对数
解释变量	政策影响交互项	DID_{ct}	实施边贸政策的地级市交互项
中介变量	边境贸易发展水平	lncbt	边境小额贸易总额，取对数
控制变量	投资	inv	全社会固定资产投资/生产总值
	消费	cons	全社会消费品零售总额/生产总值
	政府消费	govspend	政府一般预算支出/生产总值
	储蓄	sav	居民储蓄存款余额/生产总值
	工业化程度	industry	第二产业增加值/生产总值
	对外开放程度	lntrade	货物进出口总额，取对数

6.2.3　数据来源及描述性统计

本书使用沿边 9 个省（自治区）73 个地级市（州、盟、地区）2000—2020 年的面板数据，来评估新时代以来边贸政策实施对沿边地区经济增长的作用。数据来自各沿边省区统计年鉴、中国经济信息网统计数据库、《中国口岸年鉴》、沿边各地级市统计公报，以及从海关统计服务部门申请的数据。缺失数据将通过插值法补齐。

表 6-2 为主要变量的描述性统计。可以看出，共有 1 509 个样本。其中，被解释变量实际生产总值的对数值（lnGDP）的均值为 14.415，中位数为 14.366，标准差为 1.035，均值和中位数相差不大，且标准差相对较小，因此数据相对离散程度较小，统计特征在合理范围之内，实际生产总

值整体分布呈均匀态势；人均实际生产总值的对数值（lnPGDP）均值为
9.679，中位数为9.662，标准差为0.894，均值和中位数相差不大，且标
准差相对较小，因此数据相对离散程度较小，统计特征在合理范围之内，
实际人均生产总值整体分布亦呈均匀态势。中介变量边境小额贸易总额对
数值（lncbt）有417个样本，其均值为5.003，中位数为5.105，标准差
为0.891，可看出其数据相对离散程度仍然较小，统计特征在合理范围之
内，边境小额贸易总额对数值整体分布呈均匀态势。表6-2还列出了其他
控制变量，包括投资（inv）、消费（cons）、政府消费（govspend）、储蓄
（sav）、工业化程度（industry）、对外开放程度（lntrade）的描述性统计，
可知，各变量的统计特征均在合理范围之内。

表6-2　主要变量的描述性统计

变量	样本数	平均值	标准差	最小值	中位数	最大值
lnGDP	1509	14.415	1.035	11.617	14.366	17.656
lnPGDP	1509	9.679	0.894	7.302	9.662	12.163
lncbt	417	5.003	0.891	2.36	5.105	6.929
inv	1509	0.475	0.454	0	0.334	4.199
cons	1509	0.371	0.175	0	0.347	1.775
govspend	1509	0.192	0.119	0	0.165	1.062
sav	1509	0.856	0.470	0	0.771	4.558
industry	1509	0.463	0.184	0.08	0.451	2.323
lntrade	1509	0.241	0.872	0	0.082	17.186

6.2.4　处理组和对照组的平行趋势检验

图6-1说明了在2013年之前，处理组和对照组具有类似的趋势，两者在
2000—2013年基本变化趋势相同。但在2013年，特别是2015年后，处理组
与控制组的差距逐渐扩大，处理组的上扬趋势更强，表明新时代以来处理组
的经济状况好于控制组。

6.2.5 变量的相关性检验

为初步判断变量之间的相关程度并进一步检验变量之间的多重共线性问题，本书进行了初步的检验。表 6-3 中列出了变量的相关系数矩阵，其中，上三角为 Spearman 相关系数，下三角为 Pearson 相关系数。从中可以看出，各变量间的相关系数均低于经典文献中 0.7 的多重共线性阈值，因此不存在严重的共线性问题。

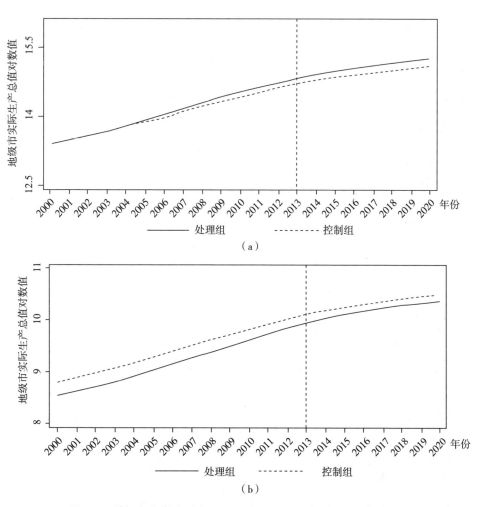

图 6-1　被解释变量分别为 lnGDP 和 lnPGDP 的平行趋势事前检验

表6-3　变量的相关系数矩阵

	lnGDP	lnPGDP	did	lncbt	inv	cons	govspend	sav	industry	lntrade
lnGDP	1	0.646***	0.285***	0.569***	-0.416***	-0.015	0.105***	-0.068***	0.116***	0.244***
lnPGDP	0.648***	1	0.176***	0.502***	-0.433***	-0.098***	-0.093***	-0.137***	0.372***	0.221***
did	0.266***	0.154***	1	0.262***	0.424***	-0.059**	0.409***	0.001	-0.153***	0.121***
lncbt	0.621***	0.466***	0.257***	1	0.161***	-0.176***	-0.082*	0.084*	0.035	0.745***
inv	-0.303***	-0.306***	0.395***	0.159***	1	-0.147***	0.216***	-0.026	-0.058**	-0.022
cons	-0.021	-0.075	-0.052**	-0.151***	-0.086***	1	0.266***	0.631***	-0.364***	0.072***
govspend	0.006	-0.142***	0.427***	-0.156***	0.230***	0.226***	1	0.364***	-0.412***	0.005
sav	-0.041	-0.075	-0.022	0.050	-0.012	0.557***	0.312***	1	-0.378***	0.134***
industry	0.129***	0.363***	-0.126***	0.080	-0.000	-0.339***	-0.374***	-0.330***	1	0.057**
lntrade	0.222***	0.094**	0.243***	0.365***	0.134***	-0.069***	0.037	0.027	0.056**	1

注：上三角为 Spearman 相关系数，下三角为 Pearson 相关系数。

*、**、***分别表示 10%、5%、1% 的显著性水平。

6.3　实证结果

边境贸易政策评估的主要实证结果分为 3 个部分：①使用 DID 的方法估计边境贸易政策对沿边地级市经济发展水平的影响；②分析了边境贸易政策在不同行政区划政策效果的异质性及对周边地区的溢出效应；③分别进行了安慰剂检验、PSM+DID 检验和其他稳健性检验。

6.3.1　基准回归结果

这部分评估边境贸易政策实施与沿边地级市（州、盟、地区）经济绩效的因果关系，以检验假设 H1。式（6-1）的基准回归结果如表 6-4 所示。第（1）列和第（4）列只包括 treatment 和 post 以及交互项，并加入了控制变量，未控制时期效应和个体效应。结果表明，边境贸易政策的实施和经济发展水平在 1% 显著水平下存在正向因果关系，即边境贸易政策会显著促进沿边地级市（州、盟、地区）的经济发展。第（2）列和第（5）列控制了时期效应，同时将个体效应控制到省级层面。可以看出与未实施边贸政策的沿边地级市相比，边贸政策显著促进了沿边地区生产总值和人均生产总值的增长。具体而言，边境贸易政策的实施使处理组比对照组平均提高了 6%，政策的经济增长效果相对明显。第（2）列和第（5）列的估计结果在正向 1% 置信水平显著，但由于个体效应只控制到省份层面，系数的估计值波动较大，结果可能存在偏误。同样地，由于第（1）列和第（4）列的估计结果并没有控制个体效应和时期效应，政策效应难以避免个体异质性以及来自年度宏观层面的经济波动，如金融危机、毗邻国家边境政策等方面影响造成的估计偏误。基准回归结果表明，边境贸易政策的实施与沿边地级市经济绩效存在显著正向相关关系。

表 6-4　基准回归结果

变量	地级市实际 GDP 对数值			地级市人均实际 GDP 对数值		
	（1）	（2）	（3）	（4）	（5）	（6）
DID	0.6027 ***	0.4747 ***	0.0589 ***	0.3027 ***	0.0900 *	0.0664 ***
	（0.1109）	（0.0857）	（0.0110）	（0.0794）	（0.0536）	（0.0105）
treatment	0.4320 ***			−0.0448		
	（0.0692）			（0.0576）		
post	0.7705 ***			1.0241 ***		
	（0.0600）			（0.0440）		
_ cons	13.9976 ***	13.9152 ***	13.4754 ***	9.0255 ***	8.6009 ***	8.7422 ***
	（0.1081）	（0.1259）	（0.0272）	（0.1805）	（0.1615）	（0.0265）
Control	是	是	是	是	是	是
省份效应		是			是	
个体效应			是			是
时期效应		是	是		是	是
R^2	0.4053	0.5574	0.9948	0.5449	0.7272	0.9931
样本数	1509	1509	1509	1509	1509	1509

注：*、**、*** 分别表示 10%、5%、1%的显著性水平。

6.3.2　异质性及溢出效应分析

由于沿边地区内部存在行政区划类别、边境贸易发展条件等因素的差异，可能会使边境贸易政策实施效果有异，因此，本书将从以下 3 个方面考察异质性：①是否为少数民族自治地区；②边境贸易发展条件是否会影响边境贸易政策效果；③边贸政策实施是否对周边地区存在溢出效应。在验证假设 H3 的同时考察边贸政策的溢出效应。

我们将①②两个变量分别与核心解释变量的交互加入回归，同时也控制了变量本身。如表 6-5 所示，第（1）列的回归结果表明，实施边境贸易政策的沿边地级市（州、盟、地区）内，少数民族自治州的政策效应增强至约 8.95%（效应为 DID 与 DID×minor 两变量的系数之和），且在 1%的置信水平上显著为正。这可能是政府对民族地区本身就实施了较多倾斜政策,如设立专项扶持资金、专项建设项目、组织发达地区的对口支援和区域帮扶等,政策叠加效应会使沿边民族地区具备更多的外部发展资源;另外,沿边民族地区的落后状态会使其具备更明显的经济收敛趋势。综合政策叠加效应和经济收敛趋势,少数民族自治州实施边贸政策的经济增长效应更为显著。

本书还考虑边境贸易发展条件是否影响边境贸易政策的实施效果,如表 6-5 第(2)列所示,交互项的系数在 1% 的统计意义下正向显著。在处理组内与口岸过货量较低的地级市相比,口岸过货量较高的地级市的政策效应显著增强,政策效应约为 10.74%(效应为 DID 与 DID×ship 两变量的系数之和)。这可能是口岸过货量高,表明该地区口岸建设状况和对外贸易的综合发展能力处于更高水平,边贸政策会使边境贸易发展基础较好的地级市进入正向循环渐进的发展轨道。同时,根据《国务院关于促进边境地区经济贸易发展问题的批复》(国函〔2008〕92 号)和《关于〈边境地区专项转移支付资金管理办法〉的通知》(财预〔2009〕31 号)的相关规定,国家财政专项转移支付资金是在 20 亿元的基础上建立与口岸过货量等因素挂钩的适度增长机制。边贸基础较好的地级市在享有国家财政每年同等 20 亿元转移支付资金支持时,还可以依据本地区较高的口岸过货量获得更多的财政转移支付资金支持。同时,这也意味着该地区可以因边贸发展获得更多的税费收入。口岸过货量较高的地级市,边贸发展基础较好。较好的边贸发展条件可以更好地"消化吸收"和利用边贸政策促进本地区的发展。如此,较好的边贸发展条件与边贸政策进入良性螺旋式上升互动进程,进而受到边贸政策的影响更深。上述结果验证了假设 H3。

关于边贸政策实施的溢出效应,从第(3)列可以看出,DID1 的系数正向显著为正,且相对较大的系数表明实施边境贸易政策的沿边地级市对邻近地区存在较为明显的正向溢出效应。这可能是沿边地级市通过边贸及其与产业的融合发展产生了产业集聚效应。邻近地级市与沿边地区在产业发展上具有前向或后向关联,使得沿边地级市受到边贸政策正向影响的同时,也通过在产业链关联和就业等方面的积极效应对邻近地级市具有较强的正向溢出效应。另外，国外研究表明，墨西哥出口制造业的增长占美国边境城市就业增长的很大一部分[1]，因此，沿边地级市的边贸发展也会给邻近地级市带来更多的就业机会、产业融合发展机遇，从而促进邻近地区的经济发展。

表6-5　异质性及溢出效应分析

变量	地级市人均实际生产总值对数值		
	（1）	（2）	（3）
DID	0.0572 *** （0.0124）	0.0299 *** （0.0111）	
DID×minor	0.0323 ** （0.0150）		
DID×ship		0.0775 *** （0.0162）	
DID1			0.0804 *** （0.0126）
R^2	0.9931	0.9932	0.9947
样本数	1509	1509	1069

注：*、**、*** 分别表示10%、5%、1%的显著性水平。

6.3.3　安慰剂检验

安慰剂检验一般是以随机选择的个体作为处理组，验证能否得到政策效应，若伪政策虚拟变量系数显著，则说明原基准回归结果不可信。即在因果效应识别中，为了识别某种政策或者冲击的影响，随机指定对照组与处理组，然后观测主要变量（交互项）的系数的分布情况。如果其核密度曲线为均值接近0的近似正态分布的曲线，则认为原有结果是稳健的，而不是随机的

---

① Hanson G H. US-Mexico integration and regional economies: evidence from border-city pairs ［J］. Journal of Urban Economics, 2001, 50 （2）: 259-287.

结果。

为了排除实施边境贸易政策的经济激励效应受到其他非观测遗漏变量的干扰，本书参考 Li et al. (2016)[①]、张华（2020）[②] 的做法，通过随机选择实施边贸政策的地级市进行安慰剂检验。本书在全样本中随机选择 24 个样本和 14 个样本作为处理组来进行间接检验，分别假设这 24 个地级市和 14 个地级市受到了边境贸易政策的影响，其他地区均为对照组。

根据估计式（6-1），DID_{ct} 系数估计值 β_1 的表达式如下：

$$\hat{\beta}_1 = \beta_1 + \lambda \frac{\text{cov}(DID_{ct}, \varepsilon_{ct} \mid \text{control})}{\text{var}(DID_{ct} \mid \text{control})} \tag{6-5}$$

式中，control 表示所有可观测的控制变量，若使 β_1 的估计无偏，则 λ 为 0。但由于难以得知 λ 的数值，因此采用张国建等（2019）[③] 的处理方法，通过模拟的方式使 DID_{ct} 不会对被解释变量产生影响，在此前提下，如果还能估计出 $\hat{\beta}_1 = 0$，则反推出 λ 为 0。

为提高可识别水平，本书将上述随机模拟过程重复了 1000 次。图 6-2（a）和图 6-2（b）报告了随机选择 24 个样本和 14 个样本作为处理组的估计系数的核密度分布图。可以发现，随机分配的估计值集中分布在零附近，位于整个分布之外。因此，反推出 λ 为零，从而证明了不存在其他随机因素影响基本结论。这也说明了随机选取的实施边境贸易政策的地级市不存在政策效应，反推出边境贸易政策的实施对处理组经济绩效产生的显著促进作用是真实存在的。综上所述，边境贸易政策的实施对沿边地区经济绩效的正向显著影响并未受到未观测到的遗漏变量的干扰。

此外，我们还进行了 P 值和 T 值的安慰剂检验。图 6-3 为 P 值分布安慰剂检验。基准 DID 回归的显著性水平在 0.001，按照此标准随机而得的 P 值

① Li, P., Y. Lu, and J. Wang. Does Flattening Government Improve Economic Performance? Evidence from China [J]. Journal of Development Economics, 2016, 123 (6): 18-37.

② 张华. 低碳城市试点政策能够降低碳排放吗? ——来自准自然实验的证据 [J]. 经济管理, 2020, 42 (6): 25-41.

③ 张国建, 佟孟华, 李慧, 等. 扶贫改革试验区的经济增长效应及政策有效性评估 [J]. 中国工业经济, 2019 (8): 136-154.

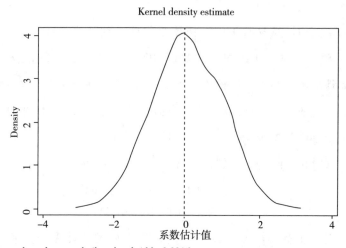

（a）随机选取24个样本为处理组

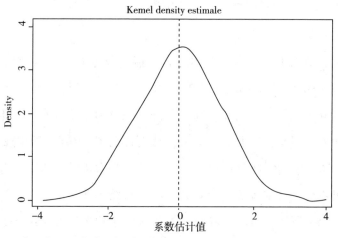

（b）随机选取14个样本为处理组

图6-2 安慰剂检验

均较大，虚构的政策和处理组显著性水平不高，证明原来的回归结果是较为稳健的。图6-4为T值分布安慰剂检验，T值绝对值越大越显著；同理，随机而得的T值绝对值均小于之前回归得出的T值-5.18，不显著，证明之前的回归结果不具有随机性。证明基准回归是稳健的。

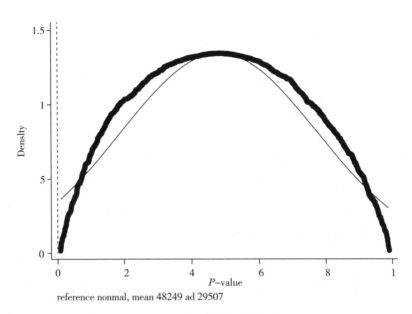

reference nonmal, mean 48249 ad 29507

图 6-3 *P* 值分布安慰剂检验

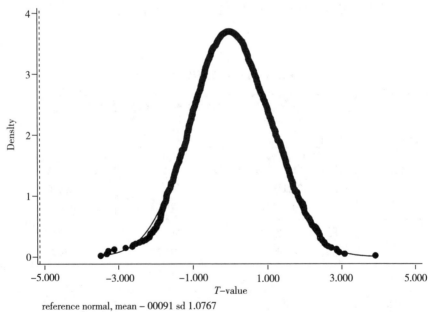

reference normal, mean − 00091 sd 1.0767

图 6-4 *T* 值分布安慰剂检验

6.3.4 PSM+DID 稳健性检验

倾向得分匹配（PSM）是使用非实验数据或观测数据进行干预效应分析的一类统计方法。PSM 的理论框架是"反事实推断模型"。该模型与双重差分法相结合可以更好地识别出政策效应。具体而言：首先，利用前文的控制变量预测各个地级市实施边境贸易政策的概率，再分别采用半径匹配、核匹配、K-近邻匹配的方法匹配对照组，使处理组和对照组在政策实施冲击时点前尽可能没有显著差异，以减少内生性问题。其次，运用 DID 方法识别出边境贸易政策的实施对沿边地级市经济发展的净影响。回归结果如表 6-6 所示，原则上，估计结果不会因匹配方法不同而产生较大差距（张国建等，2019）。从表 6-6 三种匹配方式的估计结果中可以看出，更换不同的匹配方法估计结果相差不大，且与表 6-4 中第（6）列的结果基本一致。由此可以判定，本书估计的新时代边境贸易政策的实施对沿边地级市经济绩效的显著正向影响是稳健的。

表 6-6　PSM+DID 稳健性检验

变量	地级市人均实际 GDP 对数值		
	（1）	（2）	（3）
	半径匹配	核匹配	K-近邻匹配
DID	0.0711 ***	0.0664 ***	0.0709 ***
	(0.0110)	(0.0105)	(0.0108)
_ cons	8.7307 ***	8.7422 ***	8.7307 ***
	(0.0308)	(0.0265)	(0.0172)
control	是	是	是
个体效应	是	是	是
时期效应	是	是	是
R^2	0.9932	0.9931	0.9932

变量	地级市人均实际 GDP 对数值		
	（1）	（2）	（3）
	半径匹配	核匹配	K-近邻匹配
样本数	1489	1509	1489

注:*、**、***分别表示 10%、5%、1%的显著性水平。

6.3.5 其他稳健性检验

为进一步对实证的结果进行稳健性检验，本书采取以下 3 种方式。

6.3.5.1 控制变量滞后一期

若所选变量对边境贸易政策的实施产生反向影响，则会产生一定内生性问题。为此，将所有控制变量滞后一期再进行回归，实证结果如表 6-7 所示。从中可以看出，系数符号、显著性与表 6-4 基准回归结果基本一致，再次验证了本书结论的稳健性。

6.3.5.2 剔除少数民族自治州

在异质性分析中，我们发现民族地区的边境贸易政策效应更为显著。因此，为了剔除这一异质性对地方经济绩效的影响，首先将处理组中的 6 个少数民族自治州剔除，接着利用双重差分法重新评估边境贸易政策实施的效果。表 6-7 第（2）列回归结果显示，剔除少数民族自治州后，政策影响的交互项系数变低。这表明边境贸易政策的政策效应有所减弱，同时也与上文的异质性分析结论相互印证。

6.3.5.3 更改样本时期

本书是基于 2000—2020 年的全样本进行的基准回归，然而边境贸易政策自 2013 年进入综合调整的阶段，政策冲击的前期跨度可能过长，中间可能受到"黑天鹅"事件等突发情形的影响。为确认回归结果的稳健性，调整样本考察期为 2008—2018 年，即选取边境贸易政策综合调整实施前五年和后五

年。如表6-7第（3）列所示，交互项系数在1%的统计水平上显著，且系数
与基准回归结果表6-4中第（6）列的结果基本一致，说明结果是稳健的。

表6-7 其他稳健性检验

变量	地级市实际人均生产总值对数值		
	（1）	（2）	（3）
	控制变量滞后一期	剔除少数民族自治州	更改样本时期
DID	0.0603 *** （0.0096）	0.0572 *** （0.0125）	0.0664 *** （0.0105）
_ cons	8.8154 *** （0.0265）	8.7870 *** （0.0282）	8.7422 *** （0.0265）
control		是	是
L. control	是		
个体效应	是	是	是
时期效应	是	是	是
R^2	0.9934	0.9927	0.9931
样本数	1437	1381	1509

注：*、**、*** 分别表示10%、5%、1%的显著性水平。

6.4 影响机制检验

通过第4章第4.3.2的分析我们知道，边境贸易政策的制定遵循"以中
央政策为引领，地方支持政策落实落细"的原则，中央政府满足"中性政府"
的假设，其政策目标是"富民、兴边、强国、睦邻"；国家政策目标能否落实
在于地方政府对政策的解读、配套细则以及执行力度。同时，由于地方政府
是理性"政治经济人"，可能会因地方利益而与中央政府目标偏离。新时代以
来，中央对边境贸易的政策扶持进入综合调整阶段，促进边境贸易创新发展是

政策着力点，以推进边境贸易高质量发展、沿边地区经济高水平开放。然而，对沿边地方政府边贸执行权力尚缺乏有力监督（详见第 4 章 4.5.2），地方政府是否已将中央政策执行到位尚缺乏科学的评估机制。因此，边贸政策所指向的边境贸易发展执行效果尚不明确。上一节的实证分析表明，新时代国家对于边境贸易政策的综合调整确实有利于沿边地区经济发展，但是两者的影响机制尚缺乏实证检验。由于边境贸易政策调整将直接作用于边境贸易发展，我们猜想是否通过边境贸易的发展改善了沿边地区的经济绩效？为此，我们将实证检验边境贸易这一中介变量的经济效应，以进一步验证假设 H2。

第一步，实证边贸政策实施与边境贸易发展的因果关系，回归结果如表 6-8 所示。可以看出模型估计参数符合经济含义并且显著，同时参数为正，并通过了 1% 置信水平下的显著性检验。当政策实施程度每提高 1 个单位，边境小额贸易就会增加 1.2064 个单位。这表明随着边境贸易政策的实施，边境贸易也会有效发展，同时也说明边贸政策在中央和地方两级政府的通力配合下得到了有效实施，边贸政策直接、有效地促进了边境贸易的发展。这也验证了边境贸易中介变量的有效性。这个结果符合假设 H2 和本研究之前的预期。

表 6-8　政策与边境贸易的因果关系分析

变量	(1)
	边境小额贸易
DID	1.2064 ***
	(0.1978)
inv	−0.0621
	(0.0857)
cons	−0.6606 *
	(0.3482)
govspend	−1.0878 **
	(0.4401)
sav	0.1502
	(0.1580)

续表

变量	（1）
	边境小额贸易
industry	0. 2798**
	(0. 1225)
lntrade	0. 0526***
	(0. 0122)
_ cons	4. 4224***
	(0. 1968)
R^2	0. 8626
样本数	416

注：*、**、***分别表示 10%、5%、1%的显著性水平。

第二步，为了探究边境贸易政策是否通过边境贸易间接促进了经济绩效，在第一步边境贸易政策效果识别的基础上，构建如下检验方程：

$$\ln PGDP_{ct} = \beta_0 + \beta_1 DID_{ct} + \beta_2 control_{ct} + \eta_c + \gamma_t + \varepsilon_{ct} \quad (6-6)$$

$$M_{ct} = \alpha_0 + \alpha_1 DID_{ct} + \alpha_2 control_{ct} + \eta_c + \gamma_t + \varepsilon_{ct} \quad (6-7)$$

$$\ln PGDP_{ct} = \varphi_0 + \varphi_1 DID_{ct} + \varphi_2 M_{ct} \varphi_3 control_{ct} + \eta_c + \gamma_t + \varepsilon_{ct} \quad (6-8)$$

其中，M 为中介变量，表示边境贸易发展程度（lncbt）；β_1 表示政策总效应；φ_1 表示直接效应。

前文 β_1 和 α_1 已验证是显著为正，依据检验方法，若回归中 φ_1 和 φ_2 均显著，即可认为边境贸易政策对经济绩效改善存在着中介效应，且是通过边境贸易这个中介变量影响的。为进一步检验中介的有效性，本书还进行了 Sobel 检验。

将边境贸易发展水平（lncbt）作为中介变量对式（6-8）进行检验，结果如表 6-9 所示：在不加任何中介变量的情况下，第（1）列的基准回归结果表明政策效应为 6.64%；在加入边境贸易发展水平 lncbt 这个中介变量后，φ_1 在 1%的统计水平上显著且系数变大，φ_2 在 1%的统计水平上显著且为正，表明新时代边境贸易政策对经济绩效改善存在着中介效应，且中介变量为边境贸易 lncbt。最后，本书构造 Sobel 统计量，对中介变量的系数再次检验，得到标准误 S 为 0.02115328、P 值为 0.0000021，通过了 1% 水平的显著性检验，再次验证了中介变量的有效性。以上结果充分证明了假设 H2 边贸政策的实施能够显著促进边境贸易发展，进而在一定程度上有效地促进了沿边地区的经济发展。

通过上述分析可以知道，边境贸易政策对经济绩效改善存在着中介效应，且是通过边境贸易这个中介变量进行影响，在实际中可以理解为中央对边境贸易的治理理念、政策目标在地方政府配套细则下得到了良好的实施。新时代以来的边贸政策有效促进边境贸易和沿边地区经济的发展，取得了较好的经济效应。

表 6-9　影响经济绩效的中介效应检验

变量	（1）lnPGDP	（2）lnPGDP
DID	0.0664 *** (0.0105)	1.8480 *** (0.0531)
lncbt		0.0832 *** (0.0150)
inv	−0.0137 * (0.0075)	−0.0087 (0.0154)
cons	−0.0323 (0.0231)	−0.1224 (0.0794)
govspend	−0.0227 (0.0322)	−0.4430 *** (0.1061)
sav	−0.0451 *** (0.0099)	−0.0214 (0.0319)
industry	0.0631 * (0.0349)	0.0177 (0.0276)
lntrade	−0.0020 (0.0024)	−0.0084 *** (0.0032)

续表

变量	(1)	(2)
	lnPGDP	lnPGDP
_cons	8.7422*** (0.0265)	8.2172*** (0.0804)
R²	0.9931	0.9924
样本数	1509	416

注：*、**、***分别表示10%、5%、1%的显著性水平。

6.5 结论

制度安排是中国边境贸易的典型特征。边境贸易政策的演进在我国边贸发展历程中起着决定性作用。国家边贸政策的实施使边境贸易由自发、零散走向规范化、现代化；新时代以来，中央边境贸易政策进入综合调整阶段，旨在促进边境贸易创新发展、提升沿边开放型经济发展水平。但是，其政策效果如何有待量化分析和科学验证。为此，本书以2013年为时间节点，将沿边地区边贸政策的实施作为一次自然实验，采用双重差分法（DID）、中介效应研究识别了边境贸易政策的实施与沿边经济增长的因果效应以及政策的有效性。研究结果表明：

（1）新时代边境贸易政策的实施对沿边经济增长具有显著正向影响。使处理组比对照组提高约6%。此结论通过了安慰剂检验、PSM+DID检验、控制变量滞后一期稳健性检验、剔除少数民族自治州稳健性检验、更改样本时期稳健性检验等多个识别假设检验和稳健性检验，说明结果是稳健的，边境贸易政策的实施对沿边地区经济发展具有正向促进作用。

（2）异质性分析表明，少数民族自治州的政策效应强于非少数民族自治州。政策的叠加效应使少数民族自治州的政策效应增强至约8.95%，既有的国家对民族自治地方的倾斜政策以及落后地区的经济收敛趋势，使该地区边贸政策的正向经济效应更为显著。此外，沿边地区边贸发展条件的差异也会影响政策的实施效果。相较于口岸过货量较低的地级市，口岸过货量较高的沿边地区政策效应更为显著，政策效应约为 10.74%。边贸发展基础较好的沿边地区，"消化吸收"边贸政策的能力更强，受边境贸易政策的影响更深，也能更好利用边贸政策促进本地区的经济发展。

（3）政策外溢性分析表明，受益于边境贸易政策的沿边地级市（州、盟、地区）也对周边地区产生了正向溢出效应。边境贸易政策不仅使沿边地区受益，而且对邻近地区产生了积极有效的辐射。

（4）影响机制分析方面，通过中介效应检验发现边境贸易政策的实施对边境贸易发展具有显著的正向影响。这表明中央政府的边贸政策得到了有效实施。同时，边境贸易政策对经济绩效改善存在着中介效应，且是通过边境贸易这一中介变量影响的。中介效应系数皆在 1% 的统计水平上显著，同时中介变量通过了 Sobel 检验。因此，边境贸易政策的实施能够促进边境贸易发展，进而在一定程度上有效促进沿边地区的经济发展。

以上结论也带给我们一些政策启示：一是沿边地区落后于我国其他地区，边贸政策对其发展积极而显著的作用启示我们要进一步改革、完善边贸政策，政策制定要与时俱进、因地制宜，契合新时代沿边融入和服务新发展格局的战略要求。二是异质性分析表明边贸政策在民族地区的政策效应更强，但通过第 4 章 4.4 节的分析我们知道，这些沿边民族地区的边境贸易绝对量比较小。因此，要加大边贸政策对沿边民族地区的扶持力度，深化边境贸易与民族地区特色农产品加工业、文化旅游业和民族手工艺品加工业等方面的联动发展，在新时代推进民族地区工作中发挥积极作用。三是边贸政策在边贸发展基础较好的沿边地区影响更为显著，也与第 4 章 4.4 节的分析相互印证。边境贸易在沿边内部的发展不平衡性也给边贸政策的执行和实施提出了政策要求。我们鼓励一部分沿边地区积极利用区位优势、政策红利搞好边境贸易，同时，也要及时总结这些地区的边贸发展经验并推广到沿边其他地区，助力更多沿边地区利用边贸开放优势形成发展特色、发展优势。四是边贸政策对周边邻近地区的溢出效应也启示我们，沿边地区可以利用边境贸易发展，"边贸+落地加工""边贸+物流"等产业联动发展模式与周边地区建立前向、后向联系，在产业集聚和吸纳本地劳动力就业等方面发挥积极作用。这也为沿边地区以边境贸易为发展引领，构建联动内外的产业链、供应链埋下伏笔。

第7章　中国边境贸易政策对沿边农村
居民收入增长的影响

　　为了科学评估边境贸易政策的有效性，第6章我们实证了边境贸易政策与沿边地区经济增长的因果关系，同时中介效应检验也证明了边贸政策是通过促进边境贸易的发展这一传导路径，促进沿边地区的经济增长。边贸政策的初衷是"兴边富民"，因此，有必要考察边境贸易政策对沿边地区居民收入的影响。本章将以边境贸易作为边贸政策的代理变量，从实证的角度深入探讨边境贸易政策与边境地区居民收入增长的内在关系。具体而言，本章采用实施边贸政策的15个沿边地级市2003—2020年面板数据，运用面板固定效应模型探讨边境贸易与农村居民可支配收入之间的关系。边境偏远农村地区是边境贸易最初产生与发展的地区。边境贸易对边境贫困社区的减贫作用在全世界的边境地区具有普遍性，也得到了普遍的认可，在一些实地调研报告中也都有相关的印证（详见第1章）。边境贸易对农村居民收入增长的积极意义是边境贸易政策的初心所在，也是新时代扎实推进共同富裕、提高低收入群体收入的具体实践。承接第6章实证边贸政策和边境贸易对地区经济增长的积极意义，即"兴边"的宏观表现，本章主要是验证其对沿边地区农村居民的收入增长效应，即"富民"的微观表现。

　　受限于数据可得性，本章将以边境小额贸易数据考察边境贸易政策对沿边地区农村居民的收入增长效应。由前文可知，在我国，边境贸易主要有边境小额贸易和边民互市贸易两种形式。其中，边境小额贸易的主体为企业，自产生之初就作为沿边地区重要的对外贸易方式而受海关监管、统计，因此统计数据时间跨度长、相对完整；边民互市贸易的主体为沿边地区居民，是对边境地区民间贸易往来传统的继承，其体量小、民间性、生活性等特点注定了经济统计的困难。近年来，随着边民互市贸易的规模化、产业化发展，边民互市贸易量逐渐具备规模，但 2015 年开始才在部分沿边地区纳入海关统计。有必要说明的是，由于边民互市贸易尚属于海关监管方式而非贸易方式，互市贸易数据的公开属于海关自由裁量范围。加之，近年来曾因互市贸易数据披露而引发邻国与我国的外交事件，触及沿边稳定安全与国家安全问题，本书所使用的边民互市贸易将不能直接呈现，且时间跨度为 2015—2020 年。本章所使用的边境小额贸易数据时间跨度为 2003—2020 年，因此不能将边民互市贸易数据和边境小额贸易数据累加为边境贸易总额来实证其收入增长效应。受限于数据可得性，本章将运用实施边贸政策的 15 个沿边地级市 2003—2020 年面板数据，实证边境贸易政策对农村居民人均可支配收入的增长效应。

目前，鲜有文献从实证的角度研究边贸政策对沿边农村居民收入增长的影响，更少有文章将数据的颗粒度精确到沿边地级市层面研究两者的内在关系。"兴边富民"内含于边贸政策的目标之中，其战略指向是边境欠发达地区的繁荣发展问题。边境贸易是"兴边富民"战略的重要抓手，因此，实证边境贸易对边境地区农村居民的收入增长的作用可以为边贸政策和边贸发展提供理论支撑与参考，并具有重要的理论与现实意义。

7.1　研究假说

从对全球其他地区的边境贸易调查的结论可知，边境贸易对边境社区尤其是对穷人的减贫效果显著①②③④⑤⑥。从中国边境贸易发展的具体实践来看，边贸政策是边境贸易发展的决定性因素，边贸的发展状况是政策的直接体现，两者联系紧密。因此可以将边境贸易发展状况作为边贸政策的代理变量，以边贸发展的经济效应体现政策的经济效应。

政策主导下的边境贸易与边境地区居民的生活、就业等方面紧密相关。边境小额贸易和边民互市贸易的开展与边境地区居民最直接的联系是增加当地居民就业、扩大当地产业规模和促进对外贸易。从积极的层面来看，边境贸易主要通过就业效应和收入分配效应促进农村居民收入提高。一方面，边境贸易的发展为沿边地区农村剩余劳动力的转移提供了大量的就业机会，从而有利于提高农村居民收入水平；另一方面，边境贸易促进了我国劳动密集型产品的出口，从而增加了生产这一部分产品的工人，特别是该产业中占据较大比例的农民的收入得到提高。因此，上述分析使我们可以初步推断边境贸易与边境地区居民收入具有相关关系，且随着近些年边境地方政府引导边境贸易与沿边地方产业发展互促互动式的发展，这种相关关系具有增强的趋势。此外，通过第 4 章 3.4 节对边境贸易发展特征的分析我们知道，边境贸易在沿边地区内部表现出较明显的占本省区对外贸易比重、发展体量和发展趋势的差异，因此在沿边省区内部，边境贸易发展水平的高低也会影响农村居民可支配收入。

基于以上分析，我们提出假设：

① Anderson J B, Gerber J. Fifty years of change on the US-Mexico border: Growth, development, and quality of life [M]. Austion: Tx University of Texas Press, 2007.

② Mukhina I. New losses, new opportunities: (Soviet) women in the shuttle trade, 1987-1998 [J]. Journal of Social History, 2009: 341-359.

③ Phadungkiati L, Connell J. Social networks as livelihood strategies for small-scale traders on the Thai-Lao border [J]. Australian Geographer, 2014, 45 (3): 375-391.

④ Wrigley-Asante C. Women in ties: Informal social networks among women in cross-border trading in accra, ghana [J]. Gender Issues, 2018, 35 (3): 202-219.

⑤ Karrar H H. Between border and bazaar: Central Asia's informal economy [J]. Journal of Contemporary Asia, 2019, 49 (2): 272-293.

⑥ Elsing S. Navigating small-scale trade across Thai-Lao border checkpoints: Legitimacy, social relations and money [J]. Journal of Contemporary Asia, 2019, 49 (2): 216-232.

H1：边境贸易政策的实施有利于沿边地区农村居民可支配收入的增长。

H2：边境贸易发展水平较高的沿边省份，边贸政策将更有利于促进农村居民可支配收入的增长；反之，边贸政策对沿边农村居民收入的增长效应相对不显著。

7.2　研究设计

7.2.1　样本和数据来源

本节核心解释变量来自各沿边省区统计年鉴、统计公报、各沿边地区政府以及海关统计分析部门，存在的缺省值均通过多重插值法补齐。被解释变量和控制变量主要来自《中国城市统计年鉴》《中国县域统计年鉴》、各省历年统计年鉴、EPSDATA 数据库、CNKI 中国大数据研究平台、中国经济信息网统计数据库和各地级市（州）统计公报等，个别缺值均通过多重插值法补齐。

根据沿用至今的国务院发布的《国务院关于边境贸易有关问题的通知》（国发〔1996〕002 号），我国边境小额贸易的开展范围是"沿陆地边境线国家批准的对外开放的边境县（旗）、边境城市辖区内"，因此，我国陆地边境 44 个边境地级市（自治州、地区、盟）都具备发展边境贸易的政策条件，但由于我国陆地边境地理条件的差异，并非所有的沿边地级市都具备开展边境贸易的自然条件，且受限于数据可得性，最终，本节选取的数据为 2003—2020 年中国沿边 15 个地级市（州、盟）① 的面板数据。在剔除一些存在问题的样本后，最终得到 269 个样本观测值。

---

① 这 15 个边境地级市（州、盟）从南至北依次为防城港市、崇左市、百色市；文山壮族苗族自治州、普洱市、西双版纳傣族自治州、临沧市、保山市、德宏傣族景颇族自治州；阿拉善盟；黑河市、佳木斯市、牡丹江市；延边朝鲜族自治州、白山市。

7.2.2　变量定义

7.2.2.1　解释变量

边境贸易依存度（opcbt）。第 6 章的中介模型检验了边贸政策与边境贸易的强中介关系，因此，本章将边境贸易发展情况作为边贸政策的代理变量，以边贸依存度表示边境贸易发展情况。边贸依存度以边境小额贸易量占 GDP 的比值来表示，用以衡量边境贸易在某一沿边地区的发展水平，并作为边贸政策实施效果的代理变量。此外，结合第 3 章 3.2.5 的理论机制分析及沿边地区 30 多年来的开放发展实践，边境贸易政策实施通过促进边贸发展，促进边贸与沿边地区的产业结构提升、劳动力就业，我们可以假设，沿边农村居民可支配收入随着边贸政策的实施而增长。

7.2.2.2　被解释变量

农村居民人均可支配收入（lnrural）。农村居民人均可支配收入是全面反映农村居民收入水平的重要指标。在国家统计局制定的统计标准中，农村居民人均可支配收入既包括现金收入，也包含实物收入，同时也扣除了相应的费用。边境贸易的区域框定使广大边境农村地区居民以直接贸易或就业等方式参与边境贸易，因此对农村地区居民的收入可假定为正向影响。为了降低数据的波动性，本章中的农村居民人均可支配收入是对 15 个沿边地级市 2003—2020 年农村居民人均可支配收入数据取对数而得。

7.2.2.3　控制变量

参照以往相关文献的研究①②③，本书控制了以下特征变量：①投资

---

①　孙永强，万玉琳. 中国对外贸易与城乡居民收入差距的关系研究——基于 1978—2008 年省际面板数据的实证分析 [J]. 经济经纬，2010（6）：46-51.

②　魏浩，赵春明. 对外贸易对我国城乡收入差距影响的实证分析 [J]. 财贸经济，2012（1）：78-86.

③　刘东. 对外贸易对城乡居民消费差距的影响——基于省级面板数据的实证检验 [J]. 投资研究，2018，37（12）：145-154.

(inv)，以全社会固定资产投资占 GDP 的比重表示。②金融发展程度（sav），以各地区居民人民币储蓄存款余额占 GDP 的比重来衡量。③市场化程度（market），以第三产业增加值在 GDP 占比衡量。④工业化程度（industry），地区工业化水平影响居民的就业和生活水平，以第二产业增加值占 GDP 的比重衡量。⑤地区经济发展水平（lnGDP），本书用各地区 GDP 的对数值表示。

7.2.2.4 其他变量/替换解释变量

对外贸易依存度（lnoptrade）。边境贸易作为一种国际贸易方式包含于对外贸易之中，两者有类似特征，因此，我们利用对外贸易依存度代替边贸依存度做稳健性检验，以样本地区当年货物进出口总额占 GDP 的比重表示，在模型中将对外贸易依存度的数值取自然对数。

详细的变量说明见表 7-1。

表 7-1　主要变量定义

变量类型	变量名称	变量符号	计算方法
被解释变量	农村居民可支配收入	rural	农村居民可支配收入，取对数
解释变量	边境贸易依存度	opcbt	边境小额贸易/GDP
替换解释变量	对外贸易依存度	lnoptrade	各地区当年货物进出口总额/GDP，取对数
控制变量	投资	inv	全社会固定资产投资/GDP
	金融发展程度	sav	各地区居民人民币储蓄存款余额/生产总值
	市场化程度	market	第三产业增加值/GDP
	工业化程度	industry	第二产业增加值/GDP
	地区经济发展水平	lnGDP	地区 GDP，取对数

7.2.3　模型设定

本书首先对样本数据进行了 F 检验，发现 P 值小于 0.05，说明固定效应模型更加合适；然后进行了豪斯曼检验，P 值同样小于 0.05，证明固定效应更加合适（见表 7-2）。

表 7-2　回归模型选择的检验结果

F 检验：以 lnrural 为被解释变量	豪斯曼检验：以 lnrural 为被解释变量
H_0：all u _i=0：	H_0：difference in coefficients not systematic
F（14, 248）= 9. 43	chi2（6）= 24. 61
Prob >F=0. 0000	Prob >chi2=0. 0004

注：以 opcbt 为解释变量选择固定效应模型还是随机效应模型的检验结果。

因此，本书使用固定效应模型来对边贸依存度对农村居民可支配收入的影响进行分析。其中，以边境贸易依存度为解释变量，以对外贸易依存度为被解释变量，其使用的模型公式为：

$$\text{lnrural}_{i,\,t} = \beta_0 + \beta_1 \text{opcbt}_{i,\,t} + \sum \varphi_i \text{Controls}_{i,\,t} + \mu_i + \varepsilon_{i,\,t} \qquad (7\text{-}1)$$

其中，$\text{lnrural}_{i,\,t}$ 代表 t 年份 i 地区的农村居民可支配收入。核心解释变量 $\text{opcbt}_{i,\,t}$ 表示 t 年份 i 地区的边贸依存度。模型（7-1）中的 $\text{Controls}_{i,\,t}$ 为控制变量，包括对外贸易依存度（lnoptrade）、投资（inv）、金融发展程度（sav）、市场化程度（market）、工业化程度（industry）和地区经济发展水平（lngdp）。模型（7-1）中，下标 i 和下标 t 分别表示地区个体和年份；β_0 代表截距项，β_1 表示解释变量的回归系数，φ_i 表示控制变量的回归系数；μ_i 表示地区层面上的固定效应；$\varepsilon_{i,t}$ 表示残差项。

7.2.4　异方差检验

统计学中，BP 检验（Breusch – Pagan test）又称为白噪声检验（white noise test），是用于检查回归模型中是否存在同方差或异方差性问题的工具。BP 检验的核心思想在于检测线性回归模型的残差的异方差性问题，即使用残差的方差与自变量之间的关系作为异方差问题的指标，BP 检验的原假设为残差的方差与自变量之间无关（即不存在异方差问题），备择假设为存在异方差问题。显然，一个回归模型的异方差性问题不仅会导致估计值不准确，而且会对估计值的精度产生一定的影响。因此，进行 BP 检验是非常重要的。但是 BP 检验假设条件方差函数为线性函数，忽略了高次项。为此，怀特检验在

BP 检验的辅助回归中加入了所有的二次项（含平方项和交叉项），以进一步地对回归模型中是否存在异方差问题进行检验。

本书通过 STATA 17.0 软件对回归模型进行了 BP 检验和怀特检验。为初步考察是否存在异方差，首先画出残差与拟合值的散点图，如图 7-1 所示。我们可以发现拟合值较小，扰动项的方差较小，大致判断不存在异方差。进一步地我们分别进行了 BP 检验和怀特检验，结果如表 7-3 所示：BP 检验的 F 统计量 0.01，对应的 P 值为 0.9124，支持原假设；怀特检验的 F 统计量 9.37，对应的 P 值为 0.9993，支持原假设；故模型不存在异方差性，回归模型相对稳健。

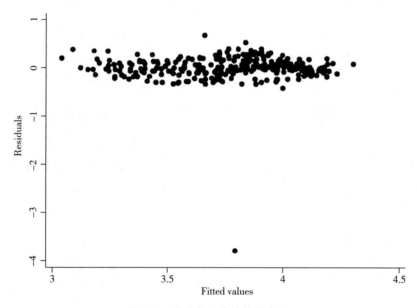

图 7-1 残差与拟合值的散点图

表 7-3 异方差检验

统计量/检验	BP 检验	怀特检验
F 统计量	0.01	9.37
P 值	0.9124	0.9993

7.2.5　平稳性检验

如果一个时间序列不是平稳过程，则称为"非平稳序列"。在确定性趋势、结构变动、随机趋势 3 种情况下，都有可能出现非平稳序列。我们称平稳的时间序列为"零阶单整"，记为 I（0）。如果时间序列的一阶差分为平稳过程，则称为"一阶单整"，记为 I（1），也称为"单位根过程"。对于 I（0）序列，由于它是平稳的，所以长期而言有回到其期望值的趋势。这种性质被称为"均值回复"。而非平稳的 I（1）序列则会"到处乱跑"，没有上述性质。非平稳序列会造成自回归系数向左偏向于 0、传统的 t 检验失效、两个相互独立的单位根变量出现伪回归或伪相关问题。

我们在使用面板数据做计量分析进行拟合模型之前，首先需要对数据的平稳性进行检验，检验数据平稳性最常用的办法是单位根检验。本书通过 LLC、HT、Breintung、IPS、费雪式和 Hadri LM 等 6 种面板数据单位根的检验方法进行样本的面板单位根检验。结果如表 7-4 所示，LLC 检验的偏差校正统计量的值为-5.68，对应的 P 值为 0.00，小于 0.01，所以在 1% 的显著性水平下拒绝原假设，认为面板数据为平稳过程；HT 检验的 Z 统计量的值为-20.82，对应的 P 值为 0.00，小于 0.01，所以在 1% 的显著性水平下拒绝原假设，认为面板数据为平稳过程；Breintung 检验的 λ 统计量的值为-1.42，对应的 P 值为 0.08，小于 0.10，所以在 10% 的显著性水平下拒绝原假设，认为面板数据为平稳过程；IPS 检验的 Z-t-tilder-bar 统计量为-5.98，对应的 P 值为 0.00，小于 0.01，所以在 1% 的显著性水平下拒绝原假设，认为面板数据为平稳过程；费雪式检验的 Pm 统计量的值为 7.89，对应的 P 值为 0.00，小于 0.01，所以在 1% 的显著性水平下拒绝原假设，认为面板数据为平稳过程；Hadri LM 检验的 Z 统计量的值为-0.68，对应的 P 值为 0.75，可以同意"所有面板单位均为平稳过程"的原假设——这与上面 5 种检验方法的结果有所不同，但结果同样认为面板数据为平稳过程。

表 7-4　平稳性检验

统计量/检验	LLC 检验	HT 检验	Breintung 检验	IPS 检验	费雪式检验	Hadri LM 检验
统计量	偏差校正统计量	Z 统计量	λ 统计量	Z-t-tilder-bar 统计量	Pm 统计量	Z 统计量
统计量的值	-5.68	-20.82	-1.42	-5.98	7.89	-0.68
P 值	0.00	0.00	0.08	0.00	0.00	0.75

7.3　实证结果及分析

7.3.1　描述性统计分析

表 7-5 为主要变量的描述性统计。可以看出，共有 269 个样本，其中农村居民可支配收入的对数值（lnrural）的均值为 3.746 23，中位数为 3.796 33，标准差为 0.397 98，均值和中位数相差不大，且标准差相对较小，因此数据相对离散程度较小，统计特征在合理范围之内，城镇居民可支配收入整体分布呈均匀态势。核心解释变量边贸依存度（opcbt）的均值为 0.141 86，中位数为 0.039 55，标准差为 0.340 71，可看出其数据相对离散程度仍然较小，统计特征在合理范围之内，边贸依存度的整体分布呈均匀态势。替换解释变量对外贸易依存度（lnoptrade）的均值为-1.818 38，中位数为-2.143 46，标准差为 1.563 97，同理可以看出其数据相对离散程度仍然较小，统计特征在合理范围之内，对外贸易依存度的整体分布呈均匀态势。表 7-5 还列出了其他控制变量，包括投资（inv）、金融发展程度（sav）、市场化程度（market）、工业化程度（industry）、地区经济发展水平（lnGDP）的描述性统计，结果表明各个变量的各项统计特征均在合理范围之内。

表 7-5　主要变量的描述性统计

变量	N	MEAN	SD	MIN	MEDIAN	MAX
lnrural	269	3.74623	0.39798	0	3.79633	4.38167

续表

变量	N	MEAN	SD	MIN	MEDIAN	MAX
opcbt	269	0.14186	0.34071	0	0.03955	4.38366
lnoptrade	269	−1.81838	1.56397	−4.53783	−2.14346	3.92069
inv	269	0.77707	0.39159	0	0.76711	2.66989
sav	269	0.79439	0.32265	0	0.73701	2.54471
market	269	46.56335	10.12143	27.47	45.01	81.58
industry	269	0.38544	0.20755	0.11705	0.34731	2.32269
lnGDP	269	6.52933	0.35514	5.56348	6.58955	7.13612

7.3.2 相关性分析

7.3.2.1 Pearson 系数和 Spearman 系数检验

为初步判断变量之间的相关程度并进一步检验变量之间的多重共线性问题，本书进行了初步的检验。表 7-6 中列出了变量的相关系数矩阵，其中上三角为 Spearman 相关系数，下三角为 Pearson 相关系数。可以看出，各变量间的相关系数均低于经典文献中 0.7 的多重共线性阈值，因此不存在严重的共线性问题。

表 7-6　变量间的相关性分析结果

变量	lnrural	opcbt	lnoptrade	inv	sav	market	industry	lnGDP
lnrural	1	0.018	0.220 ***	0.459 ***	0.222 ***	0.316 ***	0.054	0.746 ***
opcbt	0.044	1	0.739 ***	−0.176 ***	0.116 *	−0.094	−0.135 **	−0.130 **
lnoptrade	0.144 **	0.753 ***	1	−0.080	0.401 ***	0.055	−0.140 **	0.076
inv	0.364 ***	−0.027	−0.071	1	−0.115 *	−0.048	0.304 ***	0.470 ***
sav	0.138 **	0.120 **	0.057	0.024	1	0.416 ***	−0.476 ***	0.101 *
market	0.216 ***	−0.109 *	−0.055	0.020	0.381 ***	1	−0.498 ***	0.230 ***

变量	lnrural	opcbt	lnoptrade	inv	sav	market	industry	lnGDP
industry	0.102 *	0.519 ***	0.496 ***	0.219 ***	-0.191 ***	-0.369 ***	1	0.148 * *
lnGDP	0.651 ***	-0.080	0.063	0.364 ***	0.039	0.236 ***	-0.008	1

注：*、**、*** 分别表示 10%、5%、1% 的显著性水平；上三角为 Spearman 相关系数，下三角为 Pearson 相关系数。

7.3.2.2　方差膨胀因子检验

方差扩大（膨胀）因子法是通过考察给定的解释变量被方程中其他所有解释变量所解释的程度，判断是否存在多重共线性的一种方法。方程中的每一个解释变量都有一个方差膨胀因子（Variance Inflation Factor，VIF）。它反映的是多重共线性在多大程度上增大估计系数方差的指标。在完全不存在多重共线性的情况下，方差膨胀因子接近于 1；然而在实践中用得更多的标准是，当 VIF 值大于 10 时，就认为变量之间具有强烈的多重共线性，不能接受，其余就是在可接受的范围内。

本节采用方差膨胀因子检验进行多重共线性的检验。检验结果如表 7-7 所示，可以看出主要变量的方差膨胀因子均在 1~2，最大的是变量 industry 的方差膨胀因子，值为 1.81；最小的是 lnGDP 的方差膨胀因子，为 1.23。所有主要变量的 VIF 值均小于 10，因此变量之间不存在严重的多重共线性问题，本书的实证回归模型是可靠的。

表 7-7　方差膨胀因子检验

变量	方差膨胀因子	方差膨胀因子的倒数
opcbt	1.53	0.653181
inv	1.26	0.794314
sav	1.26	0.793866
market	1.40	0.712559
industry	1.81	0.553094

变量	方差膨胀因子	方差膨胀因子的倒数
lnGDP	1.23	0.811617
平均值	1.42	0.719772

7.3.3 基准回归分析

根据公式（7-1），本书利用固定效应模型对边贸依存度对沿边地区农村居民可支配收入的影响进行回归分析，如表7-8第（1）列所示。模型估计参数符合经济含义并且显著，同时参数为正，并通过了5%的显著性检验，边贸依存度每提高1个单位，农村居民可支配收入就会增加0.143个单位。这说明随着边境贸易的发展，当地农村居民人均可支配收入也会增长，边贸政策有效促进了沿边地区农村居民收入的增长。这个结果符合假设H1和本书之前的预期。经典斯托尔珀—萨缪尔森定理（S-S理论）分析认为，对外贸易可以通过关税保护政策提高劳动要素收入或者资本要素收入。结合S-S理论，边境贸易的发展对边境农村居民收入水平提高具有积极作用的原因以下有三点：一是边贸政策通过政府宏观调控加大了对边境贸易发展的支持力度，进而影响居民收入水平。开展边境贸易的准入门槛低于一般对外贸易；中央政府（主要是商务部）和沿边地方政府在法人注册边境贸易公司的注册资本、税收等方面均有优惠政策，沿边地区居民开展边境贸易的成本较低。二是边贸政策规定边境贸易的开展范围为沿边地区。这种区域限定为边境地区居民提供了大量的就业机会。三是边境贸易的产业多为沿边优势产业。边境贸易也通过调整价格结构和产业结构对居民收入产生积极影响。综上所述，本书的核心解释变量opcbt会对lnrural产生正向影响，并且这一影响在5%的统计水平上显著。这表明边境贸易对沿边农村居民可支配收入增长具有显著的正向影响，即边贸政策的实施有效促进了沿边地区农村居民收入的增长。该结果支持了理论假设H1。

表7-8　基准回归分析结果

变量	(1) lnrural
opcbt	0.143** (2.22)
inv	0.072*** (5.70)
sav	0.224*** (4.87)
market	0.002* (1.82)
industry	−0.042 (−0.54)
lnGDP	0.889*** (19.45)
_cons	−2.374*** (−7.61)
N	269
R^2	0.618

注：*、**、***分别表示在10%、5%、1%的显著性水平上显著。

7.3.4　异质性分析

虽然边贸政策适用于所有陆地边境县、市，但受经济、地理和资源禀赋等因素的影响，边境贸易在沿边地区的发展具有明显内部差异性，因此有必要进行分区域的异质性讨论。边境贸易在沿边地区内部差异性主要表现为在占本省区对外贸易比重、发展体量和发展趋势方面的差异，因此，本书选取直接反映边贸发展水平的边境小额贸易进出口总额的高低对15个沿边地级市进行省份归类。根据本书第4章第4.4.1节的研究，边境小额贸易进出口总额高的省（自治区）为广西、内蒙古和新疆，其余省（自治区）为边境小额贸易进出口总额低的省区。为研究不同边贸发展水平地区边贸政策实施对农村居民收入影响效果的差异，我们将样本分为两组：所属边境小额贸易总额高的省（自治区）的沿边地级市和所属边境小额贸易总额低省（自治区）的沿边地级市。

本书进行了分组回归，如表 7-9 所示，第（1）列是所属边境小额贸易总额高省（自治区）的沿边地级市回归结果，可以看出核心解释变量边贸依存度 opcbt 对核心被解释变量农村居民人均可支配收入 lnrural 产生正向影响，并且这一影响在 1% 的统计水平上显著。边贸依存度每提高 1 个单位，农村居民可支配收入就会增加 0.2127 个单位。第（2）列是所属边境小额贸易总额低省（自治区）的沿边地级市回归结果，可以看出核心解释变量边贸依存度 opcbt 对核心被解释变量农村居民人均可支配收入 lnrural 无显著影响。导致上述结果的可能原因是边境贸易发展水平低、不充分的沿边地区，不能很好利用边贸政策促进本地区发展、带动沿边地区居民增收致富，边贸政策的正向经济效应无法有效发挥，沿边地区居民也较少因边境贸易发展而产生获得感。因此，所属边境小额贸易总额高省（自治区）的沿边地级市，其边境贸易的增长将更有利于促进农村居民人均可支配收入的增长；所属边境贸易总额较低省（自治区）的沿边地级市，其边境贸易的增长对农村居民人均可支配收入增长的影响效应相对不显著。该结果支持了理论假设 H2。

表 7-9　异质性分析

变量	lnrural	
	边境小额贸易总额高	边境小额贸易总额低
	（1）	（2）
opcbt	0.2127***	0.0026
	（0.0587）	（0.1659）
inv	0.0135	0.0387**
	（0.0233）	（0.0149）

续表

变量	lnrural	
	边境小额贸易总额高	边境小额贸易总额低
	(1)	(2)
sav	0.2933*** (0.0306)	0.2098*** (0.0701)
market	0.0009 (0.0019)	−0.0014 (0.0018)
industry	−0.1384 (0.1038)	−0.4023* (0.1943)
lngdp	0.7317*** (0.0200)	0.9946*** (0.0638)
_cons	−1.1972*** (0.1524)	−2.7780*** (0.4520)
N	71	198
R^2	0.9557	0.5692

注：*、**、***分别表示在10%、5%、1%的显著性水平上显著。

7.4 稳健性检验

据上文分析检验可知，长期以来，政策背景下的中国边境贸易发展有利于沿边地区农村居民人均可支配收入的增长。为保证研究结果的稳定性，我们将分别采取滞后一期、替换解释变量和改变样本时间3种方式进行稳健性检验。

7.4.1 滞后一期

考虑到样本量的大小以及涉及的时间长度，为了降低潜在内生性，本书选择核心解释变量和控制变量滞后期方法来对研究结果进行稳健性检验。将核心解释变量和所有控制变量滞后一期，重新进行回归。

从表 7-10 中第（1）列中的回归结果可以看出，本书的核心解释变量边贸依存度滞后一期的 L. opcbt 会对农村居民人均可支配收入 lnrural 产生正向影响，并且这一影响在 10%的统计水平上显著。每当边贸依存度提高 1 个单位，农村居民人均可支配收入就会增加 0.154 个单位。该结果与前文检验结果基本一致，进一步验证支持了假设 H1 成立。因此，本书采用的面板固定效应模型是稳健的，实证研究结果具有可靠性。

7.4.2　替换解释变量

由于边贸属于对外贸易的一种，两者具有相似特征，我们进一步地用对外贸易依存度（lnoptrade）代替边贸依存度（opcbt）作为核心解释变量进行稳健性检验，重新进行回归。

从表 7-10 中第（2）列中的回归结果可以看出，替换后的核心解释变量对外贸易依存度 lnoptrade 会对农村居民人均可支配收入 lnrural 产生正向影响，并且这一影响在 1%的统计水平上显著。每当对外贸易依存度提高 1 个单位，农村居民人均可支配收入就会增加 0.01 个单位。替换为解释变量 lnoptrade 后，该结果的系数相对较小，但对农村居民人均可支配收入的正向影响与前文原核心解释变量 opcbt 的检验结果基本一致。说明本书采用的面板固定效应模型是稳健的，实证研究结果具有可靠性。

7.4.3　改变样本时间

本书是基于 2003—2020 年的全样本，涵盖了国家边境贸易政策的不同阶段。根据第 6 章的分析，新时代以来中央边贸政策综合调整阶段对沿边地区经济产生了正向显著影响。稳健性起见，同时为了避免金融危机等某些"黑天鹅"事件冲击的影响，我们选取样本时间段为 2008—2018 年，即选取边境贸易政策综合调整实施前 5 年和后 5 年，重新进行回归。

从表 7-10 中第（3）列中的回归结果可以看出，本书的核心解释变量边贸依存度 opcbt 会对农村居民人均可支配收入 lnrural 产生正向影响，并且这一影响在 5% 的统计水平上显著。每当边贸依存度提高 1 个单位，农村居民人均可支配收入就会增加 0.327 个单位。该结果与前文检验结果基本一致，进一步验证支持了假设 H1 成立，也表明本研究实证结果具有稳健性。

表 7-10　稳健性检验

变量	(1)	(2)	(3)
	滞后一期	替换解释变量	改变样本时间
opcbt			0.327 ** (2.99)
L. opcbt	0.154 * (1.99)		
lnoptrade		0.010 *** (3.89)	
常数项	-2.060 *** (-10.44)	-2.249 *** (-6.83)	-4.195 *** (-4.29)
controls	是	是	是
年份固定效应	是	是	是
省份固定效应	是	是	是
观测值	254	269	180
R^2	0.573		0.3576

注：*、**、***分别表示在 10%、5%、1%的显著性水平上显著。

7.5　本章小结

本章就边境贸易政策对沿边地区农村居民收入增长的影响进行实证检验，具体而言，将边境贸易作为边贸政策的替代变量，验证其对沿边地区农村居民人均可支配收入的影响效应。选取实施边境贸易政策的 15 个沿边地级市（自治州、地区、盟）2003—2020 年面板数据，并运用面板固定效应模型探讨了边境贸易政策与农村居民人均可支配收入之间的关系。实证结果表明：①边境贸易政策实施对农村居民人均可支配收入具有显著的正向影响。②边境贸易进出口额较高的省份，边境贸易政策对沿边地区农村居民人均可支配收入的正向影响更为显著；边境贸易进出口总额较低的省份，边境贸易政策对农村居民人均可支配收入增长的促进作用相对不显著。③本书进一步通过滞后一期、替换解释变量和改变样本时间 3 种方式进行稳健性检验，发现 3 种检验的结果与前文基准回归的检验结果基本一致，说明实证研究结果具有可靠性。

结合实证结果可知，边境贸易政策有利于沿边农村居民人均可支配收入的提高。在边境贸易发展基础较好的地区，边贸政策这种影响效应更为显著。为避免沿边地区发展不平衡问题继续增加、沿边地区内部居民收入水平的差异持续扩大，在边贸政策的制定方面应加大对沿边落后地区的支持力度，特别是在一些资金需求较大的基础设施建设方面，如抵边公路、抵边村硬化路、边境口岸、边民互市贸易区等；增加沿边地区农村居民可以直接参与的边民互市贸易，同时政府要加强对边贸优惠政策的宣传和解读，组织边民、边民互助组积极参与边贸，提高其经营性收入；对边境企业出台优惠的土地、税收政策，鼓励边境企业对当地劳动力的吸纳。

中国进行边境贸易制度安排的初衷是在尊重民间传统贸易习惯的同时，以政策引导其规范化、现代化发展。政策的目的是搞活沿边经济、提高沿边地区人民的生活水平。改革完善边贸政策、推进边境贸易发展的根本目的在于，让广大沿边地区人民共享改革开放成果、在边境贸易发展中有更多的获得感、幸福感。本章的实证结果也验证了这一政策的积极影响。在第 8 章 8.2 节我们也会根据本章研究结论及启示，提出改革完善边贸政策的建议，以进一步提高沿边地区居民收入水平。

第8章 主要结论与政策建议

当代中国边贸政策滥觞于近代中国边贸制度和政策安排。在 30 多年的发展历程中,其演进变化又与当时中国发展战略、大政方针保持一致。中国边贸政策的变化又对边境贸易的发展产生直接而显著的影响。这种边贸发展的特殊性在中国的语境下成为一种"天然合理",而在全世界范围的边贸实践中具有典型性。因此,有必要量化评估和科学论证中国边贸政策对沿边地区经济发展的影响,为中国边贸政策的实施提供理论支持。

为此,本书进行了大量的中外边贸发展文献对比研究,并创新性构建边境贸易类型理论,以凸显中国边贸制度和政策安排的特殊性、一般性与发展优势。同时追根溯源,详尽阐述中国边贸制度和政策安排的历史沿革,剖析其历史继承性与当代的新发展,及其发展变化对边境贸易实践的深刻影响,凸显其重要性及实践意义。然后,本书在理论和实证层面分析边贸政策对沿边地区的经济影响,综合运用演化博弈论、数值仿真分析和计量方法,从理论和实证两个层面剖析边贸政策对沿边地区的经济影响及机制,为中国边贸政策实施的智慧进行了科学检验,也为后文的对策建议做铺垫。接下来,本章将进行总结,并据此提出对策建议。

8.1 主要结论

(1) 中外边境贸易研究语境以及世界主要边境贸易实践表明,带有制度和政策安排特征的中国边境贸易具有理论和实践的双重特殊性。中国近代边境贸易制度的历史沿革表明，中国对于边境贸易制度安排具有历史继承性；改革开放前与开放后的边境贸易制度安排存在政策目标及实现路径的根本差异。这表明改革开放至今，发展边境贸易、搞活沿边经济与国家大政方针的根本一致性，当下边境贸易"富民、兴边、强国、睦邻"政策目标具有鲜活的时代特征与生命力。

（2）中国边境贸易发展固有其制度安排的特殊性，但也符合边境贸易发展规律。"边境贸易类型理论"揭示了边境贸易发展的一般规律，为中外边境贸易发展的特殊性与一般性找到了历史方位，也为国内外在统一语境下研究边境贸易提供了可能。边境贸易类型理论揭示了不同类型边贸的特征及演化规律，也回答了中外边贸形态差异之缘由。当今世界两种较为活跃的边贸形态各自处于某一特定发展阶段，具有不同的特征以及不同效率的经济结果。两者演化的关键为是否进行高效的边境贸易制度安排或政策调整。边境贸易类型理论也在比较研究中凸显了中国边贸制度和政策安排的中国特色与中国智慧。

（3）中国边境贸易具有鲜明的制度安排和政策主导特征。1992 年我国边境贸易进入规范化、现代化和国际化发展轨道，边境贸易发展的特征事实表明其具有高度的政策敏感性。边境贸易由自发生长阶段到国家边贸政策输血式扶持、造血式扶持和综合调整阶段，其制度特征为始终存在内部制度的自我调适。国家政策的介入是外部制度对内部制度的补充，并逐渐主导边境贸易的发展方向。此外，沿边省级层面、地级市层面和县级层面的数据分析表明，边贸政策的实施成效、边境贸易发展水平在沿边地区内部具有明显的差异性。

（4）理论分析表明，边贸政策对实践产生作用的机制是通过政策调控影响人们的策略选择，从而均衡各方利益，达到博弈系统朝向帕累托最优状态演化的结果。运用演化博弈及数值仿真对不同阶段的边境贸易政策的理论分析表明，并非每一阶段的政策都能使博弈系统朝向帕累托最优状态演化。当边贸政策制定和执行主体能够通过政策调整较好均衡各方参与主体利益、优化边境贸易交易程序以及提升政策客体的参与主体地位时，边贸政策"兴边富民"的目标才能实现。

（5）实证检验结果表明，中国边境贸易政策与沿边地区经济增长具有因果关系，对沿边地区农村居民收入增长具有正向显著作用。边贸政策实施对沿边地区的经济影响是正向显著的。运用沿边 73 个地级市面板数据进行实证分析，结果表明边境贸易政策显著促进了沿边地区经济增长，使处理组比对照组提高约 6%。这一正向影响对周边地区存在溢出效应。中介效应检验表明，边贸政策是通过边境贸易这一中介变量产生作用。异质性分析表明，边贸政策对民族地区、边贸发展条件较好地区的正向效应更为显著。同时，边贸政策能够有效促进沿边地区农村居民收入的增长，但这种正向影响具有异质性，即边境贸易发展水平越高的地区这一正向效应就越明显。这一结果一方面验证了边境贸易政策实施与边贸发展在沿边地区内部的区域差异性；另一方面也对沿边地区内部的协调发展提出了政策要求。

8.2 政策建议

本书第 4 章总结了边贸政策演进的历程、特征，并详述了 30 多年来边贸政策变化对边贸实践的深刻影响，及其导致的边境贸易发展的政策敏感特征、发展的不平衡特征。此外，也一并呈现了在实地调研中搜集的边贸政策实施及边贸发展问题的一手资料。第 5 章对政策演进的理论分析表明，边贸政策演进的影响机制是政策通过自身调整来影响政策主体行为选择，进而均衡各方利益，从而实现政策的目标。第 6、7 章实证检验了边贸政策的实施对沿边地区经济增长、沿边地区农村居民收入增长具有显著的正向影响，边贸政策的实施效果在沿边地区存在区域差异性、对周边地区存在正向溢出效应，且通过边境贸易这一中介变量起作用。本节将基于以上章节的研究结论及问题，提出针对性的对策建议。

8.2.1 多措并举构筑边贸—产业联动发展机制

边境贸易政策的实施和边境贸易发展对沿边地区经济发展的积极影响及发展成效启示我们要继续推进边境贸易在沿边地区深化发展。在国家政策红利逐渐弱化的情况下，边境贸易的创新发展、高质量发展成为新时代边贸的发展方向。现今，部分沿边地区已抢抓机遇，将边境贸易与沿边特色产业发展相结合，并已取得初步的发展成效。新时代推进边贸创新发展方向也提示我们，要将边境贸易打造成为沿边地区双循环枢纽的重要抓手，多措并举构筑边贸—产业联动发展机制，增强沿边地区内部、与周边地区的前向后向联系，更进一步发挥边境贸易的正向溢出效应，培育新时代沿边地区开放发展的新动能。

因此，边境小额贸易的发展方向是培育壮大龙头企业，构建边境特色产业集群。沿边地区要借鉴先进经验，发展物流带贸易、贸易带产业的发展模式，理顺体制机制，组建产业格局更加优化、特色主导产业优势更加明显的龙头企业产业经济带，通过导入资源、加大扶持力度、资金注入等方式，培育发展沿边经济带的排头兵。凸显龙头企业的引领作用，积极支持沿边特色产业的龙头企业在边境地区落地。同时，也要注重边贸民族地区的特色产业与边境贸易的联动发展，以龙头企业为引领，带动沿边民族地区文化旅游产业、民族手工艺品加工业产业等发展壮大，构建具有沿边民族特色的产业链。

加快互市贸易转型升级，完善产业发展链条。一是构筑互市商品国际采购链条。沿边地区强化与中国驻周边各国经商参赞处的沟通，以政府名义创办"互市贸易商品采购转运公司"，拓展互市商品来源渠道，为边民或合作社购买商品提供交易、运输、跨境人民币结算、商品价格质量监督、开具发票凭证、投融资便利等服务，建立境外商品入境的完整体系。同时，探索建立跨境电商申购互市商品新业态，摸索边民不出国、不出门可申购互市商品的新途径。二是完善互市贸易商品入境链条。进一步规范互市贸易商品入境申报、国际结算、互市商品放行等链条，构筑通关便利、手续完善的互市商品入境体系。三是拓展互市商品销售链条。持续推动互市商品落地加工产业深入发展，政府发挥主动性创造条件积极满足企业原材料需求，助推企业做大做强做精。加快推动互市商品进入二级市场，探索互市商品"入超市、进市场"等渠道，特别是进一步探索完善新进企业、超市优先使用互市商品的相关政策，保障互市商品的进口和产销流程便利、链条稳定和务实惠民。

8.2.2 加大对边贸基础设施建设的政策支持力度

边贸政策在沿边地区内部的政策效果异质性、边境贸易发展的区域不平衡问题，也提示我们应加大对沿边落后地区的政策支持力度，特别是要加大对资金需求量大、涉及沿边地区长远发展问题的基础设施建设的支持力度。

加强边境地区高速公路、国省干线、抵边公路建设。完善沿边省区高速公路主骨架建设，形成连接沿边省区内主要城市与毗邻国家经济区的高速铁路运输网，加大边境地区高速公路覆盖面和延伸度。国家在沿边公路规划中应考虑沿边省区实际情况，支持沿边省区国省干线路网改造项目，提高补助标准。进一步加大对抵边自然村通硬化路项目的支持力度。目前，仍有部分抵边自然村未通硬化路，如新疆伊犁哈萨克自治州的昭苏县仍有 17 个自然村未通硬化路。2019 年财政部、交通运输部联合出台的《车辆购置税收入补助地方资金管理暂行办法》（财建〔2021〕50 号）加大了对抵边村硬化路建设的支持力度，但由于边境地区取料困难，建设成本相对较高，国家应当根据沿边地区发展实际提高对该项工作的补助标准，以方便边民生产生活、促进边贸发展。

深入对接共建"一带一路"建设，加强与周边国家的设施互联互通、贸易畅通。推进边境口岸与腹地、口岸与周边国家基础设施的对接联通。加强口岸与周边经济腹地在园区规划、通道建设、旅游开发等方面的务实合作，加强边境贸易配套综合保税区、产业集群园区建设，放大口岸经济区辐射效应，增强腹地经济对口岸边贸的支撑力，形成口岸—腹地经济联动协同发展格局。优先推进连接与周边国家毗邻地区的重点矿区、产业园区、重点城市的跨境铁路建设，打通影响贸易合作的"断头路"。加快推进口岸检验设备升级改造，建立口岸数据信息化平台等，提升口岸信息化管理水平。

8.2.3 增强边贸政策实施的时效性与稳定性

边贸政策的改革完善要与时俱进，适应新发展阶段新发展形势的需要。边境贸易经过 30 多年的发展，边境小额贸易和边民互市贸易的范畴、方式、渠道以及可贸易清单等方面，均与国际社会的"边境贸易"概念有很大区别。如，边境小额贸易的"小额"内涵已发生实质性的变化，边民互市贸易进口商品来源国已从毗邻国家扩展至第三国，广西边民互市贸易进口来源国已扩展至东盟十国，互市贸易商品已从生活自用扩展到可在二级市场交易流通、落地加工。如何界定企业是合规参与互市贸易还是利用边贸互市进行走私？目前在政策法规上缺乏明确的标准以及合规高效的引导流程、发展方式，并给海关执法带来诸多风险挑战。在研究中，我们分析了边境贸易在国家战略中的作用，从最初的"富民、兴边"逐渐增加了"深化沿边开发开放水平"、推进共建"一带一路"建设、"助力脱贫攻坚"等内容。在国内外发展形势不断变化的今天，中国边境贸易的战略目标应当扩展"强边固疆、互利共赢、共同发展"等战略内容，边境贸易的总体发展战略也应当与时俱进，加强符合国家战略目标和沿边发展需要的顶层设计。以连续、稳定的边贸政策稳定边境企业、边民的创业发展之心，以完备、优惠的政策体系全面支持边贸的转型创新发展。在财政政策方面，要以促进边境贸易转型发展为核心加大对薄弱环节的支持力度，对边境贸易主体培育和相关基础设施建设的专项支付要落到实处；深入研究边境贸易深化发展路径，加大边境贸易的税收优惠力度，支持边境贸易商品的落地加工和朝着高附加值方向发展，引导边境贸易与边境传统产业、制造业、高新技术产业的互促互动，构建涵盖国内外的产业链条，增强边境贸易发展韧性。

8.2.4 建立健全边贸政策执行的监督机制

打造高效、务实的边贸政策执行机制。我国边境贸易涉及沿边8省（自治区），各个省（自治区）边境贸易发展程度不同，出台的边境贸易管理办法、细则也有差异，中央政府有必要做出总体战略部署，出台宏观指导意见，避免发展方向出现偏离。此外，中央政府也应当设立相关政策领导和督察小组，专职负责我国边境贸易相关政策的制定、评估与督察，实时调整、改进相关政策做法，从整体上保证边贸政策的持续、稳定和高效。重视边民互市贸易在兴边富民、抚平区域发展差距和扎实推进共同富裕中的独特而重要的作用，完善互市贸易政策的顶层设计，在全国边境建立较为统一、便捷的清关、边检、税费、结算等监管制度体系。

加强对沿边地方政府边贸政策执行的监督。中央顶层设计与允许地方先行先试相结合是我国边境贸易发展行稳致远的重要经验，但作为理性"政治经济人"的沿边地方政府存在偏离中央政策的可能，以及不顾风险或对风险预估不足的冒进行为的可能。由此，中央政府应当从大局出发，加强对沿边地方政府边贸政策执行的监督，以防范系统性和非系统性风险，保障边疆安全和全国大局的稳定。一是建立"事前—事中—事后"三阶段一体化的监督机制，对沿边地方政府先行先试的政策措施，会同专家和相关部委充分研讨，对如何实施、实施程度与范围、可能产生的风险问题做好充分预估，确定试点方案；在事中监督环节要充分调研地方政府的实施情况，听取地方政府实施政策中出现的问题及其他诉求，听取企业和边民的诉求，争取做出政策补充和完善，再试行一段时间后可在沿边地区推广；事后监督是指定期评估政策在沿边地区执行情况，不断总结经验、完善相关配套政策措施、推广典型案例。二是加强对专项财政支持资金的应用监督，组建监督评估专家委员小组，不定期对财政专项资金的使用情况进行核查，确保专款专用以使国家惠民政策落到实处。三是加强对沿边地方政府的边贸政策法规、条文、制度设计的监督，由海关总署、商务部、国家发改委、财政部、民政部和国家民委等部委组建监督小组，全面核查沿边地方政府边贸政策法规的合规性，全面取缔乱收费、不合理收费，严厉打击借机中饱私囊行为，全面净化边境贸易发展环境，营造政清民和的边境贸易生态。四是建立完备的风险预警和风险防控机制。当前政策对边民互市进口商品的范围、形式、用途等规定的放宽，尤其是互市商品落地加工政策的试行可能会扰乱边境及国内其他地区的市场，有必要建立相关的风险预警和防范机制，保障市场稳定和防范走私犯罪。

8.2.5　建立高效务实的央—地政策沟通机制

边贸政策的实施效果不仅依赖于政策制度本身的顶层设计，而且有赖于沿边地方政府对政策的理解程度、执行程度。如果政策的执行主体未能理解把握中央政策的意图，也就无法以优惠或惩罚措施激励或抑制政策客体——边境企业和边民等主体的行为。这样的政策互动沟通梗阻问题将导致中央政策无法落地见效。如果中央—地方缺乏高效互动沟通机制，即使再好的政策也无法实现预期目标。因此，建立高效的央—地政策双向沟通机制，是政策得以有效实施的重要一环。为此，要精减优化政策决策者与边民、边民合作社、加工企业、边境小额贸易企业等的信息传递、信息反馈机制，使处于基层的边民和企业在实践中遇到的问题可以及时反馈给上层决策者，处于决策层形成的解决方案也可以更好解决边境发展遇到的问题。在实地调研中，我们发现存在中央不了解地方政府的诉求、地方政府不知如何反映诉求或有平台利用不足的沟通梗阻问题，以及沿边地方政府对已有政策理解不到位、缺乏对政策的集中研究而不断向中央"要政策"，或者是对已有的国内、国际沟通对话平台利用不充分的问题。比如，边境贸易涉及需要与毗邻国家沟通的事项时，地方政府因事权层级不够而常常陷入与各部委协调困境；而建立在国家层面的常设会议机制，如建立在共建"一带一路"合作层面的中国与蒙古国国家层面的会议，有时候又面临没有问题拿出来讲或需要研讨的问题"不接地气"的尴尬局面。究其原因在于中央—地方缺乏高效的信息沟通传递、反馈机制，从而无法保障政策的有效执行实施。

管理学认为，政策的实质是决策层与基层沟通的媒介。政策的形成遵循"自下而上，自上而下"的规律，或是基层实践中出现了问题向上层管理者反馈的结果，或是决策层在实地调研中发现共性问题，通过课题研究、专家咨询或基层座谈等方式形成的解决问题的方案。政策是组织上层与下层沟通的书面沟通媒介。政策形成过程实际上是组织内部的沟通过程。政策作为书面媒介具有可查性、逻辑性、清晰周密和可长久保存的优点，适于长期或复杂问题的沟通。但同样存在本源性缺点，即耗费时间和缺乏反馈机制。在相同的时间里，口头沟通能传递更多信息和迅速听到信息接收者的意见；但在书面沟通过程中，信息发送者并不能够保证信息接收者能完全理解其原意。因此，以政策作为上层和基层沟通媒介时容易出现政策理解不到位、沟通反馈耗费时间等问题。政策能否落地的本质是组织内部的沟通和结构问题。政策的传导过程即信息自上而下的沟通过程（见图 8-1）。在这一过程里，信息发出者即上层管理机构将信息通过"编码"形成"政策"，通过一定的沟通渠道对信息进行"解码"，然后传递给信息接收者，即基层或者是一线工作者；当一线工作者将政策落实状况及实践中产生的问题再次反馈给信息发送者时，则产生了"双向沟通"。反馈这一过程可以检验信息传递成功与否，同时也让信息发出者了解沟通内容是否得到理解。在政策传导中由于工作群体的文化差异性，反馈机制的设计显得尤为重要。另外，值得注意的是，在沟通过程中会进入与问题无关信息的"噪声"。一般情况下，沟通渠道中的传递媒介越多，产生的噪声越多，信息越容易失真。因此，在组织结构安排上，应精减传递媒介，使上层管理者的决策更便捷到达一线工作者那里。垂直的层级结构越少，越有利于政策的传达和落地实施。

由此，应当建立中央—沿边地方政府的长效沟通机制。中央可设立主管部委联席会议派驻到沿边地方基层进行调研、访谈，及时了解沿边地方对政策的诉求和建议、沿边地区人民的生产生活需要。除此之外，联席会议还肩负向沿边地方解读中央政策的重任，及时传达中央政策精神既是对沿边地方政府发展的必要指导，同时也是对沿边政府工作的支持与鼓励。为保障政策的高效实施，沿边地方政府也可以组建由中央部委工作人员和科研院所专家学者共同组成的政策研究小组，专门研究某一领域相关政策，用好、用足已有政策，及时反馈改进意见和政策补充，使上层和基层的政策沟通机制更加顺畅，以保障政策的务实高效、落地有声。

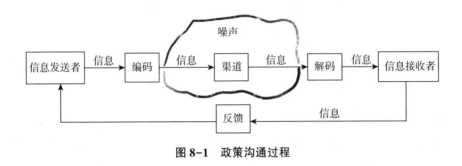

图 8-1　政策沟通过程

8.2.6　建立和完善边境贸易政策支持体系

党的二十大报告指出"支持革命老区、民族地区加快发展，加强沿边地区建设，推进兴边富民、稳边固边""推动货物贸易优化升级，创新服务贸易发展机制，发展数字贸易，加快建设贸易强国"①。沿边地区的经济发展水平落后于沿海地区，在当下国家促进区域协调发展和推进高水平开放发展的进程中处于落后状态，虽然近些年边境贸易与产业发展相结合走出了具有特色和发展活力的创新之路，但整体发展水平远远落后于沿海发达地区。在当前严峻的国际形势下，深化与周边国家的经贸合作是我国应对挑战、寻求发展机遇的优先发展方向，因此，有必要在沿边地区实施差异性支持政策，尽快形成完备的边境贸易政策支持体系。

一是建立产业转移协同发展政策体系。当前"互市贸易+落地加工"发展模式已在我国多个边境县（市）落地开花，结出硕果，搞活了边境贸易和边境产业。但"边贸+落地加工"模式多为初级加工产业，存在产品附加值低、

---

① 习近平. 高举中国特色社会主义伟大旗帜　为全面建设社会主义现代化国家而团结奋斗——在中国共产党第二十次全国代表大会上的报告［J］. 求是，2022（21）：4-35.

产业链条短等问题。为促进边境贸易的高质量发展，中央和沿边地区应制定好相关沿海地区产业承接的优惠支持政策，使沿海产业由"向外移"转变为"向边转"，在财税金融政策、环境容量、用地规划、外资准入、教育资源分配等方面，适当实行差异化政策倾斜。二是完善财税支撑体系。在目前国家财政转移支付沿边地区发展的基础上设计财税支撑体系。其核心在于，赋予沿边地区更多的财税自主权，形成可持续发展的财税支撑体系。三是完善金融政策支撑体系。提升广西、云南沿边金融综合改革试验区发展水平，重点在于落实走深沿边金融综合改革的政策、任务，加快边境贸易金融创新服务能力建设，重点在国际结算和边贸金融创新产品上下功夫，进一步提升人民币国际化水平和增强边贸主体的参与能力、抗风险能力。四是完善投资政策支撑体系。建立边境贸易和边境产业发展基金，用于扶持符合国家发展跨境贸易、产业链构建重点方向的项目。五是完善贸易便利化支撑体系。加强国内国际"三互"通关标准及机制建设，加快边境口岸基础设施建设，利用数字经济发展契机推进智能化、智慧化边境口岸建设，优化边境进出口手续和查验程序，配备边境进出口便利化政策手册和建立宣讲常态化机制，降低进出口税费标准。六是创新人才培育和引进制度。当前，沿边地区农村人口空心化、老龄化和人才流失问题严重，严重阻碍了沿边经济和边境贸易的可持续发展。为此，国家应高度重视并尽快出台相关沿边人才培育和引进优惠政策体系，如加强沿边地区高校院所的设立和建设，重点培养复合型人才；加大对职业技校的支持力度，重点培养沿边开放型经济发展急需的专业人才；加强东中部人才在沿边地区交换、工作机制，制定人才来疆、驻疆、长期落户沿边的附加津贴制度和工资长效增长保障制度。

8.3 研究展望

鉴于本书的研究不足以及笔者的相关思考，现提出三点研究展望。

一是引入微观数据拓展边贸政策研究的广度和深度。引入沿边地区工业企业数据、边贸商品种类和数量等数据，拓展边贸政策、边境贸易对沿边地区产业结构、产业集聚方面的影响，实证边贸—产业联动发展的成效与机制；引入边民参与边民互市贸易的人员数量、资产回报情况、分红情况、互市商品种类及数量等微观调研数据，深化对边民互市贸易的认识与研究。

二是拓展中外边境贸易比较研究的广度和深度。受限于资料的开放度及机密性，本书所搜集的国外边境贸易发展的历史沿革以及当今发展的具体资料不太完整，但边境贸易自产生之初就是两国边境居民之间一种自然发生的贸易交换活动，中国边境贸易的制度安排具有历史继承性特征，那么，在国外不同国家和地区的边境贸易其历史沿革如何，又有什么特点？特别是欧洲大陆的边境贸易是达到何种条件才消亡的？非洲需要国家制度配置何种监管程度的边贸，才不至于打击其积极性同时又能防范走私？拉丁美洲的边境贸易又带有什么样的历史及社会特征呢？本书依据当下理论需要，构建边境贸易理论对边境贸易的主要类型进行了概述。并且各个类型在不同发展程度、不同文化社会背景下，其边境贸易实践又将会呈现出不同的特征，对它们进行追根溯源、比较分析对研究不同民族、文化、社会背景下的人类行为与制度互动，具有广泛的社会与人文价值。

三是中国边境贸易制度及经验的"走出去"。党的二十大报告指出，新时代推进高水平对外开放，要"稳步扩大规则、规制、管理、标准等制度型开放"[①]。新时代的对外开放有了新要求，即从原有的"器物型"开放或者说是要素开放进阶为制度型开放，中国积极参与国际标准、制度规制的制定，中国先进经验的国际推广是中国制度型开放的表现。当然，中国边贸制度和政策安排的经验"走出去"首先要做好两方面的工作：一是自查本国边贸的合规性，进一步提高我国边贸的规范化、国际化；二是做好不同国家和地区边贸的基础性研究、比较研究工作，只有这样才能使中国的方案因地制宜、入乡随俗而具有普适性和生命力。这部分的研究工作有助于中国帮扶非洲、拉

---

① 习近平. 高举中国特色社会主义伟大旗帜　为全面建设社会主义现代化国家而团结奋斗——在中国共产党第二十次全国代表大会上的报告 [J]. 求是，2022（21）：4-35.

丁美洲等广大发展中国家发展进步，体现出中国对于世界和平与发展事业的关怀，也有利于人类命运共同体的构建。中国学者既要把论文写在祖国大地上，立足中国实际，理论和实践创新具有中国特色、中国风格和中国气派，也要具有普遍的人文关怀，推进中国智慧和中国方案"走出去"，造福全人类。

附 录

所属省 （自治区）	个数	地级行政单位
广西	3	防城港市、崇左市、百色市
云南	8	怒江傈僳族自治州、保山市、临沧市、普洱市、西双版纳傣族自治州、红河哈尼族彝族自治州、文山壮族苗族自治州、德宏傣族景颇族自治州
甘肃	1	酒泉市
新疆	10	哈密市、昌吉回族自治州、阿拉泰地区、塔城地区、博尔塔拉蒙古自治州、伊宁市、阿克苏地区、克孜勒苏柯尔克孜自治州、喀什地区、和田地区
内蒙古	7	呼伦贝尔市、兴安盟、锡林郭勒盟、乌兰察布市、包头市、巴彦淖尔市、阿拉善盟
黑龙江	7	牡丹江市、鸡西市、佳木斯市、鹤岗市、伊春市、黑河市、大兴安岭地区
吉林	3	通化市、白山市、延边朝鲜族自治州
辽宁	1	丹东市
西藏	4	林芝市、山南市、日喀则市、阿里地区

边疆地级市	边境口岸（一类）	过货量/万吨
呼伦贝尔市	满洲里、黑山头、阿日哈沙特、室韦、额布都格	17886
巴彦淖尔市	甘其毛都	6522
锡林郭勒市	二连浩特、珠恩嘎达布其	5538

续表

边疆地级市	边境口岸（一类）	过货量/万吨
阿拉善盟	策克、乌力吉	5455
牡丹江市	东宁、绥芬河	4926
德宏傣族景颇族自治州	瑞丽、畹町	1530
保山市	腾冲	1248
崇左市	水口、凭祥	1176
红河哈尼族彝族自治州	金水河、河口	1137
延边朝鲜族自治州	珲春、圈河、沙坨子、南坪、古城里、开山屯、三合、图们	1102
西双版纳傣族自治州	打洛、磨憨、景洪	856
佳木斯市	同江、富锦、佳木斯、抚远	317
黑河市	黑河、逊克、孙吴	206
临沧市	孟定	161
防城港市	东兴	159
白山市	长白、临江	105
文山壮族苗族自治州	天保	97
百色市	龙邦、平孟	70
通化市	集安	34
普洱市	思茅、勐康	33
怒江傈僳族自治州	无	0

注：①本表中边境口岸包括国家一类公路口岸、铁路口岸和水运口岸。

②数据为 2000 年、2010—2015 年度过货量汇总。

③表中口岸升格为一类口岸的时间不同。由于边境地区专项转移支付资金仅用于一类口岸建设、与一类口岸过货挂钩，因此，未升格为一类口岸前过货量计为 0。

数据来源：《中国口岸年鉴》。

附录 C：向政府部门申请边境贸易数据的证明（部分）

关于商请协助提供边境小额贸易数据的函

乌鲁木齐海关：

　　谢东丹（女，中共党员，1991 年 7 月生人，学号 1902401006，身份证号：412702199107▇▇▇▇）系广西大学经济学院/中国—东盟金融合作学院 19 级区域经济学专业博士研究生，该生向贵单位申请的新疆地级市（州）边境小额贸易数据除用作科研外，不另作他用，且不对外公开发表。

　　特此函请，请予以协助提供数据为盼。

导师：

学生：

广西大学经济学院/中国—东盟金融合作学院

2022 年 8 月　　日

关于商请协助提供边民互市贸易数据的函

宁明县商务局：

　　谢东丹（女，中共党员，1991 年 7 月生人，学号 1902401006，身份证号：412702199107 ▇▇▇）系广西大学经济学院/中国—东盟金融合作学院 19 级区域经济学专业博士研究生，该生向贵单位申请的宁明县县边民互市贸易数据除用作科研外，不另作他用，且不对外公开发表。

　　特此函请，请予以协助提供数据为盼。

　　　　　　　　　　　　导师：

　　　　　　　　　　　　学生：谢东丹

　　　广西大学经济学院/中国—东盟金融合作学院

　　　　　　　　2022 年 7 月 22 日

关于商请协助提供边民互市贸易数据的函

吉木乃商科工信局：

　　谢东丹（女，中共党员，1991 年 7 月生人，学号 1902401006，身份证号：412702199107▉▉▉▉）系广西大学经济学院/中国—东盟金融合作学院 19 级区域经济学专业博士研究生，该生向贵单位申请的吉木乃县边民互市贸易数据除用作科研外，不另作他用，且不对外公开发表。

　　特此函请，请予以协助提供数据为盼。

学生：谢东丹

导师：李志辉

广西大学经济学院/中国—东盟金融合作学院

2022 年 7 月 20 日

靖西市商务局

关于《转呈〈市长信箱〉中请求有关边民互市贸易数据的函》的复函

谢东丹：

您好，您在《市长信箱》中咨询的问题已收悉，现答复如下：

2015年，靖西县边民互市贸易总额为 ████ █ 万元，参与边民数 ███ 人，边民收入约 ██ 万元；

2016年，靖西市边民互市贸易总额为 ████ 万元，参与边民数 ████ 人，边民收入约 ██ 万元；

2017年，靖西市边民互市贸易总额为 █████ 万元，参与边民数 ███ 人，边民收入约 █ 万元；

2018年，靖西市边民互市贸易总额为 ████ █ 万元，参与边民数 ███ 人，边民收入约 ██ 万元；

2019年，靖西市边民互市贸易总额为 ████ 万元，参与边民数 ████ 人，边民收入约 ██ 万元；

2020年，靖西市边民互市贸易总额为 █████ 万元，参与边民数 █████ 人，边民收入约 ██ 万元。

以上数据中参与边民数量为大致人数，仅供参考。

此函

靖西市商务局

2022 年 7 月 26 日

参考文献

1. 中文类

［1］［英］阿瑟·刘易斯. 经济增长理论［M］. 周师铭，等，译. 5 版. 北京：商务印书馆，1983.

［2］宾建成. 加入 WTO 后我国民族自治地方发展边境贸易问题探析［J］. 世界经济研究，2004（5）：62-67.

［3］曹贵雄，黎莹. 口岸型城镇化进程中边境互市与边民互惠研究——以云南河口为例［J］. 广西民族大学学报（哲学社会科学版），2018，40（1）：149-156.

［4］曾国平，王韧. 二元结构、经济开放与中国收入差距的变动趋势［J］. 数量经济技术经济研究，2006（10）：15-25.

［5］陈灿. 中国商业史［M］. 王孝通，增订. 上海：商务印书馆，1937.

［6］陈光春，马国群，于世海. 民族地区贸易规模、商品结构对经济增长的影响——基于桂越贸易的面板数据分析［J］. 湖北民族学院学报（哲学社会科学版），2016，34（6）：36-41.

［7］陈永健. 北美跨境发展的启示：蒂华纳—圣迭戈超级区［EB/OL］.（2019 - 01 - 18）［2023 - 05 - 01］. https：//research. hktdc. com/sc/article/MzQ0MDI0MTYz.

［8］初钊鹏，卞晨，刘昌新，等. 雾霾污染、规制治理与公众参与的演化仿真研究［J］. 中国人口·资源与环境，2019，29（7）：101-111.

［9］［美］道格拉斯·C. 诺思. 经济史中的结构与变迁［M］. 厉以平, 译. 9 版. 北京：商务印书馆, 1992.

［10］邓小平. 各民族共同努力把西南建设好［M］//中共中央文献研究室 编. 邓小平选集（一九四九——一九七四年）：上卷. 北京：人民出版社, 2014：158-168.

［11］邓小平. 关于西南少数民族问题［M］//邓小平文选：第一卷. 北京：人民出版社, 1994：161-171.

［12］邓小平. 解决民族问题的基础是经济［M］//中共中央文献研究室 编. 邓小平选集（一九四九——一九七四年）：中卷. 北京：人民出版社, 2014：121.

［13］邓小平. 立足民族平等, 加快西藏发展［M］//邓小平文选：第三卷. 北京：人民出版社, 1993：246-247.

［14］邓小平. 西藏的政策要防"左"防急, 要稳［M］// 中共中央文献研究室 编. 邓小平选集（一九四九——一九七四年）：下卷. 北京：人民出版社, 2014：67-68.

［15］邓玉函, 王岚. 中越边境智慧口岸建设与边民贸易畅通研究——以东兴为例［J］. 广西大学学报（哲学社会科学版）, 2020, 42（3）：82-89.

［16］杜发春. 边境贸易与边疆民族地区的经济发展［J］. 民族研究, 2000（1）：61-68, 111-112.

［17］范如国. 制度演化及其复杂性［M］. 北京：科学出版社, 2011.

［18］［日］高柳松一郎. 北方陆路贸易关税［J］//中国关税史料［M］, 江恒源编, 上海：人文编辑所, 1931.

［19］何璋, 覃东海. 开放程度与收入分配不平等问题——以中国为例［J］. 世界经济研究, 2003（2）：38-43, 19.

［20］贺彩银. 西部民族地区边境出口贸易的二元边际与经济增长研究［J］. 国际经济合作, 2012（9）：52-56.

［21］侯厚培. 中国国际贸易小史［M］, 上海：商务印书馆, 1933：14-15.

［22］胡超. 我国沿边开放的模式、格局与绩效［M］. 北京：人民出版社，2018.

［23］胡超. 对外贸易与收入不平等——基于我国的经验研究［J］. 国际贸易问题，2008，303（3）：22-27.

［24］胡锦涛. 高举中国特色社会主义伟大旗帜　为夺取全面建设小康社会新胜利而奋斗［M］//胡锦涛文选：第二卷. 北京：人民出版社，2016：634.

［25］胡锦涛. 努力建设团结民主富裕文明和谐的社会主义新西藏［M］//胡锦涛文选：第三卷. 北京：人民出版社，2016：314.

［26］胡锦涛. 深入学习领会科学发展观［M］//胡锦涛文选：第三卷. 北京：人民出版社，2016：6.

［27］胡锦涛. 实施区域发展总体战略［M］//胡锦涛文选：第二卷. 北京：人民出版社，2016：573.

［28］胡锦涛. 探索西部大开发的新思路新办法［M］//胡锦涛文选：第三卷. 北京：人民出版社，2016：415-416.

［29］胡锦涛. 推进新疆跨越式发展和长治久安［M］//胡锦涛文选：第三卷. 北京：人民出版社，2016：381-382.

［30］胡锦涛. 在庆祝西藏和平解放五十周年大会上的讲话［M］//胡锦涛文选：第一卷. 北京：人民出版社，2016：506.

［31］胡锦涛. 在西部大开发中实现新疆发展和稳定［M］//胡锦涛文选：第一卷. 北京：人民出版社，2016：485.

［32］胡美术. 中越边民的互助与互市：基于东兴河洲村的讨论［J］. 广西民族大学学报（哲学社会科学版），2015，37（6）：112-117.

［33］黄菊英，蒙西燕. 西藏自治区边境贸易对从业影响的实证研究——基于1978—2009相关数据的检验［J］. 西藏大学学报（社会科学版），2011，26（2）：63-68.

［34］黄世芳. 广西中越边境贸易对减贫的影响及其作用机理［D］. 武

汉：武汉大学博士学位论文，2017.

［35］黄志平. 国家级贫困县的设立推动了当地经济发展吗？——基于 PSM -DID 方法的实证研究［J］. 中国农村经济，2018，401（5）：98-111.

［36］江泽民. 不失时机地实施西部大开发战略［M］//江泽民文选：第二卷. 北京：人民出版社，2006：340-346.

［37］江泽民. 加快改革开放和现代化建设步伐，夺取有中国特色社会主义事业的更大胜利［M］. 江泽民文选：第一卷. 北京：人民出版社，2006：234.

［38］江泽民. 全面建设小康社会，开创中国特色社会主义事业新局面［M］//江泽民文选：第三卷. 北京：人民出版社，2006：547.

［39］江泽民. 在党的十三届七中全会闭幕时的讲话［M］//中共中央文献研究室 编. 十三大以来重要文献选编（中）. 北京：人民出版社，1991：1432.

［40］［德］柯武刚，史漫飞. 制度经济学：社会秩序与公共政策［M］. 韩朝华，译. 北京：商务印书馆，2000.

［41］李福川. 对俄罗斯边境贸易政策的分析和建议［J］. 俄罗斯中亚东欧市场，2004（7）：37-41.

［42］李甫春. 广西少数民族地区的十种扶贫开发模式［J］. 民族研究，2000（4）：26-36，108.

［43］李光辉，谢东丹，方舒. 双循环背景下高水平共建西部陆海新通道的对策研究［J］. 北部湾大学学报，2022a，37（3）：44-50.

［44］李光辉，谢东丹，方舒，等. 习近平关于边疆开放型经济发展的重要论述研究［J］. 岭南学刊，2022b，300（5）：5-12.

［45］李光辉，谢东丹. 边民互市贸易政策演进的影响效应研究——基于多阶段演化博弈视角［J］. 北方民族大学学报（哲学社会科学版），2023（2）：145-153.

［46］李光辉. 边疆经济学概论［M］. 北京：中国商务出版社，2021：9-16.

［47］李红. 边境经济——中国与东盟区域合作的切入点［M］. 澳门：澳门学者同盟，2008.

［48］李红. 中越边境共市贸易区发展策略研究［J］. 开放导报，2010（4）：37-40.

［49］李慧娟. 民族地区开放型经济构建中的边境贸易研究［J］. 贵州民族研究，2016，37（7）：144-147.

［50］李天华. 改革开放以来中国边境贸易政策演变的历史考察［J］. 当代中国史研究，2013，20（4）：28-35，125.

［51］李豫新，郭颖慧. 边境贸易便利化水平对中国新疆维吾尔自治区边境贸易流量的影响——基于贸易引力模型的实证分析［J］. 国际贸易问题，2013（10）：120-128.

［52］李豫新，帅林遥. 中国新疆边境贸易便利化影响因素实证研究［J］. 国际商务（对外经济贸易大学学报），2014（6）：38-48.

［53］梁双陆，兰黎娜，杨孟禹. 中国兴边富民行动促进边境地区经济增长了吗？——边境地区136个县的"准自然实验"分析［J］. 广西民族研究，2021，160（4）：160-170.

［54］梁鲜桃. 西部地区边境贸易政策的调整与完善［J］. 国际经济合作，2005（5）：42-45.

［55］林今淑，李光哲. 中朝边境贸易的现状及其对边境地区社会经济的影响［J］. 东北亚论坛，2004（5）：19-23.

［56］林善浪，胡小丽. 边境效应、邻近效应与沿边地区双边贸易：基于贸易相对集中视角［J］. 世界经济研究，2019（4）：107-118，136.

［57］刘朝霞，方冬莉. 中越边境区"两国共市贸易区"合作模式探析——以中国东兴市为例［J］. 东南亚纵横，2011（1）：88-93.

［58］刘东. 对外贸易对城乡居民消费差距的影响——基于省级面板数据的实证检验［J］. 投资研究，2018，37（12）：145-154.

［59］罗淳，梁双陆. 边贸经济与口岸城镇：西南边疆民族地区小城镇建

设的一个依托 [J]. 经济问题探索, 2008 (10): 59-63.

[60] 马克思. 政治经济学批判 [M]. 中共中央马克思恩格斯列宁斯大林著作编译局, 译. 北京: 人民出版社, 1976: 42.

[61] 美郎宗贞, 叶竹, 于泳. 西藏边境贸易对边民增收的影响及其效应分析——基于 pvar 模型和中介模型的实证检验 [J]. 西藏大学学报 (社会科学版), 2022, 37 (2): 186-195.

[62] 穆沙江·努热吉. 我国沿边口岸经济地域辐射效应的空间分异研究 [J]. 学术论坛, 2021, 44 (3): 124-132.

[63] 牛德林. 全方位对外开放与边疆经济的超常发展 [M]. 哈尔滨: 黑龙江教育出版社, 1998.

[64] 欧阳日辉, 徐光东. 新制度经济学: 发展历程、方法论和研究纲领 [J]. 南开经济研究, 2004 (6): 3-9.

[65] 任烈. 中国边境贸易政策与边贸发展战略 [J]. 经济问题探索, 1998 (9): 42-43.

[66] 盛俊. 海关税务纪要 [M]. 梁启超, 署检. [出版地不详]: [财政部], 1919.

[67] [冰岛] 思拉恩·埃格特森. 并非完美的制度: 改革的可能性与局限性 [M]. 陈宇峰, 译. 北京: 中国人民大学出版社, 2017.

[68] [德] 斯蒂芬·沃依格特. 制度经济学 [M], 史世伟, 等, 译. 北京: 中国社会科学出版社, 2016.

[69] 苏楠, 曹旸. 我国中、西部地区对外贸易与城乡居民收入差距的关系研究——基于省际面板数据的实证分析 [J]. 学习与实践, 2010, 321 (11): 32-39.

[70] 孙永强, 万玉琳. 中国对外贸易与城乡居民收入差距的关系研究——基于 1978 年—2008 年省际面板数据的实证分析 [J]. 经济经纬, 2010 (6): 46-51.

[71] 王爱俭, 方云龙, 于博. 中国自由贸易试验区建设与区域经济增

长：传导路径与动力机制比较［J］. 财贸经济，2020，41（8）：127-144.

［72］韦森. 社会制序的经济分析导论［M］. 上海：上海三联书店，2020.

［73］魏浩，赵春明. 对外贸易对我国城乡收入差距影响的实证分析［J］. 财贸经济，2012（1）：78-86.

［74］巫云仙."一带一路"与边境城市的"贸工民"模式——基于广西东兴的创新实践分析［J］. 河北学刊，2020，40（2）：115-121.

［75］武堉干（撰述），杨端六（校阅）. 中国关税问题［M］. 吴敬恒，蔡元培，王云五主编. 上海：商务印书馆，1931.

［76］习近平. 决胜全面建成小康社会 夺取新时代中国特色社会主义伟大胜利［N］. 人民日报，2017-10-28（001）.

［77］习近平. 高举中国特色社会主义伟大旗帜　为全面建设社会主义现代化国家而团结奋斗——在中国共产党第二十次全国代表大会上的报告［J］. 求是，2022（21）：4-35.

［78］习近平. 扎实推进共同富裕［J］. 求是，2021（20）.

［79］杨宏山. 公共政策学［M］. 北京：中国人民大学出版社，2020.

［80］杨小娟. 我国边境贸易的影响因素和区域格局［J］. 改革，2013（6）：110-117.

［81］姚苏峰. 中国边境贸易政策的研究和思考［EB/OL］. 中华人民共和国商务部.（2011-07-16）［2023-04-28］. http://cdtb.mofcom.gov.cn/article/shangwubangzhu/af/201107/20110707650129.shtml.

［82］姚洋. 中国经济成就的政治经济学原因［J］. 经济与管理研究，2018，39（1）：3-12.

［83］袁庆明. 新制度经济学［M］. 上海：复旦大学出版社，2019.

［84］扎洛. 西藏的边境小额贸易与边民增收——基于洛扎县的田野调查［J］. 中国藏学，2015（3）：128-137.

［85］扎西，普布次仁. 西藏边境贸易的历史演进与现实情况分析［J］. 西藏大学学报（社会科学版），2014，29（3）：1-7.

［86］张国建，佟孟华，李慧，等. 扶贫改革试验区的经济增长效应及政策有效性评估［J］. 中国工业经济，2019（8）：136-154.

［87］张华. 低碳城市试点政策能够降低碳排放吗？——来自准自然实验的证据［J］. 经济管理，2020，42（6）：25-41.

［88］张雨龙. 有序的混沌：中老边民互市的人类学考察［J］. 思想战线，2020，46（6）：24-31.

［89］中共中央文献研究室. 江泽民思想年编［M］. 北京：中央文献出版社，2010：24-26.

［90］周虹，方天堃. 我国经济开放对城乡居民收入差距影响分析［J］. 农业经济，2006（1）：27-28.

［91］周黎安. 中国地方官员的晋升锦标赛模式研究［J］. 经济研究，2007，471（7）：36-50.

［92］朱金鹤，崔登峰. 促进新疆与中亚五国扩大边境贸易之浅见［J］. 现代财经（天津财经大学学报），2011，31（5）：92-97.

［93］朱进. 边境税关与常关之异点［J］//中国关税史料，江恒源编. 上海：人文编辑所，1931.

2. 英文类

［94］Ackleson J M. Discourses of identity and territoriality on the US-Mexico border［J］. Geopolitics, 1999, 4（2）：155-179.

［95］Adams, O. State approaches to non-state interactions：Cross-border flows in Xinjiang and Kazakhstan［J］//In T. Ngo & E. Hung（Eds.）, Shadow Exchanges along the New Silk Roads. Amsterdam University Press, 2020：183-212.

［96］Afrika J G, Ajumbo G. Informal cross border trade in Africa：Implications and policy recommendations［J］. Africa Economic Brief, 2012, 3（10）：1-13.

［97］Agénor P R. Does globalization hurt the poor？［J］. International economics and economic policy, 2004, 1: 21-51.

[98] Alexander, L. Recent changes in the Benelux-German boundary [J]. Geographical Review, 1953, 43 (1): 69-76.

[99] Alff H. Flowing goods, hardening borders? China's commercial expansion into Kyrgyzstan re-examined [J]. Eurasian Geography and Economics, 2016, 57 (3): 433-456.

[100] Allen B, Nowak M A. Games among relatives revisited [J]. Journal of theoretical biology, 2015, 378: 103-116.

[101] Altvater E. Theoretical deliberations on time and space in post-socialist transformation [J]. Regional Studies, 1998, 32 (7): 591-605.

[102] Ama N O, Mangadi K T, Ama H A. Characterization of informal cross-border traders across selected Botswana borders [J]. International Journal of Management and Marketing Research, 2014, 7 (1): 85-102.

[103] Anderson J B, Gerber J. Fifty years of change on the US-Mexico border: Growth, development, and quality of life [M]. Austion, TX: University of Texas Press, 2007.

[104] Anderson J E, Van Wincoop E. Gravity with gravitas: A solution to the border puzzle [J]. American economic review, 2003, 93 (1): 170-192.

[105] Anderson J, O'dowd L. Borders, border regions and territoriality: contradictory meanings, changing significance [J]. Regional studies, 1999, 33 (7): 593-604.

[106] Anderson, J B., and Gerber J. Fifty Years of Cha nge on the U. S. - Mexico Border: Growth Development and Quality of Life [M]. Austin, TX: University of Texas Press, 2007: 128。

[107] Andreas P. Border games: Policing the US-Mexico divide [M]. New York: Cornell University Press, 2012.

[108] Andreas P. US: Mexico: Open markets, closed border [J]. Foreign

Policy, 1996（103）：51-69.

[109] Baud M, Van Schendel W. Toward a comparative history of borderlands [J]. Journal of World History, 1997：211-242.

[110] Benjamin L. Renewable Energy and Trade：Meeting the Paris Agreement's Goals through a Two-Step Jurisprudential Advance [J]. Minn. JL Sci. & Tech., 2020, 22：1.

[111] Bergstrand, J. H., Larch, M., Yotov, Y. V. Economic integration agreements, border effects, and distance elasticities in the gravity equation [J]. European Economic Review, 2015, 78（Supplement C）：307-327.

[112] Berthet S. Circulations in shadow corridors：Connectivity in the Northern Bay of Bengal [J] //In T. Ngo & E. Hung（Eds.）, Shadow Exchanges along the New Silk Roads [M]. Amsterdam：Amsterdam University Press, 2020：97-124.

[113] Bin Y. The Bengal Connections in Yunnan [J]. China Report, 2012, 48（1-2）：125-145.

[114] Boggs, S. International boundaries：a study of boundary functions and problems [M]. New York：Columbia University Press, 1940.

[115] Boivin N, Fuller D Q, Dennell R, et al. Human dispersal across diverse environments of Asia during the Upper Pleistocene [J]. Quaternary International, 2013, 300：32-47.

[116] Bouet A, Pace K, Glauber J. Informal cross-border trade in Africa. How much? Why? And what impact? [J]. IFPRI-Discussion Papers, 2018：1783.

[117] Buehn A, Eichler S. Smuggling Illegal versus Legal Goods across the US-Mexico Border：A Structural Equations Model Approach [J]. Southern Economic Journal, 2009, 76（2）：328-350.

[118] Camagni R, Capello R, Caragliu A, et al. Quantification of the effects of legal and administrative border obstacles in land border regions [J]. Politecnico

di Milano, Milano. 2017.

［119］ Capello R, Caragliu A, Fratesi U. Breaking down the border: Physical, institutional and cultural obstacles ［J］. Economic Geography, 2018, 94 (5): 485-513.

［120］ Cederlöf, Gunnel. Seeking China's Back Door: On English Handkerchiefs and Global Local Markets in the Early Nineteenth Century ［J］//In Dan Smyer Yü and Jean Michaud (eds), Trans-Himalayan Borderlands: Livelihoods, Territorialities, Modernities, Amsterdam: Amsterdam University Press, 2017: 125-145.

［121］ Centeno M A, Portes A. The informal economy in the shadow of the state ［J］ // In Patricia Fernández-Kelly and Jon Shefner (eds), Out of the shadows: Political action and the informal economy in Latin America, University Park, PA, 2006: 23-48.

［122］ Chalfin B. Neoliberal frontiers: An ethnography of sovereignty in West Africa ［M］. Chicago: University of Chicago Press, 2010.

［123］ Chapagain, A. Formal versus informal practices: Trade of medicinal and aromatic plants via Trans- Himalayan Silk Road ［J］ // In T. Ngo & E. Hung (Eds.), Shadow Exchanges along the New Silk Roads. Amsterdam University Press, 2020: 145-162.

［124］ Chen Z, Rus H A, Sen A. Border effects before and after 9/11: Panel data evidence across industries ［J］. The World Economy, 2016, 39 (10): 1456-1481.

［125］ Chong A, Calderon C. Causality and feedback between institutional measures and economic growth ［J］. Economics & Politics, 2000, 12 (1): 69-81.

［126］ Delaney, D. Territory: a short introduction ［M］. London: Blackwell, 2005.

［127］ Diener A C, Hagen J. Theorizing borders in a "borderless world": Globalization, territory and identity [J]. Geography Compass, 2009, 3 (3): 1196–1216.

[128] Dobler G. The green, the grey and the blue: a typology of cross–border trade in Africa [J]. The Journal of Modern African Studies, 2016, 54 (1): 145–169.

[129] Doevenspeck M. Constructing the border from below: Narratives from the Congolese–Rwandan state boundary [J]. Political Geography, 2011, 30 (3): 129–142.

[130] Elsing S. Navigating small–scale trade across Thai–Lao border checkpoints: Legitimacy, social relations and money [J]. Journal of Contemporary Asia, 2019, 49 (2): 216–232.

[131] Eudaily S P, Smith S. Sovereign Geopolitics? –Uncovering the "Sovereignty Paradox" [J]. Geopolitics, 2008, 13 (2): 309–334.

[132] Evans M. Insecurity, informal trade and timber trafficking in the Gambia/Casamance borderlands [J]. Journal of Borderlands Studies, 2022, 37 (2): 273–294.

[133] Evans M. Insecurity, informal trade and timber trafficking in the Gambia/Casamance borderlands [J]. Journal of Borderlands Studies, 2022, 37 (2): 273–294.

[134] Faleye, O. A. Impact of Informal Cross Border Trade on Poverty Alleviation in Nigeria: Kotangowa Market [Lagos] in Perspective [J]. Crossing the Border: International Journal of Interdisciplinary Studies, 2014, 2 (1), 13–22.

[135] Feige E L. A re–examination of the "underground economy" in the United States: a comment on Tanzi [J]. Staff Papers (International Monetary Fund), 1986, 33 (4): 768–781.

[136] Foucher M. African Borders: Putting Paid to a Myth [J]. Journal of Borderlands Studies, 2020, 35 (2): 287–306.

［137］ Franco-Bedoya S, Frohm E. Reduced "border effects", free trade a-greements and international trade ［J］. The World Economy, 2022, 45 （4）: 1112-1139.

［138］ Friedman D. On economic applications of evolutionary game theory ［J］. Journal of Evolutionary Economics, 1998, 8 （1）: 15-43.

［139］ Friedman, T. The world is flat: a brief history of the twenty-first century ［M］. New York: Farrar, Straus & Giroux, 2005.

［140］ Gazi N N, Tamang R, Singh V K, et al. Genetic structure of Tibeto-Burman populations of Bangladesh: evaluating the gene flow along the sides of Bay-of-Bengal ［J］. PloS one, 2013, 8 （10）: 75064.

［141］ Ge Y, He Y, Jiang Y, et al. Border trade and regional integration ［J］. Review of Development Economics, 2014, 18 （2）: 300-312.

［142］ Giles D E A. Measuring the hidden economy: Implications for econometric modelling ［J］. The Economic Journal, 1999, 109 （456）: 370-380.

［143］ Golub S S. Entrepot trade and smuggling in west africa: Benin, togo and nigeria ［J］. The World Economy, 2012, 35 （9）: 1139-1161.

［144］ Hagen J. Redrawing the imagined map of Europe: the rise and fall of the "center" ［J］. Political Geography, 2003, 22 （5）: 489-517.

［145］ Hanson G H. US-Mexico integration and regional economies: evidence from border-city pairs ［J］. Journal of Urban Economics, 2001, 50 （2）: 259-287.

［146］ Hartmut B. Deterritorialisation and the Transformation of Statehood: The Paradox of Globalization ［J］. Geopolitics, 2008, 13 （2）: 359-382.

［147］ Hartshorne, R. Geographical and political boundaries in Upper Silesia ［J］. Annals of the Association of American Geographers 23 （4）, 1933: 195-228.

［148］ Hartshorne, R. Suggestions on the terminology of political boundaries ［J］. Annals of the Association of American Geographers, 1936, 26 （1）: 56-57.

［149］Hazarika M. Prehistory and archaeology of northeast India：multidisciplinary investigation in an archaeological terra incognita［J］. In Delhi and Oxford：Oxford University Press, 2017.

［150］Hazarika M. Tracing post－Pleistocene human movements and cultural connections of the eastern Himalayan region with the Tibetan plateau［J］. Archaeological Research in Asia, 2016, 5：44-53.

［151］Hsia, JTG, Saat, G. Factors of continuity of Goods Smuggling at the Border of Malaysia Sarawak（Lubok Antu）and Indonesia Kalimantan Barat（Badau）［J］. Akademika, 2020, 90（1）：49-62.

［152］Humphrey C. The unmaking of Soviet life：everyday economies after socialism［M］. New York：Cornell University Press, 2019.

［153］Hung, E, Ngo T W. Shadow exchanges along the new Silk Roads［M］. Amsterdam：Amsterdam University Press, 2020.

［154］Huynh C M. Economic freedom, economic development and income inequality in Asia：an analysis from the Kuznets curve perspective［J］. Journal of the Asia Pacific Economy, 2022：1-20.

［155］Ivanova N Y, Buslayeva O V. The dark side of the moon：Shadow economy in Ukraine［J］. Ekonomicky casopis, 1999, 47（4）：630-648.

［156］Jones R, Johnson C. Border militarisation and the re－articulation of sovereignty［J］. Transactions of the Institute of British geographers, 2016, 41（2）：187-200.

［157］Jones, S. The description of international boundaries［J］. Annals of the Association of American Geographers, 1943, 33（2）：99-117.

［158］Karrar H H. Between border and bazaar：Central Asia's informal economy［J］. Journal of Contemporary Asia, 2019, 49（2）：272-293.

［159］Karrar H H. Caravan trade to neoliberal spaces：Fifty years of Pakistan－China connectivity across the Karakoram Mountains［J］. Modern Asian Studies,

2021, 55 (3): 867-901.

[160] Karrar, H. In and out of the shadows: Pakistan-China trade across the Karakoram Mountains [J]. In T. Ngo & E. Hung (Eds.), Shadow Exchanges along the New Silk Roads. Amsterdam University Press, 2020: 75-96.

[161] Khare, V. Past and present: Shadows of the China-Ladakh-Pakistan routes [J]. In T. Ngo & E. Hung (Eds.), Shadow Exchanges along the New Silk Roads. Amsterdam University Press, 2020: 125-144.

[162] Kim S E, Seok J H. Trade openness and horizontal agricultural income inequality in Korea: focusing on sectoral income differences [J]. Journal of the Asia Pacific Economy, 2021: 1-21.

[163] Kim W B. Sino-Russian relations and Chinese workers in the Russian Far East: a porous border [J]. Asian Survey, 1994, 34 (12): 1064-1076.

[164] Konings P. The Anglophone Cameroon-Nigeria boundary: opportunities and conflicts [J]. African Affairs, 2005, 104 (415): 275-301.

[165] Krugman P. Scale economies, product differentiation, and the pattern of trade [J]. The American Economic Review, 1980, 70 (5): 950-959.

[166] Kuznets S. Economic growth and income inequality [J]. The American economic review, 1955, 45 (1): 1-28.

[167] Lee S K. Behind the scenes: Smuggling in the Thailand-Myanmar borderland [J]. Pacific Affairs, 2015, 88 (4): 767-790.

[168] Lefebvre C. We have tailored Africa: French colonialism and the "artificiality" of Africa's borders in the interwar period [J]. Journal of Historical Geography, 2011, 37 (2): 191-202.

[169] Lesser C, Moisé-Leeman E. Informal cross-border trade and trade facilitation reform in Sub-Saharan Africa [R]. OECD Trade Policy Working Paper No. 86, 2009.

[170] Levine D K, Pesendorfer W. The evolution of cooperation through

imition [J]. Game & Economic Behavior, 2007, 58 (2): 293-315.

[171] Li, P., Y. Lu, J. Wang. Does Flattening Government Improve Economic Performance? Evidence from China [J]. Journal of Development Economics, 2016, 123 (6): 18-37.

[172] Light D W. From migrant enclaves to mainstream: reconceptualizing informal economic behavior [J]. Theory and society, 2004, 33: 705-737.

[173] Linares M D. Nuevos paisajes urbanos en la frontera: las "paseras" paraguayas entre Posadas (Argentina) y Encarnación (Paraguay) y el plan de obras de Yacyretá (2009-2010) [J]. Si Somos Americanos, 2017, 17 (1): 65-94.

[174] Lovenheim M F. How far to the border?: The extent and impact of cross-border casual cigarette smuggling [J]. National Tax Journal, 2008, 61 (1): 7-33.

[175] Lovenheim M F. How far to the border?: The extent and impact of cross-border casual cigarette smuggling [J]. National Tax Journal, 2008, 61 (1): 7-33.

[176] Mahanty S. A tale of two networks: Market formation on the Cambodia-Vietnam frontier [J]. Transactions of the Institute of British Geographers, 2019, 44 (2): 315-330.

[177] Mahanty S. Shadow economies and the state: A comparison of cassava and timber networks on the Cambodia - Vietnam frontier [J]. Journal of Contemporary Asia, 2019, 49 (2): 193-215.

[178] Manning P. Settlement and Resettlement in Asia: Migration vs. Empire in History [J]. Asian Review of World Histories, 2015, 3 (2): 171-200.

[179] Martin L, Panagariya A. Smuggling, trade, and price disparity: A crime-theoretic approach [J]. Journal of International Economics, 1984, 17 (3-4): 201-217.

[180] Martinez O J. The Dynamics of Border Interaction: New approaches to border analysis [M]. London: Routledge, 2002.

［181］ Mathews G. Ghetto at the center of the world： Chungking Mansions， Hong Kong ［M］. Chicago：University of Chicago Press，2011.

［182］ McCallum J. National borders matter： Canada-U. S. regional trade patterns ［J］. The American Economic Review，1995，85（3），615-623.

［183］ Meinhof U H，Armbruster H，Rollo C. Identity discourses on East-West borders in Europe：an introduction ［M］. Living（with）borders. Routledge，2018：1-14.

［184］ Miles W F S. Hausaland divided：Colonialism and independence in Nigeria and Niger ［M］. New York：Cornell University Press，2015.

［185］ Morehouse B J，Pavlakovich-Kochi V，Wastl-Walter D. Introduction： Perspectives on borderlands ［J］ // In Challenged Borderlands：Transcending Political and Cultural Boundaries ［M］. Pavlakovich-Kochi V，Morehouse B J，Wastl-Walter D，2004：3-11.

［186］ Mukhina I. New losses，new opportunities：（Soviet）women in the shuttle trade，1987—1998 ［J］. Journal of Social History，2009：341-359.

［187］ Mukhina I. New losses，new opportunities：（Soviet）women in the shuttle trade，1987—1998 ［J］. Journal of Social History，2009：341-359.

［188］ Nash J. Non-cooperative games ［J］. Annals of mathematics，1951：286-295.

［189］ Ndiaye T. Women informal traders transcending African borders： Myths，facts and ways forward ［J］. Export Roundtable on the Gender Dimension of Aid for Trade，2010，25.

［190］ Ng'asike P O，Stepputat F，Njoka J T. Livestock trade and devolution in the Somali-Kenya transboundary corridor ［J］. Pastoralism，2020，10：1-14.

［191］ Ngo T W，Hung E P W. The political economy of border checkpoints in shadow exchanges ［J］. Journal of Contemporary Asia，2019，49（2）：178-192.

［192］ Ngoc Q C T，Wang X. Sino-Vietnamese trade relations：With a focus on cross-border trade [J]. Unpublished Thesis on Graduate School, Master of Science in International Business and Trade, University of Gothenburg, 2011.

[193] Nordstrom C. Shadows and sovereigns [J]. Theory, Culture and Society, 2000, 17 (4): 35-54.

[194] North D C. Institutions, transaction costs and economic growth [J]. Economic inquiry, 1987, 25 (3): 422.

[195] Nugent P, Asiwaju A. African Boundaries: barriers, conduits and opportunities [M]. London: Pinter, 1996.

[196] Nugent P. Smugglers, Secessionist and Loyal Citizens on the Ghana-Togo Frontier [M]. The Lie of the Borderland Since 1914, Columbus: Ohio University Press, Athens, 2002.

[197] Nurkse R. Some international aspects of the problem of economic development [J]. The American economic review, 1952, 42 (2): 571-583.

[198] Ohmae K. The borderless world: Power and strategy in the interlinked economy [R]. New York: Harper Perennial, 1990.

[199] Paul Mcmahon, Frontier Exceptions [EB/OL]. (2018) [2023-04-30]. http://brexitlegalguide.co.uk/frontier-exceptions/.

[200] Perry G, Maloney W, Arias O. Pablo Fajnzylber adn Andrew Mason, and Jaime Saavedra [J]. Informality. exit and exlusion. World Bank Book, 2007.

[201] Phadungkiati L, Connell J. Social networks as livelihood strategies for small-scale traders on the Thai-Lao border [J]. Australian Geographer, 2014, 45 (3): 375-391.

[202] Piper, P. J, Matsumura H, Bulbeck D. New perspectives in Southeast Asian and Pacific prehistory [J] //In Southeast Asian and Pacific Prehistory: Terra Australis 45 [M]. Australia: ANU Press, 2017.

[203] Prescott, J. R. V. Nigeria's boundary problems. Geographical Review, 1959, 49 (4): 485- 505.

［204］ Priest G L. The ambiguous moral foundations of the underground economy ［J］. Yale LJ, 1993, 103: 2259.

［205］ Raballand G, Andrésy A. Why should trade between Central Asia and China continue to expand? ［J］. Asia Europe Journal, 2007, 5 (2): 235-252.

［206］ Rajaram, P. K., and Grundy-Warr, C. Borderscapes: hidden geographies and politics at territory's edge ［M］. Minneapolis, MN: University of Minnesota Press, 2007.

［207］ Ratti R. How can existing barriers and border effects be overcome? A theoretical approach ［J］. Regional Networks, Border Regions and European Integration, 1993: 60-69.

［208］ Ratti, R. Strategies to overcome barriers: from theory to practice ［M］ // In R. Ratti and S. Reichman (eds.), Theory and practice of transborder co-operation, Helbing and Lichtenhahn, Basel, 1993: 245.

［209］ Ray H. Northeast India's place in India-China relations and its future role in India's economy ［M］. Kolkata: Institute of Historical Studies, 1995.

［210］ Ribot J C. Theorizing access: forest profits along Senegal's charcoal commodity chain ［J］. Development and change, 1998, 29 (2): 307-341.

［211］ Rippa A. Cross-border trade and "the Market" between Xinjiang (China) and Pakistan ［J］. Journal of Contemporary Asia, 2019, 49 (2): 254-271.

［212］ Roberts B, Rose A, Heatwole N, et al. The impact on the US economy of changes in wait times at ports of entry ［J］. Transport Policy, 2014, 35: 162-175.

［213］ Roper, C. Sino-Vietnamese Relations and the Economy of Vietnam's Border Region ［J］. Asian Survey, 2000, 40: 1019-1041.

［214］ Rumford C. Towards a multiperspectival study of borders ［J］. Geopolitics, 2012, 17 (4): 887-902.

［215］ Rumford C. Towards a multiperspectival study of borders ［J］. Geopolitics, 2012, 17 (4): 887-902.

[216] Sabet D M. Informality, illegality, and criminality in Mexico's border communities [J]. Journal of Borderlands Studies, 2015, 30 (4): 505-517.

[217] Schneider F, Buehn A, Montenegro C E. New estimates for the shadow economies all over the world [J]. International economic journal, 2010, 24 (4): 443-461.

[218] Schoenberger L, Turner S. Negotiating remote borderland access: Small-scale trade on the Vietnam-China Border [J]. Development and Change, 2008, 39 (4): 667-696.

[219] Smith A. Employment restructuring and household survival in "postcommunist transition": rethinking economic practices in Eastern Europe [J]. Environment and Planning A, 2000, 32 (10): 1759-1780.

[220] Spate O H K. The partition of India and the prospects of Pakistan [J]. Geographical Review, 1948, 38 (1): 5-29.

[221] Staudt K A. Free trade?: Informal economies at the US-Mexico border [M]. Philadelphia: Temple University Press, 1998.

[222] Stern D. "Nado Minimum!": Mediating Respectability at Informal Markets on the Russian-Chinese Border [J]. Inner Asia, 2015, 17 (1): 5-30.

[223] Stuart-Fox M. A short history of China and Southeast Asia: tribute, trade and influence [M]. Crows Nest, NSW, Australia: Allen and Unwin, 2021.

[224] Sword K. Cross-border "suitcase trade" and the role of foreigners in Polish informal markets [J]. The challenge of East-West migration for Poland, 1999: 145-167.

[225] Taylor J C, Robideaux D R, Jackson G C. Costs of the US-Canada Border [M]. North American Economic and Financial Integration. Emerald Group Publishing Limited, 2004: 283-297.

[226] Taylor, P.J. The state as container: territoriality in the modern state

system [J]. Progress in Human Geography, 1994, 18 (2): 151-162.

[227] Transnational flows and permissive polities: ethnographies of human mobilities in Asia [M]. Amsterdam: Amsterdam University Press, 2012.

[228] Turner S. Under the state's gaze: Upland trading-scapes on the Sino-Vietnamese border [J]. Singapore Journal of Tropical Geography, 2013, 34 (1): 9-24.

[229] Turner S. Under the state's gaze: Upland trading-scapes on the Sino-Vietnamese border [J]. Singapore Journal of Tropical Geography, 2013, 34 (1): 9-24.

[230] United Nations Conference on Trade And Development: Informal cross-border trade for empowerment of women, economic development and regional integration in Eastern and Southern Africa [EB/OL]. Development Account Project 1617J. (2020 - 02) [2023 - 04 - 31]. https: //unctad. org/system/files/official - document/osginf2020d2_ en. pdf

[231] Van Schendel W. Spatial Moments: Chittagong in Four Scenes [M]. Asia Inside Out. Cambridge: Harvard University Press, 2015: 98-127.

[232] Van Schendel, W. The Bengal Borderland: Beyond State and Nation in South Asia [M]. London: Anthem Press, 2004.

[233] Weibull J W. Evolutionary game theory [M]. Cambridge: MIT press, 1997.

[234] Weigend, G. Effects of boundary changes in the South Tyrol [J]. Geographical Review, 1950, 40 (3): 364-375.

[235] Williams A M, Baláž V. International petty trading: Changing practices in trans-Carpathian Ukraine [J]. International Journal of Urban and Regional Research, 2002, 26 (2): 323-342.

[236] Winter S G, Nelson R R. An evolutionary theory of economic change [J]. University of Illinois at Urbana - Champaign's Academy for Entrepreneurial

Leadership Historical Research Reference in Entrepreneurship, 1982.

[237] Womack, B. Sino-Vietnamese Border Trade: The Edge of Normalization [J]. Asian Survey, 1994, 34: 495-512.

[238] Wrigley-Asante C. Women in ties: Informal social networks among women in cross-border trading in accra, ghana [J]. Gender Issues, 2018, 35 (3): 202-219.

[239] Wu H L, Chen C H. The prospects for regional economic integration between China and the five Central Asian countries [J]. Europe-Asia Studies, 2004, 56 (7): 1059-1080.

[240] Xiaosong G, Womack B. Border Cooperation between China and Vietnam in the 1990s [J]. Asian Survey, 2000, 40 (6): 1042-1058.

后　记

　　本书是根据我的博士学位论文修改，在恩师李光辉研究员的悉心指导下出版的。攻读博士的 4 年间，是李老师带我入的"边疆经济学"之门，是李老师带领我们到沿边地区调研。每次谈到边疆，李老师自然流露的边疆情怀也深深感染了我，也让我明白，新时代青年科研工作者的论文应当书写在中国大地上，要留一份情怀在心中。

　　在本书即将出版之际，我要特别感谢李老师的悉心培养、谆谆教诲。得遇恩师，毕生之幸。4 年来，李老师海纳百川的胸怀、立己达人的气度和心怀天下的格局视野给我以深刻的影响；在学术研究上始终保持研精覃思、晨兢夕厉，除出差在外，每天早晨李老师总是全院第一个到办公室。我还要特别感谢李老师对我"严格的"批评教导。李老师的谆谆教诲是希望我在社会上少犯错、少吃亏。在这个世界上除了父母和恩师，恐难再有这样的良苦用心。

　　感谢章海源老师、李计广老师、刘莉莉老师、温韧老师、余稳策老师、黄立群老师、麦琼丹老师、权金亮老师、蔡彤娟老师、乔东老师、尹二磊老师和魏文成老师，感谢他们在学业上给予我的宝贵建议、在人生行路上给予我真诚的引导和帮助。感谢经济学院区域经济学导师组的李红老师、梁权熙老师、张协奎老师、张林老师、黎鹏老师、曾海舰老师和刘骞文老师的倾囊相授；感谢博士学位答辩委员会李计广主席、张中元研究员、胡超教授、李红教授和刘主光教授给予的宝贵建议；感谢广西创新发展研究院的各位老师；感恩母校广西大学的培养。感谢同学们、朋友们的真挚友谊。感谢冯鲍、方舒、冯春风在我的论文写作期间给予的无私帮助和暖心陪伴。感谢远方的朋友们，在我最困顿的时候给予的帮助和关怀，这种真挚感情像夏夜繁星，遥远而明亮。

感恩父母和家人。生我、养我、育我，无论何时何地，我清楚地知道他们是我最坚强的后盾。

"只有勇敢地向远方迈出步伐，才有可能知道这辈子能干多大的事。"这句话现在读来仍像十几岁第一次读到时那般震撼，所以，我就这样不停地向前奔跑着、努力着、盼望着、感激着，保持温暖、热切、充满活力的生命品质，直到这长途中踏过荆棘的地方都开出了花。我们勇敢、拼搏、坚韧不拔，像从来没有失败过一样，一次次"再见少年拉满弓，不惧岁月不惧风"，然而，当下的我更想说的是"感谢岁月，感谢风"。

谢东丹

2023 年 10 月 8 日